BIBLIOTECA DE FILOSOFIA CONTEMPORÂNEA

Uma colecção que se pretende aberta
a todas as correntes do pensamento filosófico actual,
congregando os autores mais significativos
e abarcando os grandes polos da filosofia actual:
filosofia da linguagem, hermenêutica, epistemologia e outros

BIBLIOTECA DE FILOSOFIA CONTEMPORÂNEA

1. MENTE, CÉREBRO E CIÊNCIA, John Searle
2. TEORIA DA INTERPRETAÇÃO, Paul Ricoeur
3. TÉCNICA E CIÊNCIA COMO «IDEOLOGIA», Jurgen Habermas
4. ANOTAÇÕES SOBRE AS CORES, Ludwig Wittgenstein
5. TOTALIDADE E INFINITO, Emmanuel Levinas
6. AS AVENTURAS DA DIFERENÇA, Gianni Vattimo
7. ÉTICA E INFINITO, Emmanuel Levinas
8. O DISCURSO DE ACÇÃO, Paul Ricoeur
9. A ESSÊNCIA DO FUNDAMENTO, Martin Heidegger
10. A TENSÃO ESSENCIAL, Thomas S. Kuhn
11. FICHAS (ZETTEL), Ludwig Wittgenstein
12. A ORIGEM DA OBRA DE ARTE, Martin Heidegger
13. DA CERTEZA, Ludwig Wittgenstein
14. A MÃO E O ESPÍRITO, Jean Brun
15. ADEUS À RAZÃO, Paul Feyerabend
16. TRANSCEDÊNCIA E INTERLIGIBILIDADE, Emmanuel Levinas
18. IDEOLOGIA E UTOPIA, Paul Ricoeur
19. O LIVRO AZUL, Ludwig Wittgenstein
20. O LIVRO CASTANHO, Ludwig Wittgenstein
21. QUE É UMA COISA?, Martin Heidegger
22. CULTURA E VALOR, Ludwig Wittgenstein
23. A VOZ E O FENÓMENO, Jacques Derrida
24. O CONHECIMENTO E O PROBLEMA CORPO-MENTE, Karl R. Popper
25. A CRÍTICA E A CONVICÇÃO, Paul Ricoeur

A CRÍTICA
E A
CONVICÇÃO

Título original: *La Critique et la Conviction*

© Éditions Calmann-Lévy, 1995

Tradução de António Hall

Capa de Edições 70

Depósito legal n.º 118066/97

ISBN 972-44-0962-7

Todos os direitos reservados para língua portuguesa
por Edições 70, Lda.

EDIÇÕES 70, Lda.
Rua Luciano Cordeiro, 123-2º Esq. – 1050 Lisboa
Telefs.: 315 87 52 / 315 87 53
Fax: 315 84 29

Esta obra está protegida pela Lei. Não pode ser reproduzida
no todo ou em parte, qualquer que seja o modo utilizado,
incluindo fotocópia e xerocópia, sem prévia autorização do Editor.
Qualquer transgressão à Lei dos Direitos de Autor será passível
de procedimento judicial.

Paul Ricoeur

A CRÍTICA
E A
CONVICÇÃO

Conversas
com
FRANÇOIS AZOUVI
e
MARC DE LAUNAY

edições 70

PRÓLOGO

As conversas que constituem a matéria do presente livro decorreram em Outubro-Novembro de 1994, em Maio e Setembro de 1995, em Châtenay-Malabry, no escritório de Paul Ricoeur. A gravação foi dactilografada e submetida a Paul Ricoeur, que a leu e completou. Quando nos pareceu necessário, para melhor compreensão do texto, acrescentámos notas bibliográficas. Em contrapartida, julgámos não dever suprimir todas as associações inerentes à forma das conversas; elas constituem também, de uma para a outra, uma espécie de encadeamento.

F. A. e M. de L.

*À memória de
Mikel Dufrenne,
meu amigo*

DE VALENCE A NANTERRE

■ *Paul Ricoeur, o senhor é sobretudo um homem da escrita. Todavia, dignou-se aceitar o princípio de uma série de conversas. O que representa isso para si?*

Quero dizer, em primeiro lugar, que é um género de utilização da linguagem que receio muito, porque sou, com efeito, um homem da escrita mas também de rasuras. Portanto, desconfio habitualmente da improvisação. E, no entanto, aceitei a vossa proposta. Por duas razões.

Primeiro, porque pertencem à geração que é a dos meus melhores amigos, geração essa que está a igual distância da velhice na qual eu avanço e da juventude que já não frequento no frente a frente do ensino. Vocês estão no meio da vida, e garantem-me uma proximidade, um acompanhamento e, diria mesmo, a graça da amizade. Só teria aceite entrar nesta relação de palavra convosco.

A segunda razão tem a ver com a própria natureza das conversas. Quero arriscar-me, por uma vez na vida, a fazer aquilo que, precisamente, o diálogo permite, quer dizer, uma palavra menos controlada. Falei há pouco de *rasura;* ora, a rasura é uma espécie de autocensura. Além disso, sempre tive cuidado com as confidências. O nível a que vamos ater-nos ficará justamente a meio caminho entre a autocensura e a confidência; é uma maneira de deixar escapar aquilo que, sozinho comigo mesmo e com a folha em branco, talvez tivesse rasurado, mas sobretudo não teria escrito. Encontramo-nos aqui, entre o dizer e o escrever, num género que nos confere muita liberdade, porque extensas regiões de palavra poderão ser deixadas, se não em estado bruto pelo menos em estado nativo, espontâneo, ao passo que outras, pelo contrário, serão rescritas. Assim, ofereceremos ao leitor uma variedade de níveis de palavra e de escrita.

A liberdade e a própria audácia que este tom implica fazem com que me permita falar, de certa maneira livremente, de temas sobre os quais não escrevi, precisamente porque o pensamento não tinha chegado ao nível de formulação e de rigor a que, em geral, me atenho nos meus escritos. É esse o caso, particularmente, das reflexões sobre a experiência estética. Talvez seja este o benefício — o leitor di-lo-á — de uma palavra menos controlada.

Na mesma ordem de ideias, queria dizer também que vamos jogar alternadamente sobre a dispersão, mas também sobre aproximações que não fiz. Estou a pensar, por exemplo, nos domínios do religioso e do filosófico, que mantive firmemente afastados por razões que sempre procurei justificar. Mas aqui, nesta conversa mais livre, dedicar-me-ei mais aos problemas levantados pelas interferências, pelas invasões do religioso e do filosófico. Na escrita posso separar mais voluntária e comedidamente esses domínios; em compensação, nas trocas que vamos ter — nas quais falará mais o homem que o autor, ou em todo o caso mais o homem que há no autor —, poderei menos legitimamente cultivar essa espécie de esquizofrenia controlada que é, desde sempre, o meu regime de pensamento. Aqui, o regime de vida prevalecerá sobre o regime de pensamento.

■ *Em suma, assume o risco de articular, mais estritamente do que nos seus escritos, os dois pólos que deram o título a este livro: a* crítica *e a* convicção.

Desde já, quero dizer que a crítica não estará de um lado e a convicção de outro; em cada um dos domínios que serão percorridos ou aflorados, procurarei mostrar que existe, em diferentes graus, uma mistura subtil da convicção e da crítica.

■ *Consagrou diversos trabalhos importantes ao tema da subjectividade; o seu último livro intitula-se* Si-Mesmo como Um

Outro. *Mas sobre si mesmo, a sua vida, a sua formação intelectual, sabemos apenas pouca coisa. Em que meio passou a sua primeira infância?*

Nasci em 1913, em Valence, onde o meu pai era professor de inglês. O facto decisivo da minha infância foi ter sido um pupilo da nação, quer dizer, o filho de uma vítima da I Guerra Mundial, de um pai que era já, ele mesmo, viúvo há alguns meses quando foi morto em Setembro de 1915, na batalha da Marne.

Tenho uma recordação que não sei se é verdadeiramente uma recordação, ou se foi reconstruída a partir daquilo que me contaram: o dia 11 de Novembro de 1918 não foi, em nossa casa, um dia de vitória e de alegria. Creio recordar-me de ter visto chegar os comboios de soldados vociferadores e contentes, ao passo que em casa reinava o luto, pois não sabíamos se o meu pai estava efectivamente morto: apenas tínhamos recebido um aviso de desaparecimento. Só muito mais tarde, em 1932, é que encontraram o seu corpo, ao revolverem um campo. Foi reconhecido pela sua placa. Assim, a guerra terminou com o luto do meu pai. Não tenho, portanto, a recordação de um armistício feliz e menos ainda de uma vitória.

Possuo uma fotografia dele, tirada durante a sua única licença, no início do ano de 1915; a minha irmã e eu estamos sentados ao seu colo. Depois, tal imagem nunca mais se mexeu; mas envelheci e, pouco a pouco, tive de habituar-me à ideia de um pai mais jovem que eu, ao passo que no início tinha a imagem de um homem sem idade, situada abaixo de mim. Foi-me necessário integrá-la como sendo o rosto de um rapaz que eu ultrapasso na vida. Ainda hoje sou incapaz de negociar a relação com essa imagem, eternamente parada na imagem de um rapaz. É também o que sinto diante dos monumentos aos mortos, diante dos "Às Nossas Crianças", questionando-me: mas quem são as crianças? Estranhamente, o monumento fala de uma criança que é o meu pai, a outra criança que não vai parar de envelhecer. Aliás, acabo de ler uma reflexão semelhante em *O Primeiro Homem*, de Camus.

Esta relação com a figura do meu pai foi muito importante por causa da inversão que sofreu nas circunstâncias seguintes.

A sua imagem tinha servido de meio de educação de uma maneira que agora reprovo: repetiam-me incessantemente: "Se o teu pai te visse!" Tinha de agradar a um olhar ausente, que, além disso, era o olhar de um herói. Ora, sofri por volta dos onze, doze anos, a influência de um homem — o nosso senhorio, um católico pacifista da tendência Marc Sangnier — que me impressionou completamente ao "demonstrar-me" que, na "Grande Guerra", a França fora o agressor, que a continuação das hostilidades após Verdun fora uma ignomínia e que o tratado de Versalhes era uma vergonha cuja culpa pertencia a toda a Europa. E foi efectivamente nesta perspectiva que percebi a escalada do hitlerianismo. Esta imagem permaneceu muito forte, e não abandonei de todo a ideia de que a França tem uma responsabilidade considerável a este respeito. A meu ver, o meu pai morrera em vão; e quando deixou de ser uma figura de controlo moral, tive de debater-me com essa nova visão da guerra e dele próprio.

■ *O que é que se passou com a morte do seu pai?*

A minha irmã e eu fomos recolhidos pelos nossos avós paternos e morámos em Rennes, onde o meu avô era procurador do tesoureiro geral. Assim, fui separado de grande parte da minha família, principalmente do lado materno, saboiano e genebrino. A esta situação de órfão e de pupilo da nação acrescentava-se, portanto, a de uma família parcialmente ocultada. Fiquei muito rapidamente limitado quase unicamente aos meus avós paternos. Tinha, é certo, uma tia solteira que se consagrou à nossa educação, mas ela própria esteve debaixo da alçada dos meus avós até à morte da minha avó, que aconteceu quando fiz catorze anos.

É certo que esta estrutura genealógica me proporcionou simultaneamente muita coisa — porque a educação que recebi exerceu uma influência muito forte — e foi, ao mesmo tempo, muito traumática, uma vez que o lado materno era ocultado, que a rapariga que me educava estava sob a tutela de uma figura ancestral e que, além disso, a figura paterna — figura heróica e modelo fora de alcance, muito cedo colocada em causa — estava ausente. Encontrei de vez em quando primos e primas, sem que o lugar materno tenha sido alguma vez ocupado. No fundo, só compreendi a figura da mãe através da maneira como a minha mulher era percebida pelos filhos. A palavra "mamã" foi uma palavra pronunciada pelos meus filhos, mas nunca por mim.

▪ *O senhor evocou a sua irmã.*

Sim, isso toca em algo de muito profundo, que será, muito tempo depois, despertado por outra morte. A minha irmã Alice foi atingida pela tuberculose com a idade de dezassete anos. Tendo nascido em 1911, tinha quase mais dois anos do que eu. Morreu com vinte e um anos, mas a sua juventude foi de certo modo eclipsada pela minha. Tive disso remorsos durante toda a vida, com a impressão de que ela tinha tido menos do que lhe era devido e eu mais do que me era devido. Ainda estou em luta com o sentimento de uma dívida por pagar, com o sentimento de que ela sofreu uma injustiça com a qual eu beneficiei. Isso desempenhou em mim um papel muito importante: a "dívida por pagar" é um tema persistente, que reaparece muitas vezes na minha obra.

▪ *Porque é que diz que a sua juventude eclipsou a dela?*

Eu era um bom aluno, ao passo que ela tinha muitas dificuldades nos seus estudos. Toda a gente me elogiava, ao passo que ela não era considerada. Era uma rapariga doce que nada exigia para si e que aceitava sem rancor que fosse eu a colher os louros.

▪ *E a tia que se consagrou à vossa educação?*

Era a irmã do meu pai, mais nova do que ele onze anos: era ainda uma rapariga quando se encarregou de nós, de mim e da minha irmã. Morreu em 1968; viveu connosco os últimos dez anos da sua vida.

Passei, portanto, a minha infância e a minha primeira adolescência num meio familiar idoso, onde a leitura ocupava um lugar dominante: poucos jogos, muitas leituras, a ponto de a escola ter sido para mim mais uma distracção do que uma disciplina. Antes mesmo do regresso às aulas e durante férias muito austeras, tinha absorvido em pouco tempo todos os livros escolares: ir às aulas era mais um divertimento e, aliás, eu era muito distraído.

■ *Como é que lhe surgiu o gosto pela leitura? Foram os seus avós que lho transmitiram?*

Não. Descobri a leitura sozinho. Passava muito tempo nas livrarias. Era uma época em que podíamos ler nas livrarias, apesar do embaraço suscitado pelo facto de as páginas dos livros não estarem cortadas. Saltávamos as páginas, líamos em diagonal...

■ *Lembra-se dos livros que o marcaram ao longo das suas descobertas?*

Entre os doze e quinze anos li muito Júlio Verne, Walter Scott, depois Dickens no ensino secundário, Rabelais, Montaigne, Pascal; no décimo segundo ano e depois em filosofia, Stendhal, Flaubert, Tolstoi e sobretudo Dostoievski, que sempre me fascinou!

■ *Nunca escondeu a sua pertença ao protestantismo. O meio em que vivia, em Rennes, era muito religioso?*

Os meus avós paternos eram originários de dois ilhéus do protestantismo muito antigo, que remontava à Reforma. A minha avó vinha do Béarn e o meu avô da Normandia, de uma aldeia chamada Luneray, uma espécie de botoeira onde a tradição da Reforma foi contínua desde o século XVI e pouco atingida pela emigração ou pelas conversões forçadas. O meu bisavô era um tecelão, que ia vender o pano no mercado de Dieppe. Quando a tecelagem artesanal foi arruinada pelas tecelagens industriais, parte da família proletarizou-se, outra optou pela função pública. O meu avô paterno começou a sua carreira como professor protestante. Quando as escolas protestantes entregaram as suas escolas ao Estado, foi empregado por um tesoureiro geral a quem assegurou o secretariado. Esta forte tradição huguenote estava muito enraizada na história. Do lado do meu avô, a evolução orientara-se para o protestantismo liberal, ao passo que o lado da minha avó era mais para o protestantismo pietista. Creio mesmo que havia aí uma forte impregnação daqueles a quem chamavam os darbystas([1]), que eram muito sectários. As minhas recordações não são bem precisas. De facto, o meu meio paroquial era certamente mais aberto do que o meio familiar; este era para mim sobretudo um porto, uma segurança.

■ *O senhor teve uma educação religiosa que, imediatamente, lhe fez ler a Bíblia.*

Sim, era um meio muito impregnado pela leitura da Bíblia. A minha avó lia-a regularmente, prática essa que eu mesmo herdei e continuei durante a minha juventude como que nessa sequência. Tal leitura não era comandada por um espírito literalista, mas antes por uma concepção a que chamaria pneumatológica. Com efeito, ela inspirava a vida quotidiana; os Salmos, os escritos de Sabedoria e as Bem-Aventuranças tinham nela um lugar mais importante do que os dogmas. Como não era intelectual, este meio era muito pouco dogmático e privilegiava a prática privada da leitura, da oração e do exame de consciência. Portanto, circulei sempre entre estes dois pólos: um pólo bíblico e um pólo racional e crítico; dualidade essa que, finalmente, se manteve durante toda a minha vida.

■ *E vê nisso espontaneamente uma espécie de bipolaridade?*

Absolutamente. Afinal de contas, não é uma posição mais dilacerada do que a de Levinas, que circulou entre o judaísmo e Dostoievski...

([1]) John Darby (1800-1882), teólogo inglês e pastor anglicano, desenvolveu uma doutrina, divulgada sobretudo nos países anglo-saxónicos e marginalmente em França, que surgia como um calvinismo muito estrito que insistia sobre a predestinação e sobre a "ruína da Igreja".

Tive a preocupação — ao viver uma espécie de dupla fidelidade — de não confundir as duas esferas, de fazer justiça a uma negociação permanente no seio de uma bipolaridade bem instalada. A aula de filosofia foi a esse respeito uma grande prova, visto que ao mesmo tempo a influência de Karl Barth começava a marcar o protestantismo francês, orientando-o para um regresso radical e, é preciso reconhecê-lo, antifilosófico ao texto bíblico. Nos meus anos de licenciatura, apaixonei-me por Bergson, em particular pelo Bergson de *Deux Sources de la morale et de la religion*. Foi nessa altura que fiquei seduzido entre uma filosofia religiosa de tipo bergsoniano e o radicalismo barthiano. Nesse momento, conheci um conflito interior que se exacerbou até ameaçar de ruptura a minha dupla fidelidade à qual, finalmente, permaneci fiel.

■ *Detenhamo-nos um pouco no seu ano de filosofia, no liceu de Rennes.*

A aula de filosofia e o encontro com Roland Dalbiez, que aí ensinava, foram o grande acontecimento da minha escolaridade, uma espécie de fascinação, uma imensa abertura. Tinha lido muito os clássicos — a literatura, mas também aqueles a quem chamamos os "filósofos": Diderot, Voltaire, Rousseau —, e são estes "filósofos" que eu frequentara no décimo primeiro ano mais do que Corneille, Racine ou Molière. Em particular, Rousseau deixara-me uma forte impressão, facto esse que me colocava muito naturalmente no limiar da aula de filosofia.

Roland Dalbiez era uma personagem extraordinária: antigo oficial da marinha, descobrira tardiamente a filosofia através de Jacques Maritain. Era um escolástico cuja totalidade do ensino era comandada por uma psicologia racional e, em filosofia, pelo realismo. A sua sombra negra era aquilo a que chamava o "idealismo", do qual traçava, aliás, um quadro caricatural e até mesmo patológico. Não sei se é uma recordação que reconstruí depois, mas creio ainda vê-lo retratar o idealismo à maneira de uma grande pinça que, estendida para o vazio e não alcançando nada, se voltava contra si mesma. O idealismo fazia assim figura de "irrealismo" patológico, que ele aproximava da esquizofrenia, à qual se começava a dar grande importância em psiquiatria.

O segundo aspecto do seu ensino, e que foi para mim um verdadeiro benefício, era uma preocupação pela argumentação. Isso não o impedia de nos calar rapidamente o bico com algumas fórmulas latinas dignas de um grande escolástico. O nosso latim não era suficientemente avançado para contradizê-lo, nem aliás para o compreender. O seu curso seguia o programa (a percepção, a memória, o hábito, etc.), e tal sempre na perspectiva de uma progressão que, partindo da filosofia da natureza, devia conduzir a uma filosofia da alma. Mas aquilo que fundamentalmente lhe devo é um preceito. Como ele me via hesitante em empenhar-me na carreira filosófica, com medo de perder um certo número de certezas, disse-me: quando um obstáculo se apresenta, é necessário fazer-lhe frente, não o contornar, nunca permanecer no medo de ir ver. Esta espécie de intrepidez filosófica susteve-me durante toda a minha vida.

Acrescento que ele foi um dos primeiros a tentar uma leitura filosófica de Freud[2] — o que será para mim muito importante na sequência do meu percurso filosófico. O seu Freud era o Freud "biológico"; ele fazia sobressair a concepção realista do inconsciente, que lhe servia para refutar a "ilusão cartesiana" da consciência de si e a pretensa redução do mundo à minha representação.

Tive recentemente ocasião de fazer o seu retrato num pequeno livro intitulado *Honneur aux maîtres*, realizado por Marguerite Léna, no qual cada participante fala do seu primeiro mestre. Pude, assim, prestar homenagem a Roland Dalbiez[3].

■ *Rennes era um importante lugar católico. Tinha, de alguma maneira, a sensação de pertencer a uma minoria?*

Nessa época, sim, tinha disso uma consciência extremamente forte, e aquela que mais tarde se tornou minha mulher, Simone

---

[2] Roland Dalbiez, *La Méthode psychanalytique et la doctrine freudienne*, Desclée de Brower, 1936.
[3] *Honneur aux maîtres*, apresentado por Marguerite Léna, Criterion, Paris, 1993.

Lejas, tinha uma consciência ainda muito mais aguda, sem dúvida porque as raparigas eram muito mais marcadas pela religião católica do que os rapazes. Para mim, o universo católico era um mundo completamente estranho, e só muito recentemente é que fui convidado para fazer uma conferência numa escola privada católica em Rennes. Pensava mesmo que nunca penetraria nesse mundo. Foi noutro sítio, e mais tarde, que frequentei o catolicismo. Mas, em Rennes, os protestantes eram vistos como pertencendo a uma minoria e viviam sem laços íntimos com a esfera católica muito largamente maioritária, o que talvez seja uma situação comparável à dos judeus num meio cristão. Tinha a sensação de ser considerado um herético pela maioria das pessoas. Foi decerto por isso que o meio urbano envolvente não me influenciou muito: só encontrava nele pouca liberdade e não valia a pena esperar ser plenamente reconhecido nele. Mas não sofri verdadeiramente, porque estava mergulhado nos livros. O mundo exterior era mais uma curiosidade.

■ *Tinha amigos católicos?*

Sim, no liceu. Os liceus bretães — que conheci a seguir como professor, uma vez que ensinei em três deles: Saint-Brieuc, Lorient e Rennes — eram frequentados especialmente pelos filhos de professores do ensino primário e secundário. O ensino secundário católico, muito poderoso nessa região, chamava a si uma grande proporção de alunos, cujas famílias se opunham ao ensino laico. Apenas as famílias resolutamente republicanas e laicas — em primeiro lugar os docentes — faziam ponto de honra em defender o sistema público e enviar os seus filhos para os liceus.

Mas foi, no entanto, o liceu que serviu de intermédio entre o meio bastante fechado em que eu era educado e o meio católico, um pouco estranho, que contemplava do exterior; porque nem todas as famílias católicas eram assaz abastadas para se permitirem o ensino privado, ou então suficientemente hostis ao ensino laico para recusarem aos filhos a grande qualidade pedagógica que aí existia. Sentia-me mais à vontade no meio laico do que entre os católicos, apesar de alguns deles terem sido bons colegas para mim.

DE VALENCE A NANTERRE

▪ *Decidiu rapidamente fazer estudos de filosofia?*

Não, a princípio resisti. Tentei fazer uma licenciatura em letras, mas uma vez que todas as minhas dissertações eram criticadas por serem "demasiado filosóficas", mudei ao fim de um semestre. Tinha tentado integrar a escola normal superior, mas Dalbiez, precisamente, não nos preparava para o espírito desse concurso, tive um lamentável 7/20 no concurso de admissão, cujo tema era: "A alma é mais fácil de conhecer do que o corpo." Devia ser o único candidato a não saber que se tratava de Descartes. Argumentei, claro está, dizendo que conhecíamos melhor o corpo. Não estava manifestamente na via da rua de Ulm. Enquanto pupilo da nação, tinha a obrigação de concluir rapidamente os meus estudos — era muito constrangedor — e, com vinte anos, quando obtive a minha licenciatura, tive de ir dar aulas. Não pude, portanto, preparar durante mais tempo a admissão à rua de Ulm, era preciso ir para uma *khâgne* parisiense. Era muito bom em latim e em grego, mas não estava ao nível nem em filosofia nem em francês. Foi assim que me encontrei, em Outubro de 1933, no liceu de Saint-Brieuc — liceu de rapazes e liceu de raparigas —, tendo de assegurar dezoito horas de ensino por semana, ao mesmo tempo que fazia a minha dissertação de estudos superiores com Léon Brunschvicg, em Paris, sobre Lachelier e Lagneau[4].

▪ *Quando começou a ensinar tinha quase a mesma idade que os seus alunos. Que recordação guarda disso?*

Tinha mais dois ou três anos do que eles. Foi decisivo para mim ter sido assim "lançado" tão depressa no ensino, e isso

---

[4] Jules Lagneau (1851-1894) e Jules Lachelier (1832-1918) encarnam a grande tradição reflexiva da filosofia francesa. Lagneau foi nomeadamente professor de Alan, que lhe dedicou uma admiração nunca desmentida e que publicou, a título póstumo, os seus cursos sob o título: *Célèbres Leçons et fragments*. De Lachelier, ver *Oeuvres*, 2 vols., Paris, 1933: t. I: *Fondement de l'induction suivi de psychologie et métaphysique et de notes sur le pari de Pascal*; t. II: *Études sur le syllogisme suivies de l'observation de Platner et de notes sur le Philèbe*.

permaneceria uma constante: o meu trabalho em filosofia esteve sempre ligado ao ensino. Era necessário que desse um enquadramento à minha reflexão pessoal — na medida em que já possuía uma —, que fosse compatível com um conteúdo de ensino. A seguir a Saint-Brieuc, em 1933-34, beneficiei de uma bolsa de agregação, ainda enquanto pupilo da nação e graças a Georges Davy([5]). Tive assim a sorte de ser estudante na Sorbonne durante um ano e, depois, a de passar no concurso à primeira vez, obtendo o segundo lugar, em 1935. O ano de agregação foi para mim um dos mais intensos. Tinha a impressão de ter de colmatar, de uma só vez, uma brecha considerável. Num ano reconquistei de certo modo o terreno; tudo aquilo que Dalbiez não me tinha ensinado, apesar de me ter equipado intelectualmente para estar à altura de o conseguir: os estóicos — que Léon Robin fazia ler nesse ano, e que não conhecia nada —, mas também Descartes, Espinoza, Leibniz. Li, além disso, tudo o que Gabriel Marcel tinha escrito.

■ *Gabriel Marcel?*

Sim, ia todas as sextas-feiras ter com ele; o seu ensino socrático ajudou-me muito. Ele só impunha uma regra: nunca citar autores, partir sempre de exemplos e reflectir por si mesmo.
Foi ao ler dois artigos dele, nesse mesmo ano, que descobri Karl Jaspers. E foi também nessa época que comecei a ler as *Ideias Directrizes para Uma Fenomenologia Pura*, de Husserl, numa tradução inglesa.

■ *E após a agregação?*

Casei-me logo a seguir, em 1935, com uma amiga de infância do meio protestante de Rennes. A seguir, fui ensinar em Colmar, onde passámos o nosso primeiro ano de vida conjugal.

([5]) Georges Davy (1883-1976) foi sucessivamente reitor da academia de Rennes (1931), inspector-geral (1939), a seguir professor de sociologia na Sorbonne (1944-1955). Ver *Des clans aux empires*, Paris, 1922; *La foi jurée*, Paris, 1922; *Le droit, l'idéalisme et l'expérience*, Paris, 1922; *Sociologues d'hier et d'aujourd'hui*, Paris, 1931.

No ano seguinte, cumpri o serviço militar na infantaria. De mau humor e alimentando uma profunda hostilidade a respeito do meio militar, em primeiro lugar porque era mais velho do que os outros soldados e, depois, porque tal representava para mim uma interrupção do meu trabalho intelectual. Foi nessa altura que descobri que a França ainda era um país muito rural. Existiam muito poucos bacharéis entre os convocados. Como tinha vivido num meio urbano, era a primeira vez que encontrava o meio rural. Vivi mal os meus meses de recruta em Saint-Cyr (era oficial de reserva); fui tratado com aspereza pelos oficiais de instrução, porque fui visto como uma má cabeça, coisa que provavelmente era. Foi nesse ano que, por espírito de contradição, li abundantemente Marx, em contraponto com Henri de Man. A seguir voltei à Bretanha, para o Liceu de Lorient, onde ensinei de 1937 a 1939.

O ano de Colmar foi importante para mim, porque já tinha compreendido que me viraria para a filosofia alemã; foi essa, aliás, a razão pela qual escolhi essa cidade. Tive lições de alemão com um colega do liceu (não o tinha feito durante a minha escolaridade). A seguir fui para a Universidade de Verão em Munique, onde tive um ensino intensivo, que terminou em 1939 com a declaração de guerra. Lembrar-me-ei sempre das aclamações que saudaram a assinatura do pacto germano-soviético. Parti no dia a seguir ao cônsul de França nos ter dito: "Agora é a guerra."

■ *Que recordação tem do ambiente que reinava em Munique?*

Lembro-me perfeitamente da *Feldherrnhalle:* dois gigantes nazis estavam de guarda e fazíamos um desvio para não fazer a saudação hitleriana, que era obrigatória. Eu e a minha mulher estávamos hospedados na casa de uma família católica cuja dona, muito anti-hitleriana, dizia: "Hitler levou as nossas crianças." Pude verificar nessa ocasião, em alguns católicos, as suas reticências a respeito do nazismo, que Pio XI tinha aliás condenado explicitamente em 1937 na sua Encíclica "Mit brennender Sorge". Quanto aos alemães da minha idade, ou eram hitlerianos vibrantes, ou pessoas que prefeririam calar-se. Tinha ficado muito impressionado pelo facto de os estudantes romenos e húngaros que lá estavam serem todos hitlerianos: só tinham deixado vir para a Universidade pessoas cuidadosamente escolhidas.

Em França, ninguém considerava necessário evitar prosseguir os seus estudos na Alemanha. Os primeiros nas agregações foram para Berlim até 1939.

■ *No início dos anos 30 acompanhava os acontecimentos? Falava-se muito disso à sua volta?*

Sim. Fui, aliás, muito rapidamente implicado nos movimentos da juventude socialista. Era muito militante quando estava em Saint-Brieuc, um pouco mais tarde em Lorient e também em Colmar. Lembro-me de ter participado nos desfiles da Frente Popular, no dia 14 de Julho de 1936. Apoiava profundamente a causa socialista, sob a influência de um homem que desempenhou um determinado papel no pós-guerra: André Philip. Ele também era protestante, influenciado pelo barthismo, e tentava juntar protestantismo e socialismo, sem cair na confusão à qual cediam muitas vezes os socialistas cristãos, que proclamavam que o socialismo já se encontrava todo no cristianismo. É uma confusão que nunca fiz, precisamente graças a André Philip. Também neste caso assumo uma dupla fidelidade cujas duas orientações são bastante flexivelmente articuladas. Existem, sem dúvida, nos Evangelhos certos preceitos — nomeadamente todos os deveres que envolvem o respeito especial que devemos aos pobres —, mas era necessária, para consolidar racionalmente o empenhamento socialista, uma argumentação económica — marxista ou outra — que de certa forma fosse diferente do impulso moral e que não podia ser imediatamente inferida do amor ao próximo. Nunca houve, portanto, para mim, confusão entre os dois registos.

■ *Como encontrou André Philip?*

Ele era professor na Faculdade de Direito de Lyon quando eu estava em Saint-Brieuc, e encontrei-o nos movimentos de estudantes protestantes: quando ele frequentava os congressos socialistas, pregava ao domingo nas cidades ou estava nos congressos.

Era uma maneira de contrariar o anticlericalismo algo sumário do partido socialista dessa época.

■ *Portanto, você mesmo prolongou a sua educação protestante religiosa e a sua integração nos movimentos de juventude através de uma integração nos movimentos estudantis.*

Sim, e frequentei muito, nessa época, Marx e os socialistas libertários. André Philip fizera-me ler também Henri de Man. Philip professava um socialismo humanista antes de os textos do jovem Marx terem sido traduzidos, nomeadamente os *Manuscritos de 1844*. Mas dois outros acontecimentos tinham desempenhado anteriormente, para mim, um papel decisivo, apesar de se situarem na periferia da política: a condenação à morte de Sacco e Vanzetti nos Estados Unidos da América em 1927, que me tinha indignado profundamente, e depois o caso Seznec. Senti assim muito cedo uma espécie de revulsão à flor da pele, que me tornava extremamente sensível a certas injustiças singulares, acerca das quais pensei mais tarde que eram sintomas de fenómenos mais gerais. Foi este tipo de indignação que foi de certa maneira moralizada, intelectualizada pela doutrina, a de um socialismo compatível com uma visão moral do mundo. Do lado dos meus amigos e na família da minha mulher, era-se anarco-sindicalista: um dos tios de Simone, muito bom tipógrafo no *Ouest-Éclair* (que se tornou o *Ouest-France*), pertencia a esse meio do "livro" cuja ideologia me convinha perfeitamente. Eles estavam muito mais próximos da tradição anarquizante do que do marxismo, no qual, pela minha parte, nunca me senti à vontade intelectualmente.

■ *Participava em reuniões?*

Limitava-me mais a reflexões pessoais e a leituras, porque não acredito que em Rennes tenha existido movimento organizado. Só conheci verdadeiramente as instâncias locais do partido socialista em Saint-Brieuc, Colmar e Lorient, sobretudo em Lorient, nos anos de 1937-1939, logo após a Frente Popular. E, retrospectivamente, compreendo melhor como é que o partido socialista dessa época se desequilibrou entre a sua prática e a sua doutrina. Existiram nessa altura duas ocasiões para escolher que eram de certa maneira intimações: a guerra de Espanha e de Munique: e, de cada vez, ele ficou preso na ambiguidade, porque era necessário usar a força ou arriscar-se a ter de fazê-lo; encontrava-se assim obrigado a transigir com o seu próprio fundo antimilitarista. Só aquando da declaração da guerra conseguiu transpor esse dilema. Todas as suas escolhas foram incertas. A maioria ia ora num sentido, ora noutro — Blum é completamente típico: estava dividido entre uma espécie de vontade de assistência às pessoas em perigo — na perspectiva de uma solidariedade internacional — e um antimilitarismo visceral, em que o militar era a sombra negra. A guerra voltou a colocar o partido socialista na mesma situação quando, em 1940, a maioria dos seus deputados votaram a favor de Pétain.

■ *Face à guerra de Espanha, como é que reagia?*

Também estava muito dividido entre essas duas tendências e a escolha era muito aleatória, uma vez que não havia nenhuma resultante dessas duas forças, a não ser circunstancial. Nas reuniões, o voto dos camaradas distribuía-se de maneira absolutamente ao acaso. Por fim, aquilo que venceu foi a não-intervenção, na linha dos recuos repetidos em face de Hitler; mas não o percebíamos dessa maneira. Diria que o fascínio negativo suscitado pelas cruzes de fogo, por La Rocque (que acabou nos campos de concentração), ocultava o horizonte internacional. É preciso, sem dúvida, evitar projectar sobre o passado o que sabemos que aconteceu depois, como se nessa época as pessoas tivessem tido diante de si alternativas cujas consequências pudessem conhecer. É necessário admitir que certas escolhas foram feitas numa espécie de nevoeiro.

A tal respeito, o exemplo do historiador israelita Zeev Sternhell[6], que conheci recentemente, é significativo: nos seus

---

[6] Z. Sternhell, *Ni droite ni gauche*, Le Seuil, Paris, 1983. Para a discussão das teses de Sternhell, referir-nos-emos ao estudo que lhe consagra Philippe

livros, existe uma visão desse período da história que é implicitamente teleológica, e que falseia as perspectivas. Os factos que alega são verdadeiros, mas não o esclarecimento finalizado sob o qual os apresenta. Como se só tivessem existido para a França duas histórias: o Iluminismo por um lado e, por outro, o nacionalismo fascizante. Ora alguns conseguiram pertencer a ambos, em momentos em que as vias estavam enredadas, confundidas... Creio que aquilo que ele subestima — mais do que outros — é a extraordinária agitação dos anos de antes da guerra, onde, por exemplo, pessoas que se tornaram fascistas caminharam ao lado de pessoas que se tornaram gaulistas. Era uma situação de experimentação em todos os géneros, na qual a fraqueza das instituições da III República era posta a descoberto. É verdade que ao mesmo tempo a fragilizávamos com as nossas invasões críticas — é pelo menos isso que compreendo retrospectivamente: as fraquezas que recriminámos à República eram também produto das acções que nós conduzíamos contra ela.

■ *Guardando todas as proporções, é um pouco como o que acontecera, do lado alemão, com a República de Weimar.*

Absolutamente. E é também o que se vai reproduzir quanto à IV República, pelo menos em certa medida. Mas creio que fomos demasiado severos a seu respeito, uma vez que os governos centristas, efectivamente fracos, que se sucederam, eram constantemente apanhados ao viés entre os gaulistas e os economistas.

■ *Em que momento é que teve consciência do que era realmente a URSS de Estaline?*

Foi verdadeiramente o caso Kravchenko, em 1949, que constituiu uma reviravolta decisiva. *Les Lettres françaises*, sob a égide de Aragon, tinham tentado um processo ao trânsfuga na sequência

---

Burrin, in *Histoire des droites en France* (sob a direcção de J.-F. Sirinelli), Gallimard, Paris, 1992, vol. I, capítulo X, "Le fascisme", pp. 603-652 (colecção "NRF-Essais").

da publicação do seu livro *J'ai choisi la liberté;* os comunistas tinham-no acusado de ser um falsário e um agente da CIA. Antes da guerra, nem mesmo os famosos processos de Moscovo tinham sido suficientes para arranhar a imagem positiva que tínhamos da URSS estalinista.

Mas, no que me diz respeito, o facto de pertencer ao Partido Socialista implicava também estar em competição com os comunistas e permitia-me, portanto, não ceder ao entusiasmo de tantos intelectuais a respeito da "pátria dos trabalhadores". Estar na "velha casa", como se dizia na época, era estar do outro lado. Isso imunizava-nos contra o fascínio comunista. Estive, portanto, quer antes quer depois da guerra, ao abrigo da tentação.

O que me impressiona agora é a fragilidade que presidia às tomadas de posição, mesmo no plano da política interna: ter esquematizado, através do tema das "duzentas famílias" e o *slogan* do "Muro do Dinheiro", o conjunto da política económica, era ainda assim muito simplista. Lembro-me de ter participado nos cafés de Colmar, em 1935-36, em reuniões sobre a nacionalização do Banco de França: dispúnhamos de um pequeno argumentário fornecido pela "velha casa", para mostrar que um país só era senhor da sua economia se fosse dono do seu dinheiro e que, para isso, era preciso nacionalizar o Banco de França. Não percebíamos de modo algum o aspecto jacobino desta argumentação, nem a concentração de poderes que ela necessariamente implicava e que era contrária à visão, por assim dizer, libertária, anarco-sindicalista, que era, aliás, muito forte. Penso que o atrito no interior da SFIO entre a tendência libertária e a tendência jacobina fez sempre com que uma maioria se desembaraçasse ora de um lado, ora de outro, quer em política externa, quer em política interna. Com efeito, a própria SFIO resultara de uma fusão da corrente anarco-sindicalista libertária e da corrente centralizadora estatal. Fomos protegidos do fascínio pela URSS por esse fundo anarco-sindicalista. Mas tal produzia também alguns frutos envenenados, precisamente em política externa, uma vez que contribuía para nos desarmar face ao verdadeiro adversário: Hitler, que também bebia nessa fonte anarco-libertária... O que nos desarmava face a Hitler era o que nos protegia contra Estaline.

■ *Em suma, foi a sua filiação política de antes da guerra que não lhe permitiu ver claramente o perigo que vinha da Alemanha.*

O erro das pessoas como eu foi, em primeiro lugar, não perceberem a chegada da guerra e, a seguir, quando soubemos que ela aconteceria, pensá-la nas categorias da I. Já tínhamos condenado, por causa do Tratado de Versalhes, as razões para aderir patrioticamente à I Guerra; o facto de apresentar a II como um conflito entre nações sob um fundo patriótico suscitava exactamente a mesma rejeição. Penso, hoje, que essa extrapolação era falaciosa, na medida em que o segundo conflito resultava de uma conjunção de todo diferente. Mas continuo a pensar que a I Guerra foi um erro monstruoso e um crime: burguesias de facto muito semelhantes perverteram as suas próprias classes trabalhadoras. Enfraqueceram a II Internacional, o que permitiu muito rapidamente a criação da III.

É preciso voltar sempre a esse ponto; porque foi com o sentimento de que o Tratado de Versalhes fora injusto que o pacifismo da esquerda socialista encontrou a sua justificação, a sua cobertura. O argumento consistia em dizer que Hitler, afinal de contas, não fazia mais do que recuperar aquilo a que tinha direito. Lembro-me ainda da primeira página do *Crapouillot,* aquando da ocupação da margem esquerda do Reno: "A Alemanha invade a Alemanha." No fundo, era necessário ceder a Hitler aquilo que os alemães tinham o direito de retomar. Contudo, fora colocado de sobreaviso por André Philip, que não fizera essa escolha. Ele era claramente antimuniquense, ao passo que eu estava hesitante. Tinha, por um lado, a sensação de que a Checoslováquia sofria uma grande injustiça e que era mesmo vítima de um crime, mas, por outro, que os Sudetas eram, apesar de tudo, um domínio alemão. Fui surpreendido pela agressão contra a Polónia em Setembro de 1939.

Aliás, vemos isso em todos os escritos de Patochka: diz ele em todo o lado que a I Guerra é que constitui verdadeiramente o ponto de viragem; a I Guerra é o "suicídio da Europa". Não compreendemos que a II dependia de uma problemática inteiramente diferente, que resultava de uma escalada de poder dos totalitarismos. Mas podíamos tanto menos ter uma visão clara das coisas, quanto nos tornáramos aliados de um totalitarismo contra o outro.

■ *O seu pacifismo alimentava-se também da leitura de Alain? Era uma grande figura para si?*

Não, na verdade não. Eu encontrara-o, mas apenas por ocasião da minha dissertação sobre Lagneau, uma vez que fora ele que publicara a primeira série das *Célèbres Leçons*. Só li os seus *Propos* na prisão, sob a influência do meu novo amigo Mikel Dufrenne, que fora seu aluno.

■ *E qual foi a impressão que lhe causou?*

Tónica, mas também porque existiam nele elementos anarquizantes muito vincados, nomeadamente na sua oposição aos poderes.

■ *Regressou de Munique em 1939, quando a guerra foi declarada. Foi portanto imediatamente mobilizado.*

Desde Setembro de 1939 que fui destacado para um regimento bretão de Saint-Malo; pessoas notáveis. Vivi o desmoronamento de 1940 sob um fundo de culpabilidade pessoal. Guardo na memória as imagens intoleráveis da fuga dos exércitos do Norte; vejo ainda essa espécie de estereótipo de um soldado, penteado com um chapéu de coco e empurrando um carrinho de bebé cheio de garrafas de vinho. Não podia impedir-me de dizer: "Foi isto que produzi, por erro político, por passividade, por não ter compreendido que, frente ao hitlerianismo, não se podia desarmar a França." Esta censura perseguiu-me e levou-me a desconfiar sempre do meu juízo político. Apesar de ter conservado fidelidades relativamente ao socialismo e de não negar alguns dos seus pressupostos, penso que as minhas posições políticas dessa altura estavam erradas e eram mesmo culpadas.

Em Maio de 1940, encontrei-me numa unidade que combateu bem e que, resistindo, tentou impedir o refluxo do exército em derrota. Estava numa pequena unidade completamente isolada; lembro-me de o meu capitão me ter dito: "Ricoeur, vá ver a oeste e a leste para tomar contacto." A quatro ou cinco quilómetros: ninguém dos dois lados. Estávamos num buraco, e tentámos impedir a passagem dos alemães. A minha secção foi premiada por meu intermédio numa citação à ordem do exército por ter resistido. Mas fomos aprisionados, com o sentimento de que a escolha era entre morrer ou render-nos: escolhi o segundo ramo da alternativa. Recordo-me muito bem de que após três dias sob o fogo dos *Stukas*, sem artilharia, sem aviação, esmagados, ouvimos às 3 horas os alto-falantes alemães dizerem em francês: "Às 6 horas atacaremos e serão todos mortos"; tomámos com o capelão a decisão de acordar os vinte e cinco ou trinta infelizes soldados despedaçados nas trincheiras, e de nos rendermos, não sem um certo sentimento de culpabilidade: a minha escolha política anterior parecia ter conduzido a esse desastre, e eu mesmo sancionava-o através de uma rendição.

Parti em cativeiro para a Pomerânia, onde passei cinco anos. Estava num *oflag**. Em abono da verdade, devo dizer que até 1941 tinha sido seduzido, como outros — a propaganda era maciça —, por certos aspectos do petainismo. Provavelmente voltei contra a República o sentimento de ter participado na sua fraqueza, o sentimento de que era necessário refazer uma França forte. Foi esse o caso enquanto não recebemos informações, enquanto não fomos tocados pela BBC que, graças aos gaulistas do campo, pudemos ouvir a partir do Inverno de 1941-42. Um camarada vinha transmitir-nos o boletim da BBC de manhã; ele próprio recebia-o de outro, mas não sabíamos de quem. Por isso, éramos nós que anunciávamos as derrotas aos alemães. Um dia, chegámos barbeados e bem vestidos ao ajuntamento, os alemães perguntaram-nos qual o acontecimento que tinha causado esta derrogação nos nossos hábitos, e anunciámos-lhes a vitória dos russos em Estalinegrado! Nesse momento, os campos foram inteiramente tomados pelos comunistas e pelos gaulistas. Mas lamento o meu erro de juízo, durante o primeiro ano.

---

* Abreviatura do alemão *Offizierlager*, campo alemão onde eram presos os oficiais das forças aliadas. (*N. do T.*)

■ *O que sabia ali acerca do que se passava em França?*

Sabia que havia um governo legítimo, que havia um embaixador americano em Vichy — seguíamos isso de muito perto —, que voltavam a pôr em movimento a educação nacional apelando a valores de virilidade, de serviço, de dedicação. Ficámos perturbados quando, no estado de espírito geral, começou a penetrar não só o desalento, mas também a vontade de recomposição a partir de valores quase feudais. Era muito simplesmente os princípios a que obedecia a escola de Uriage[7]. Quando descobri, após a guerra, o que se fizera, apercebi-me de que nós o aplicáramos espontaneamente nos campos. A escola de Uriage foi criticada por pessoas como Sternhell, sob o pretexto de que a ideologia desta escola de quadros era fascista; ora o estado de espírito que aí reinava era completamente oposto àquilo em que a colaboração já se tornara. Tratava-se do restabelecimento da França, e pensávamos que ele passava pelas concepções de Vichy tais como no-las apresentavam os delegados do governo. Os fascículos que nos distribuíam tinham por eixo principal esta ideia: a República foi fraca, é preciso refazer uma França forte, portanto *com* os alemães. Apesar disso, creio que nenhum de nós cedeu na questão da colaboração. A ideia que nos guiava era mais a de um endireitamento interior, na linha dos movimentos de juventude, numa espécie de continuidade com aquilo que fora o escutismo de antes da guerra, e foi nisso que acreditámos durante o primeiro ano em que estávamos prostrados e separados de tudo.

A maneira como, positivamente, contribuímos para esse restabelecimento no seio do campo consistiu em erguer com rapidez uma vida intelectual para não sofrer mais a derrota. Com Mikel Dufrenne, Roger Ikor, Paul-André Lesort, e tal como outros tinham montado um teatro, reconstituímos uma vida cultural ins-

---

[7] Instalada na pequena comuna de Uriage, perto de Grenoble, é a mais célebre das escolas de quadros fundadas, antes da guerra, para aí formar, durante alguns meses de exercícios físicos e de debates ideológicos, os altos funcionários e os responsáveis pelas estâncias da juventude. Foi dirigida pelo capitão Dunoyer de Segonzac. Proudhon, Maurras e Péguy eram aí os autores de referência.

titucionalizada — fenómeno bastante curioso e sem dúvida próprio da prisão, que é o de tentar criar um simulacro de sociedade livre no interior do campo; existia até um mercado que era cotado: estudantes e professores de economia faziam funcionar uma bolsa de valores mercantis, onde os preços eram calculados com base numa unidade de conta que não era o ouro, mas o cigarro americano ou russo!

Em primeiro lugar, tentámos juntar todos os livros do campo. Em seguida, organizámos uma universidade-símile com programas, cursos, horários, inscrições, exames. Metemo-nos a aprender todas as línguas possíveis: russo, chinês, hebraico, árabe... Cinco anos é muito tempo!

Foi neste campo que comecei a traduzir *Ideen I*, de Husserl, nas margens do meu exemplar, por falta de papel.

■ *Como é que os livros entravam?*

Havia os que tinham sido trazidos nos bornais. Eu mesmo possuía dois: as poesias de Valéry e as *Cinq Grandes Odes* de Claudel: foram eles que me alimentaram verdadeiramente durante o primeiro ano. Aliás, foi graças a eles que encontrei Mikel Dufrenne, que fizera uma conferência sobre estes dois autores, raramente apresentados de maneira conjunta. Como éramos entre três e quatro mil, pudemos rapidamente organizar uma biblioteca de empréstimo, um empréstimo feito com todo o cuidado para que as obras não fossem monopolizadas e pudessem circular. Outros vinham de envios garantidos pelas famílias e pela Cruz Vermelha — foi, segundo creio, através dela que pude ler Husserl e Jaspers. Havia também uma fonte clandestina: alguns comandantes de campo benevolentes aceitavam emprestar livros à biblioteca universitária! Pude, assim, ler obras da biblioteca de Greifswald (que é actualmente na Polónia), obtidos em troca de cigarros, uma vez que não era fumador.

Consegui salvar o meu exemplar de *Ideen I* em circunstâncias muito extraordinárias. No fim da prisão, durante o Inverno de 1944-45, o nosso campo foi transferido mais para oeste, e o trajecto foi efectuado a pé — marcha sofrida para pessoas que tinham sido muito pouco alimentadas (não estávamos, evidentemente, no estado de enfraquecimento total dos deportados), e esgotadas pelo frio. Puxávamos nos trenós de madeira, sobre o gelo, o nosso saco e os livros que tentávamos salvar. Ao cabo de três dias de marcha o degelo começou. Perdemos tudo, porque já não podíamos levar o que tínhamos conseguido mais ou menos bem levar connosco. Com alguns amigos, entre os quais Dufrenne, Ikor e Lesort, dissemos entre nós que não avançaríamos mais. Quisemos salvar um certo número de coisas, os nossos papéis, nomeadamente; eu tinha começado a escrever a minha futura tese sobre a vontade. Andámos para leste na esperança de sermos libertados pelos russos e encontrámo-nos numa quinta polaca, onde fomos alvejados por uma patrulha russa que não sabia com quem estava a tratar. Infelizmente, não tínhamos mapa e não sabíamos onde estávamos; de facto, não estávamos no trajecto dos russos, mas no intervalo entre duas colunas de exército. Surgiram S.S.: vinham para roubar e descobriram-nos. Queriam fuzilar-nos. Como falávamos alemão, conseguimos fazer-nos entender por um capitão, ou um comandante, e fomos enviados para a prisão em Stettin, onde continuei a trabalhar na tradução do livro de Husserl durante várias semanas. A seguir, fomos embarcados num comboio, para irmos para oeste; e foi assim que fizemos de vagão todo o trajecto que os outros fizeram a pé. Chegámos perto de Hanôver em Janeiro de 1945. Este novo campo não estava feito para acolher as massas de prisioneiros que aí eram empilhados; pouco a pouco, os guardas desapareciam, vestiam os uniformes de prisioneiros ou escondiam-se, porque a sua obsessão era serem feitos prisioneiros pelos russos. Um belo dia, já não havia guardas! Retomámos a nossa marcha para oeste e deparámos com os canadianos. Foi assim que fomos "libertados".

Uma vez regressado a Paris, a primeira pessoa que visitei foi Gabriel Marcel: recebeu-me de braços abertos como seu filho. A seguir revi André Philip, que fazia parte do governo. E foi ele que me enviou para Chambon-sur-Lignon, cuja existência eu ignorava — um colégio protestante que tinha protegido tantas crianças judaicas que foi enaltecido em Israel. Encontrei-me no meio do pacifismo militante de resistentes não violentos, que desempenharam o papel de passadores para os estrangeiros e os judeus. O colégio protestante era uma peça essencial desse dispositivo de resistência e acolheu-me de boa vontade. Foi aí que encontrei, a partir do primeiro Inverno, os *quakers* americanos, eles mesmos resistentes não violentos que tinham vindo participar na construção de um colégio mais vasto. Foi por esse desvio que, alguns anos mais tarde, em 1954, fui convidado pela primeira vez para os Estados Unidos da América, por um colégio *quaker* da costa leste dos Estados Unidos.

■ *Quando é que soube da existência dos campos de morte?*

Tínhamos assistido às sevícias infligidas aos prisioneiros russos perto do nosso campo da Pomerânia. Mas só descobrimos os horrores dos campos de deportação e de exterminação no dia em que fomos libertados, porque nos encontrávamos ao pé de Bergsen-Belsen. Os ingleses saquearam a aldeia de Belsen a título de represália e nós interrogámos os alemães, que fingiam não saber o que se passava no campo, que distava sete quilómetros. Vi sair os sobreviventes, espantados, dos quais muitos morreram ao darem os primeiros passos, ao comerem compota ou o que quer que fosse. Foi medonho. De súbito, tivemos a sensação de ter sido incrivelmente poupados. E os que sentiram com maior intensidade essa profunda diferença foram justamente os camaradas judeus, uma vez que o exército alemão sempre conseguira fazer prevalecer, contra as S.S., o seu direito a ser responsável pelos campos de prisioneiros de guerra. Os S.S. nunca comandaram esses campos, e foi assim que Ikor e Levinas conseguiram não ser inquietados. Sei que um certo número de judeus foi agrupado em campos à parte, por vezes com prisioneiros considerados subversivos; mas não li que esses prisioneiros judeus deslocados tenham tido de sofrer maus tratos.

Quanto a mim, escapei à acumulação de recordações de prisão através do trabalho intelectual. Fechei atrás de mim a porta do campo ao deixá-lo e trazendo comigo os que se tornariam meus amigos até ao fim das suas vidas, no caso dos que desapareceram antes de mim. Alguns desses meus amigos quiseram rever os lugares do nosso cativeiro; pela minha parte, não tive o desejo de regressar a essa Pomerânia que se tornou polaca.

■ *Durante a sua prisão leu, portanto, muito, sobretudo autores alemães. Assim se acentuava uma das suas linhas futuras de força: um conhecimento profundo dos pensadores de além-Reno. Essas leituras, num* oflag, *não tinham uma espécie de função curativa?*

Foi decisivo, para mim, ler *ali* Goethe, Schiller, fazer, durante esses cinco anos, o percurso da grande literatura alemã. O primeiro e o segundo *Fausto,* entre outros, ajudaram-me a preservar uma certa imagem dos alemães e da Alemanha — os guardas não existiam e eu vivia nos livros, um pouco como durante a minha infância. A verdadeira Alemanha estava ali, era a de Husserl, de Jaspers. O que me permitiu, quando fui ensinar para Estrasburgo, em 1948, ajudar muitos dos meus estudantes que, na sua maioria, tinham sido soldados do exército alemão, chegavam tardiamente aos estudos e julgavam que era proibido falar alemão. Dizia-lhes: pensem que estão na companhia de Goethe, de Schiller, de Husserl...

■ *O que fez logo após a libertação?*

Vivemos em Chambon-sur-Lignon de 1945 a 1948. Ao fim de um ano, fui eleito no CNRS: já só tinha direito a cinco ou seis horas de ensino; tinha, portanto, um meio serviço e continuei entretanto a minha tradução de *Ideen I,* de Husserl. Tive, aliás, um susto porque outra pessoa traduzia pelo seu lado o mesmo livro. Merleau-Ponty defendeu a minha tradução, contra a outra que não estava acabada. Tinha terminado as minhas teses em 1948. Mas só pude defendê-las em 1950. Desde 1948 que tinha sido nomeado para a universidade de Estrasburgo, para onde queria ir para estar mais próximo da língua alemã. Fiquei aí oito anos. Oito anos muito felizes, os mais belos que conheci. Isso devia-se à minha relação muito harmoniosa na minha vida familiar — a minha mulher Simone, os nossos filhos, Jean-Paul e Marc, nascidos antes da guerra, a nossa filha Noëlle, nascida durante a minha prisão e que conheci com a idade de cinco anos, Olivier, que tivemos em Chambon, e Étienne, em Estrasburgo. Tal devia-se igualmente à vida que levávamos em Estrasburgo: a cidade era cordial, a universidade muito atraente. O departamento de filosofia encarregara-nos, a mim e a Georges Gusdorf, de instalar um círculo filosófico em que a discussão e as trocas fossem constantes. Gusdorf fora nomeado ao mesmo tempo que eu; eu sucedia a Jean Hyppolite e Gusdorf a Georges Canguilhem.

De Estrasburgo ia frequentemente à Alemanha; foi assim que visitei Karl Jaspers[8] em Heidelberg, antes de ele se exilar na Suíça. Fiquei muito impressionado pela sua nobreza quase goethiana. Era uma personagem de muito difícil acesso, que a mulher protegia. Soubemos mais tarde que Hannah Arendt tentara reconciliá-los, a ele e Heidegger. Ela conseguira-o no tocante a Jaspers, que era muito generoso, mas chocou com a resistência feroz de Heidegger, que pensava — seria um pretexto? — que não existem palavras para dizer... isso. Aqui também as palavras faltam...

Jaspers esperara da Alemanha uma espécie de conversão, uma confissão colectiva dos pecados, e acabou por se convencer de que a Alemanha não estava à altura da sua culpabilidade. Ele, que conseguira suportar o nazismo, não conseguiu suportar a nova república. Creio que teve pouca paciência, porque Adenauer foi o mais longe possível, dadas as circunstâncias do desastre, na reconstrução de uma verdadeira república.

Visitei uma segunda vez Jaspers, após ele ter sido chamado para a universidade de Basileia, para lhe oferecer o livro que Mikel Dufrenne e eu publicáramos em conjunto (o nosso primeiro livro), *Karl Jaspers et la philosophie de l'existence*. Ele queria redigir um prefácio muito amável, apesar de não ter apreciado muito o nosso livro; considerara o nosso discurso dema-

---

[8] Karl Jaspers (1883-1969), professor em Heidelberg de 1922 a 1937, foi destituído do seu ensino pelos nazis em 1937. Após a guerra, decepcionado pelos primeiros comportamentos dos seus compatriotas confrontados com a culpabilidade engendrada pelos crimes nazis, exila-se na Suíça. Ensinou na universidade de Bâle de 1948 até à sua jubilação.

siado sistemático. Jeanne Hersch, que, como Hannah Arendt, tinha sido uma das fiéis do mestre, partilhou, creio eu, as suas reservas. Sobretudo, considerou mais tarde que eu traía Jaspers por Heidegger, que sucumbia como os franceses, dizia, ao encanto pernicioso de Heidegger, o que é meio verdade, mas também meio falso.

■ *Encontrou-se com Heidegger?*

Em Cerisy, em 1955, e guardei desse encontro uma má recordação. Ele estava literalmente guardado por Axelos e Beaufret ([9]) e comportava-se como um mestre-escola. Seguia-se à letra o texto da *Crítica da Razão Pura:* "A existência é uma posição". Com o dedo, ele indicava-nos para ler a linha seguinte e propor uma explicação. Mas as suas intervenções eram magníficas, sobretudo acerca dos poetas. Creio que foi a primeira vez que estive atento à sua relação com a poesia. Ele tinha falado muito de Stefan George, e parece-me que foi a seguir que descobri Paul Celan.

Só gradualmente fui apanhado na vaga heideggeriana, sem dúvida também em virtude de uma espécie de lassitude a respeito do carácter algo enfático, repetitivo e difuso dos grandes livros de Jaspers, publicados após a guerra. O génio de Heidegger impressionou-me nessa altura mais do que o talento de Jaspers. Não há nada de maçador nele, é uma filosofia bem feita, moderada. Eu tinha gostado muito de certos textos breves seus, como o livro sobre Strindberg e Van Gogh ([10]), tal como havia apreciado muito a sua famosa declaração: "Nós, que não somos a excepção, pensamos em face da excepção." Agora, estar-lhe-ia grato por não se ter tomado pela excepção — o que não era provavelmente o caso de Heidegger...

  ([9]) Kostas Axelos e Jean Beaufret traduziram conjuntamente *Qu'est-ce que la philosophie* de Heidegger (Gallimard, 1957); a recepção de Heidegger em França passou quase inteiramente por Beaufret, a quem Heidegger dirigira a célebre *Carta sobre o Humanismo* (1947). É também por intermédio de Beaufret que Heidegger conhece, em 1955, René Char.
  ([10]) Karl Jaspers, *Strindberg et Van Gogh*, trad. fr., Paris, 1953.

■ *Lembra-se da Heidelberg e da Friburgo da época?*

Em Friburgo encontrei Landgrebe e Fink([11]), e em Heidelberg Gadamer. Mas não havia aí nenhuma troca entre as universidades francesas e alemãs, e fiquei muito decepcionado por Estrasburgo, nessa época e por razões políticas evidentes, não ter sido uma ponte com a Alemanha, mas antes um fosso. Para olhar para o outro lado do Reno era preciso querê-lo verdadeiramente. O problema primordial era reintegrar a Alsácia na França. Os meus colegas na universidade, tal como os próprios alsacianos, não compreendiam bem que quiséssemos interessar-nos por aquilo que se passava no outro lado da fronteira, e percebia neles nessa altura algo um pouco semelhante à desconfiança de que os franceses tinham dado provas a respeito da Alemanha antes da guerra.

■ *Quando retomou a sua vida "normal", em 1945, reatou os seus compromissos políticos de antes da guerra?*

Sim. Reatei com eles depois do cativeiro — mas após ter recebido a terrível lição da guerra, que tinha invalidado os meus juízos anteriores e me impunha uma espécie de reeducação política. Encontrei-me por vezes em posições muito próximas das que eram minhas em 1934-1936, nutrindo muito rapidamente uma hostilidade a respeito do socialismo de Guy Mollet. Aliás, a minha amizade por André Philip não se desmentiu, e isso até à sua morte. Eu vinha a Paris participar em congressos, em colóquios; e, nos anos de 1947-1950, descobri o grupo *Esprit*, que conhecera mal antes da guerra, porque na altura estava muito mais empenhado no socialismo militante e considerava as pessoas da *Esprit* demasiado intelectuais. Portanto, aproximei-me muito dessa revista e publiquei nela. A minha amizade com Emmanuel Mounier([12])

([11]) Eugen Fink (1905-1975) e Ludwig Landgrebe (1902-1992) foram ambos assistentes de Husserl nos anos vinte.

([12]) Emmanuel Mounier (1905-1950), fortemente marcado por Jacques Maritain e Gabriel Marcel, encarna o existencialismo cristão. Antes da guerra publica nomeadamente *Révolution personaliste et communautaire*, Paris, 1935; após a guerra, além do seu *Traité du caractère* (1946), publica nomeadamente aprofundou-se pouco tempo antes da sua morte, que foi para mim uma grande dor. Revejo-me em 1950 no jardim dos "muros brancos", em Châtenay-Malabry, ignorando que um dia viveria aqui, e com o rosto em lágrimas. A pessoa de Mounier conquistara-me verdadeiramente, menos as suas ideias do que ele próprio: eu estava já bastante estruturado filosoficamente para ser um dos seus discípulos; mas fui ainda assim o companheiro. Aliás, ele andava à procura de um filósofo profissional para o auxiliar; tinha perdido o seu "bom" filósofo na pessoa de Landsberg([13]) depois de Gasset, fuzilado como resistente na Bretanha. Mounier teria querido que fosse o seu continuador, o que eu aceitei de boa vontade; ele era muito sensível ao facto de lhe faltar estrutura conceptual, que era por vezes obrigado a improvisar. Tinha tentado remediar esta situação escrevendo no exílio em Dieulefit o *Traité du caractère*, que é o seu trabalho mais sólido. É um bom livro, mas ele toma demasiado de empréstimo à caracteriologia e permanece um pouco sumário, apesar de tudo, no plano conceptual.

■ *Dos filósofos franceses, qual era o mais presente para si?*

Gabriel Marcel é de longe a pessoa com quem tive a relação mais profunda, desde o meu ano de agregação, em 1934-35, e mais tarde ainda, de maneira episódica até à sua morte, em 1973. Durante as famosas "tardes da sexta-feira", que comecei a frequentar a partir de 1934, escolhíamos um tema de discussão e a regra era sempre partir de exemplos, analisá-los e recorrer às doutrinas só a título de apoio das posições defendidas. Eu apreciava ali um espaço de discussão que fazia absolutamente falta na Sorbonne. Com ele, tínhamos a impressão de que o pensamento estava vivo, de que ele argumentava. Aliás, quando lemos Gabriel Marcel, temos muitas vezes a sensação, não de uma efusão — ele

---

Introduction aux existencialismes (1947) e *Qu'est-ce que le personalisme?* (1947).

([13]) Paul-Louis Landsberg (1905-1944) deixara a Alemanha aquando da chegada ao poder de Hitler. Após ter ensinado em Espanha de 1934 a 1936, veio para França, onde colaborou com Mounier na revista *Esprit*. Foi deportado para o campo de concentração de Oranienburg.

está longe disso —, mas de uma constante aproximação dinâmica, agrilhoada pela preocupação da palavra justa. Discutíamos assim todas as semanas, durante duas ou três horas, de maneira muito activa, tendo a audácia de pensar por nós mesmos, o que compensava muito a cultura histórica dispensada pela Sorbonne.

Creio que é isso que lhe fundamentalmente devo: ousar tentar fazer filosofia e fazê-lo numa situação polémica assumida — era, aliás, a analogia que ele via entre o teatro e a filosofia. Com efeito, várias das suas ideias são expressadas por personagens de teatro. As suas peças, apesar do que delas ele tenha pensado, não eram muito boas. Considerava injusto que Sartre fosse reconhecido e não ele. Talvez eu tivesse hoje uma severidade igual a respeito do teatro de Sartre... Penso num ensaio muito belo do padre Fessard intitulado *Theâtre et philosophie*, que desenvolve a ideia de que todos os protagonistas têm direito a ser entendidos — o que não significa que toda a gente tenha razão —, pois toda a gente tem a palavra; é o que ele chama a "justiça superior do teatro", que distingue, pelo menos teoricamente, o teatro de tese do verdadeiro teatro, em que é o espectador que tem de ter uma opinião. Gabriel Marcel está a meio caminho entre ambos porque mete, apesar de tudo, na boca de uma das personagens aquilo em que acredita; mas pratica também uma espécie de distribuição da palavra. A atenção extrema que Gabriel Marcel dispensava às pessoas estava, aliás, ligada à sua experiência da I Guerra Mundial, onde trabalhara a colectar notícias de soldados desaparecidos, a reconstituir destinos singulares.

Possuo um retrato dele. Tem-se a impressão de um gato. Era um homem muito engraçado, cáustico, que gostava muito de contar histórias. Mas tinha um inimigo: Sartre, que o desprezava, ao passo que Gabriel Marcel o admirava apesar de com ele se escandalizar. Sartre era um assunto permanente de escândalo, não somente por causa do seu ateísmo, mas também porque professava a ideia de que o homem é o nada das coisas. Gabriel Marcel não podia de modo algum admitir isso. Talvez o meu fraco interesse por Sartre se deva um pouco a Gabriel Marcel, apesar de o atribuir mais à minha preferência por Merleau-Ponty. Não deixei de encontrar periodicamente Gabriel Marcel, até às jornadas que se organizaram sobre ele, em Cerisy, pouco antes da sua morte; ele mostrara-se aí igual a si mesmo, comportando-se como um dos participantes, um entre outros. Se me afastei da sua filosofia, não foi por causa das suas convicções profundas, mas antes devido a uma falta nele de estrutura conceptual. É um pensamento essencialmente exploratório, que desliza de um conceito para o outro, desempenhando essa ideia o papel de elemento melódico para uma sequência de variações, um pensamento por afinidade conceptual, onde se precisa uma ideia através de uma ideia próxima. Não chegou ao ponto de dizer que se trata de um pensamento associacionista, mas ele procede em função de assonâncias e dissonâncias. Em geral, as distâncias intelectuais que os seus familiares tomavam em relação a ele não diminuíam em nada o afecto que lhes dedicava. Quando escrevi o meu livro sobre Freud, devo dizer, porém, que me desaprovou. Disse-me muito claramente que eu tinha cedido àquilo que ele chamava o "espírito de abstracção". E compreendo melhor o seu juízo na medida em que agora censurar-me-ia por ter construído tudo sobre os textos mais teóricos de Freud (o capítulo VII de *a Interpretação dos Sonhos*, os escritos de *Metapsicologia*, assim como *O Eu e o Isso*, e por não me ter confrontado suficientemente com a experiência analítica enquanto tal: desejo que vem à palavra, a relação com outro e com os outros primeiros, a passagem pela narrativa, a compulsão de repetição, o trabalho de luto. Ora, eu discutia antes conceitos, aquilo de que Gabriel Marcel era inimigo. Dizia ele: o *cogito* de Descartes guarda o limiar do válido contra o mistério. Mas desconfiei sempre da ideia de mistério no sentido em que ela significasse a proibição de passar além de um limite, contra o preceito de Kant, na *Crítica da Faculdade de Julgar*, de "pensar mais". Não se deve, todavia, esquecer que Gabriel Marcel completava a oposição que fazia entre o mistério, que me engloba, e o problema, que está perante mim, mediante um elogio da reflexão segunda, que duplica de certa maneira o primeiro movimento que só pode ser de problematização. É, pelo menos, aquilo que nele tive de sublinhar. Tal não impede que tenha passado do problema do símbolo ao problema da metáfora, para encontrar um apoio semiótico e um instrumento de linguagem codificado e conhecido através da história da retórica; era, a seu ver, ter perdido uma certa espessura do simbólico mais importante do que o seu vestígio linguístico no metafórico. Pela minha parte, pensava que a metáfora permitia tratar o núcleo semântico do símbolo. Quanto ao espírito sistemático, contra o qual Gabriel Marcel me punha de sobreaviso, continuo a reivindicá-lo, mesmo se ele tende para um certo didactismo, que se explica em parte pelo facto de todo o meu trabalho ter sido posto à prova do meu ensino. Confesso que sempre tive necessidade de ordem e, apesar de recusar toda a forma de sistema totalizante, não me oponho a uma certa sistemacidade.

Gabriel Marcel e Mircea Eliade — de quem falaremos — são dois exemplos de homens que tiveram sobre mim uma grande influência nas relações de amizade, mas sem que me tenha alguma vez submetido às obrigações intelectuais de um discípulo. Esses homens tornavam-me livre. Talvez tenha conhecido a mesma qualidade de troca com Jean Nabert([14]), embora ele não fosse um homem que alimentasse relações calorosas. Num ano em que ele se encontrava na Bretanha e em que eu também estava, decidi ir visitá-lo e até surpreendê-lo. Cheguei a meio de uma tarde e encontrei o jardim aberto, a caixa do correio cheia de papéis. Esperei duas horas, até colhi amores-perfeitos que voltei a plantar no meu jardim e que ainda aí permanecem. Soube, depois, pelo jornal, que ele tinha ido para o hospital e que morrera. Não ousara ir vê-lo e foi no dia da sua morte que o fiz.

▪ *Quando esteve em Estrasburgo, que relações tinha com os filósofos parisienses?*

Só tardiamente fui parisiense e escapei assim a muitas coisas: nunca conheci o meio de Saint-Germain-des-Prés, não conheci Sartre pessoalmente. A única vez em que tive uma rela-

---

([14]) Jean Nabert (1881-1960) situa-se na tradição francesa da filosofia reflexiva. As suas obras principais são: *L'expérience intérieure de la liberté* (1924), reeditada em 1994 nas P.U.F. com um prefácio de Paul Ricoeur; *Éléments pour une éthique* (1943), reeditado na Aubier em 1962, com um prefácio de Paul Ricoeur; *Essai sur le mal* (1955), reeditado na Aubier em 1970.

ção com ele — nos anos de 1963-64, quando me ocupava do pequeno grupo de filosofia na *Esprit* —, foi após a publicação de *Question de méthode*, livro ao qual Mikel Dufrenne e eu mesmo tínhamos consagrado um ano de discussão no seio do grupo. Tínhamos, portanto, convidado Sartre e preparado doze questões. Para responder à primeira, ele falou durante duas horas e meia; nunca pudemos, portanto, apresentar-lhe a segunda! Simone de Beauvoir estava lá, a vigiar se toda a gente ouvia bem. Nas controvérsias que o opuseram a Camus e, depois, a Merleau-Ponty, coloquei-me do lado deles. Tive assim uma relação epistolar com Sartre, por ocasião de uma das suas peças que me tinha tocado muito e escandalizado: *Le Diable et le bon Dieu*. Eu escrevera um artigo, ao qual ele reagira de maneira cordial e generosa. Pode ler-se esse artigo, que me parece hoje um pouco ingénuo em *Lectures 2*[15].

■ *Vista da província, como lhe parecia a Paris de Saint-Germain-des-Prés?*

Como uma fábula superficial. Havia também nesse sentimento um forte preconceito antiparisiense, reforçado pelo clima intelectual de Chambon-sur-Lignon e, em seguida, de Estrasburgo. Mas esta experiência como que me imunizou contra os fenómenos de moda. Quanto a Merleau-Ponty, conheci-o quando estava em Chambon-sur-Lignon, em 1945-1948; ele ensinava nessa altura em Lyon, e foi lá que o encontrei várias vezes. Também me cruzei com ele em Lovaina, junto do padre Van Breda, nos arquivos Husserl, 1946-47, e em dois colóquios. Uma das suas conferências, "Sur la phénoménologie du langage[16]" (1951), impressionara-me muito. Como ele tinha, na minha opinião, balizado perfeitamente o campo da análise fenomenológica da percepção e dos seus mecanismos, não me restava mais, verdadeiramente aberto — pelo menos acreditava nisso nessa época —, senão o

---

[15] Paul Ricoeur, *Lectures II. La contrée des philosophes*, Le Seuil, Paris, 1992, pp. 137-140.
[16] Retomado em *Éloge de la philosophie*, Gallimard, Paris, 1965.

domínio prático. Foi nesse terreno que empreendi investigações que encontrariam o seu desenvolvimento ulterior, quando abordei o problema do mal, da vontade má — daquilo que em linguagem teológica se chama o "pecado". Tinha a impressão de que, no domínio da fenomenologia, só se havia tratado até então da vertente representativa da intencionalidade, e que todo o campo prático, o campo emocional, ou seja o campo do sentimento e do sofrer — apesar de ter admirado muito o livro de Sartre sobre as emoções —, não tinha sido verdadeiramente explorado.

As minhas próprias escolhas parecem-me hoje como tendo sido triplamente determinadas. Em primeiro lugar, portanto, Merleau-Ponty deixara livre um campo de investigação cuja ferramenta de análise estava disponível; depois, tinha estado muito atento à discussão entre Descartes, Leibniz, Espinoza e Malebranche sobre o problema da liberdade e do determinismo; por fim, ligara-me a uma problemática de inspiração agostiniana, respeitante ao mal e ao pecado, que me levara à simbólica do mal.

Encontrei notas de cativeiro, escritas não por mim mas por alguém que seguira os meus cursos quase literalmente, e fiquei espantado por verificar até que ponto antecipara aquilo que faria a seguir: estava lá quase o conteúdo exacto da *Filosofia da Vontade*. A estrutura principal estava já esboçada: o tema do projecto e da motivação, depois o do movimento voluntário com alternância entre hábito e emoção, por fim o do consentimento na necessidade. Foi assim que pude terminar essa tese muito rapidamente, uma vez que voltei em 1945 e ela foi terminada em 1948. Estavam aí, para dizer a verdade, cinco anos de reflexões e de ensino prévios que constituíam o seu envasamento.

A escolha do meu terreno fora mesmo esboçada muito antes, como o testemunha uma conferência que fizera em Rennes mesmo no início da guerra, por ocasião de uma licença, sobre a *atenção* considerada como orientação voluntária do olhar. Creio, portanto, que a minha escolha do campo prático é muito antiga: desde há muito que admirava o tratado de Lutero sobre o arbítrio servil, *Da Liberdade Cristã*, assim como a grande discussão que o opunha a Erasmo. A seguir, o contexto político veio reforçar a minha orientação para as questões da liberdade, do mal e da responsabilidade. Mais antigamente ainda, creio ter votado uma grande admiração à tragédia grega, que coloca no primeiro plano o problema do destino; também não negarei a influência exercida pela teologia calvinista da predestinação sobre a minha primeira formação. A escolha do meu terreno privilegiado de estudo, a vontade e o involuntário foi, assim, fortemente sobredeterminada.

▪ *Em 1956 foi nomeado para a Sorbonne; deixou portanto Estrasburgo.*

Poderia ter lá ficado. Mas pertencia à geração para quem o objectivo de uma carreira era aceder a Paris. Portanto, fui candidato à Sorbonne uma primeira vez, apresentado por Hippolyte e pela maioria do departamento de filosofia, mas a assembleia elegeu Jean Guitton. No ano seguinte, ficou livre uma cátedra e fui eleito.

Estava muito pouco à vontade na Sorbonne e foi por isso que, mais tarde, escolhi Nanterre. Não encontrava aí os laços com os estudantes, tais como existiam em Estrasburgo. Para mim, a Sorbonne foi como o negativo de Estrasburgo.

É verdade que o departamento de filosofia da Sorbonne era muito brilhante. Lá se encontravam Aron, Gurvitch, Jankélévitch, Wahl, Gouhier, Canguilhelm, Bachelard; e é verdade também que tive aí grandes satisfações de ensino: os anfiteatros estavam cheios, os estudantes estavam sentados nas beiras das janelas para assistir aos meus cursos sobre Husserl, Freud, Nietzsche, Espinoza, nos anos de 1956-1965. Mas, pela própria razão do seu número, eram inalcançáveis, eu não os conhecia e tinha a sensação muito forte de uma total inadaptação da instituição universitária a uma situação semelhante. Em 1965, tomei a iniciativa de dirigir um número da revista *Esprit* sobre a universidade, estabelecendo um balanço muito severo que desembocava em propostas, das quais várias reapareceram em 1968-69 (a propósito, nomeadamente, da nomeação de professores pelo colégio da Sorbonne com base em critérios verdadeiramente antiquados). Podemos lê-las ainda hoje, porque quis retomá-las no fim de *Lectures 1*, apesar do seu carácter muito utópico, e isso por um motivo de probidade intelectual, como faço no mesmo quadro editorial com as minhas notas sobre a China e sobre Israel ([17]).

Para regressar aos meus escrúpulos de pensamento, as minhas decepções e as minhas projecções a respeito da universidade nos anos que precederam 1968, tinha a impressão de que se negligenciava totalmente a tarefa que consiste em criar uma comunidade de estudantes e de mestres. Os colegas, além disso, não se relacionavam entre si. Limitávamo-nos a cruzar-nos. Não havia qualquer lugar de reunião, além das ocasiões que eram fornecidas pelas assembleias-gerais de departamento. Não sabíamos nada da vida dos colegas; só nos conhecíamos por termos escrito esta ou aquela obra. Nunca conheci a senhora Aron, por exemplo, nem a senhora Jankélévitch. Não existiam investigações conduzidas em comum, não havia confrontação, nem discussões. Tinha a impressão de um deserto intelectual. Além disso, não sendo iniciado na vida parisiense e não sendo um frequentador da Rua de Ulm, encontrava-me mergulhado num ambiente cuja dinâmica já tinha tomado corpo há muito tempo. Eu tinha o ar de ser um corpo estranho, trabalhando isoladamente, apesar de ter a impressão de ser bem entendido por parte dos estudantes.

Todavia, é verdade que a minha principal preocupação era mais de ordem pessoal: como resolver as contradições criadas pela minha situação na encruzilhada de duas correntes de pensamento que não se conciliam: a crítica filosófica e a hermenêutica religiosa? O meu problema era, de modo mais agudo ainda, saber se aquilo que fazia no interior do campo filosófico não seria eclectismo, se realmente articulava de maneira original e honesta as minhas múltiplas fidelidades: Gabriel Marcel, Husserl, Nabert, sem esquecer Freud e os estruturalistas. Este problema de honestidade intelectual sempre foi para mim pungente: não trair aquilo que devo a esta ou àquela linha de inspiração.

■ *Foi em nome dessa mesma honestidade intelectual que se lançou, nos anos sessenta, ao maciço freudiano: para submeter à prova da psicanálise as suas reflexões sobre a consciência.*

([17]) Paul Ricoeur, *Lectures I. Autour du politique*, Le Seuil, Paris, 1991, pp. 368-397.

A primeira razão desse trabalho foi mais a questão da culpabilidade, porque tinha consagrado os volumes II e III de *A Filosofia da Vontade* à fragilidade humana — a que chamava "falibilidade", em relação com a culpabilidade — e à simbólica do mal, ou seja à passagem de uma análise da essência da vontade a uma simbólica dos mitos que as figuras e as genealogias do mal expressam. Encontrava-me nessa altura face a uma espécie de resíduo inacessível à análise e ao método fenomenológico: a culpabilidade infantil, arcaica, patológica — eu via bem que nem todo o campo da culpabilidade era coberto por essa simbólica do mal ilustrada pela tragédia grega, os mitos e as narrativas bíblicas, e que havia ainda outra coisa. A segunda razão era ver na psicanálise uma alternativa à fenomenologia e, de uma maneira geral, às filosofias da consciência. O limite fundamental do projecto cartesiano, com o seu postulado de transparência, levantou-me sempre um problema. Encontrava finalmente móbeis próprios a Dalbiez, para quem a psicanálise era um ramo da filosofia da natureza: o estudo filosófico que tem em conta a natureza no homem. Tratava-se de uma perspectiva diferente da simbólica religiosa do mal — cristã ou não — e, por outro motivo, de uma orientação diferente para a fenomenologia.

Ao lançar-me ao trabalho, julgava escrever um artigo sobre a culpabilidade mórbida. Como apliquei a Freud os meus hábitos de leitura integral, e o tratei como a um filósofo, como um clássico, fui levado a fazer um livro volumoso([18]), que foi também a ocasião de um verdadeiro debate interior, de uma auto-análise, a que chamaria hoje em dia, por brincadeira, com poucas despesas. Esse trabalho ajudou-me, com efeito, a ultrapassar o lado um pouco obsessivo e arcaizante do problema da culpabilidade, ao qual progressivamente se substituiu em mim a questão do sofrimento, do sofrer de mais que oprime o mundo.

■ *Quando decidiu trabalhar sobre Freud, muito antes de a moda dele se ter apoderado, devia fazer figura de isolado.*

([18]) *De l'interprétation. Essai sur Freud*, Le Seuil, Paris, 1965, 534 pp.

Havia ainda assim Daniel Lagache, Didier Anzieu e Juliette Boutonier, que ensinavam na Sorbonne. Mas é verdade que não fui influenciado por eles. A minha problemática era verdadeiramente pessoal. Além disso, sem ser de modo algum popperiano, sempre fui muito sensível à ideia de "falsificação" e questionava-me sobre aquilo que "falsifica" a fenomenologia. É a linha de força da minha investigação, ao passo que muitas pessoas viram nisso uma espécie de integração da psicanálise na fenomenologia; pelo contrário, afirmei que tal não se pode fazer, que há algo aí que resiste decididamente. A fenomenologia tem, de facto, o seu outro. Em *O Voluntário e o Involuntário,* o problema do inconsciente era tratado no quadro do que eu chamara o "involuntário absoluto", ou seja aquilo que opõe uma resistência integral à análise como ao domínio consciente. Considerava três figuras desse involuntário absoluto: o carácter, o inconsciente e a vida (ou seja o facto de estar em vida). O inconsciente era já, no trabalho de 1948, como que o ponto cego da consciência de si, ponto cego esse que não se pode integrar na consciência, que não é uma menor consciência, mas o outro da consciência — nesse sentido, fui sempre muito freudiano.

■ *Foi nessa mesma época que encontrou Mircea Eliade?*

Conhecia Henri Puech e Georges Dumézil, e foi por seu intermédio que vim a conhecer Mircea Eliade. A sua curiosidade insaciável e a sua inesgotável generosidade tinham qualquer coisa de absolutamente assombroso. Era uma espécie de Pico de la Mirandola. Com catorze anos já tinha escrito sobre os coleópteros e possuía colecções de selos raros absolutamente espantosas.

Na altura em que o conheci, ele ensinava em Paris e fazia um curso sob a responsabilidade de Puech e Dumézil. Eu ficara impressionado pela singularidade da sua primeira obra, editada com o título de *Tratado da História das Religiões*[19], mas que se tratava mais de um estudo dos *patterns* religiosos. Como é bem mostrado pelo prefácio de Dumézil, trata-se de uma análise tipo-

---

[19] Paris, 1949.

lógica, estrutural. Em vez de seguir um esquema historicista na perspectiva antiga da história comparada das religiões — onde se classificavam as religiões, desde as mais primitivas às mais elaboradas, numa óptica evolucionista —, ele reestruturava as suas investigações em torno de temáticas dominantes, essencialmente as grandes polaridades cósmicas: o céu, as águas, as pedras, o vento, etc., tomando os seus exemplos de diferentes *corpus* de escritos, de práticas e de ritos. Foi este giro anti-historicista que me impressionou. Mas a concepção estrutural era como que abafada por uma obsessão quase ideológica: a oposição sagrado/profano. De repente, a diversidade das figuras do sagrado era como que esmagada por uma espécie de monotonia que privilegiava, quaisquer que fossem os contextos culturais, a noção de sagrado e a polaridade sagrado/profano. O que podia haver de muito forte, de um ponto de vista metodológico, na ideia de um simbolismo diversificado, foi como que enfraquecido. Acabou por fazer do xamanismo uma estrutura privilegiada, que se impôs num plano histórico a título de paradigma dominante. Eliade pensava resistir ao historicismo afirmando aquilo que entendia ser a permanência do sagrado. Creio que é necessário compreender toda a importância que este aspecto anti-historicista tinha para ele. No fundo, o sagrado seria igual a si mesmo em toda a parte, mas isso ao preço de uma imprecisão do conceito.

Os problemas principais que acabou por encontrar deviam-se não ao conteúdo das suas investigações, mas à própria evolução da sua disciplina: a ideia de uma ciência das religiões omnisciente não só perdeu o seu prestígio como se tornou cada vez mais suspeita. Os especialistas são unânimes em pensar que não é possível conhecer verdadeiramente várias religiões ao mesmo tempo; Eliade acabou assim por ser suspeito de polimatia. E foi justamente para compensar tal acusação que ele foi levado a reforçar o pólo organizador, ou seja a polaridade sagrado/profano. Tive bem consciência da profunda dificuldade que ele defrontava e que consistia em dominar uma ciência cada vez mais abundante — pensemos simplesmente no domínio hindu: seria necessário dominar um *corpus* de dezenas de milhares de páginas...

É desolador que Puech e Dumézil não tenham conseguido retê-lo em Paris porque, se tivesse tido a escolha, Eliade teria ficado na Europa. Mas a universidade de Chicago, assim que pôde, ofereceu-lhe uma cátedra e ele aceitou-a. A língua que falava em casa era o romeno, a sua língua de cultura era o francês e todos os seus livros foram escritos em francês, e o inglês era apenas a língua em que ensinava. Creio que nada publicou em inglês que não tenha sido traduzido do francês. Fez-se iniciar no sânscrito por Petazzonni e pelos seus mestres hindus; permaneceu, além disso, durante dois anos num mosteiro tibetano, onde conheceu, e sob certos aspectos praticou, tanto quanto podia fazê-lo um ocidental, as disciplinas ascéticas e meditativas. Tinha assim adquirido, a partir do interior, um conhecimento da sabedoria própria das religiões do Oriente.

■ *Isso era um assunto de discussão entre vós?*

Sim, falávamos sobretudo da possibilidade de habitar vários sítios religiosos diferentes. Pela minha parte, era bastante reservado, tenho sempre a sensação de que assim como só podemos ter poucos amigos, também não podemos frequentar diversas religiões: partilhava da desconfiança de Merleau-Ponty, que, noutro contexto, pensa que não podemos ter uma visão desaprumada da totalidade e que, portanto, só podemos proceder gradualmente. E, além disso, sentia uma grande resistência à oposição sagrado//profano, ligada ao que eu considerava um uso abusivo do simbólico; o que levara a preferir a noção de "metáfora", estrutura a meu ver mais dominável. Existiam, no fundo, três linhas de discussão entre nós: em primeiro lugar, a pertinência da oposição sagrado/profano — eu estava mais atento à oposição santo/pecador e, em seguida, à possibilidade de uma visão englobante — sempre fui impressionado pelo facto de o religioso apenas existir em assembleias estruturadas, tal como a linguagem só existe nas línguas; finalmente, o papel do texto, da escrita. Ele considerava que eu sobrevalorizava o papel da textualidade na produção de sentido; para ele, o nível textual era, se não superficial, pelo menos um fenómeno de superfície, em comparação com uma profundidade feita de oralidade e de sentimento. Não sem desencadear resistências da parte dos especialistas, ele pensava que a esfera religiosa usufruía de uma autonomia e que era auto-estruturada pela predominância da categoria do sagrado. Eliade gostava muito da hipótese de uma compreensão imanente do fenómeno religioso. Defendia a ideia de que tal fenómeno se compreende a partir dos seus próprios termos, não podendo o próprio especialista senão habitar, sem distância, o fenómeno que analisa. Actualmente, assistimos mais à desforra dos especialistas. Até a cátedra de história comparada das religiões da Sorbonne foi separada em diversos ramos.

■ *Ele próprio situava-se no interior de uma religião?*

Era de origem ortodoxa e é certo que os aspectos litúrgicos e pneumatológicos da ortodoxia, em oposição ao catolicismo romano e ao protestantismo luterano, o aproximavam mais dos pensamentos do Oriente. Dizia-me muitas vezes: "Não vê como a história da Reforma o enraíza no interior do Ocidente num esquecimento constante do Oriente, e que ela se situa na sequência do grande cisma?" Na sua juventude fora um *dandy* muito indiferente às raízes religiosas; foi o hinduísmo que o fez voltar às suas origens romenas e ortodoxas cristãs, mas sob uma forma sincrética. O sentido litúrgico da ortodoxia permitia-lhe, todavia, afirmar que antes da doutrina existe a crença, antes da crença existe o rito e antes do rito a liturgia.

A minha amizade por Eliade foi densa e fiel. Ele fazia parte dos três romenos de Paris, com Ionesco e Cioran. Este trio desapareceu. A amizade entre Cioran, Eliade e Ionesco não era uma palavra vã, apesar de as suas personalidades serem muito diferentes. Tinham o mesmo destino, estavam muito próximos e viam-se muitas vezes. Lembro-me de que na festa dada pelos setenta e cinco anos de Mircea, Ionesco lhe perguntou: "Lembraste de quando eras muito mais velho do que eu no liceu?" Ao passo que Ionesco era um humorista, Cioran era mais cínico; gostava, por exemplo, de ir às inaugurações devido ao seu ridículo. A última vez que o vi, foi por ocasião de uma cerimónia frente à casa de Gabriel Marcel, no número 23 da Rua de Tournon; tinham disposto uma pequena guarita sobre o passeio; mas ela tinha-se mais ou menos desmoronado e apanhavam os pedaços enquanto se lia o elogio do filósofo; as pessoas passavam a rir, enquanto Cioran observava a cena a troçar.

■ *Entre outros grandes filósofos que conheceu, qual é que ficou próximo de si?*

Hans-Georg Gadamer, certamente, apesar da distância geográfica. Fui, em primeiro lugar, um leitor de Gadamer como uma grande figura da corrente hermenêutica. Tinha sido envolvido na sua antiga querela com o "primeiro" Habermas, e situava-me um pouco entre ambos, recusando em particular a oposição verdade/método[20]; mostrava-me mais preocupado em integrar na interpretação o momento crítico, ou seja as ciências humanas, que Gadamer transferia para o lado daquilo a que chamava o método, que era de facto mais um metodismo. Hoje em dia, presto-lhe mais justiça a propósito precisamente da sua hostilidade a Heidegger, o qual tendia em parte a tratá-lo como um traidor a si mesmo e a Husserl. Como se vê na sua autobiografia[21], Gadamer é muito hostil à leitura de Platão por Heidegger, que tomara o platonismo por uma teoria dogmática — teoria das ideias, oposição do inteligível e do sensível, etc. Gadamer era muito mais sensível ao movimento incessante dos diálogos, onde via não uma roupagem retórica, mas o próprio movimento do pensamento, o seu jogo. Na época em que eu estava em debate com o estruturalismo, fui levado a separar-me de Gadamer para procurar uma espécie de posição intermédia entre a crítica e a hermenêutica da apropriação — uma vez que, para Gadamer, o giro hermenêutico consiste essencialmente em atenuar, diminuir, em caso de necessidade anu-

---

[20] É o título da mais conhecida das obras de Gadamer, publicada em 1960, em Tubinga, com o título completo de: *Wahrheit und Methode. Grundzüge einer philosophischen Hermeneutik.*

[21] Hans-Georg Gadamer, *Années d'apprentissage philosophique: une rétrospective*, Critérion, 1992.

lar a distância, quer fosse a distância no tempo, quer a distância no espaço. Era a isso que eu resistia, ao pensar que não nos conhecemos a nós mesmos, que é necessário passar pelo desvio de outrem, valorizando sempre o desvio crítico.

O homem é bastante espantoso. É um espírito modelado pela poesia: sabe de cor toda a poesia alemã, que evoca imediatamente na conversa: Goethe, Schiller, Grillparzer, Stefan George, Paul Celan. Tem também um conhecimento profundo dos trágicos gregos. Ele vive, para dizer a verdade, nos textos, que habita através da recitação. Existe nele como que uma hermenêutica da recitação verbal do escrito.

As nossas relações são amigáveis, mas tive muitas vezes a impressão de que ele ficava na defensiva, pensando que eu estava ao lado de Habermas. Tivemos uma reunião um pouco tempestuosa quando repeti em Munique, no Outono de 1986, as *Gifford Lectures*[22]. Ele veio ouvir-me; eu não estava muito à vontade porque o meu alemão não era suficientemente bom para com ele discutir passo a passo; e ele próprio tinha dado um cariz bastante polémico a este encontro. Depois, voltei a vê-lo em Paris e na Alemanha várias vezes. Doravante, sinto que a minha relação com ele é mais calma. E agora que nos afastámos ambos da cena do mundo em bicos dos pés, fazemo-lo com muito afecto mútuo. Tive a grande felicidade de participar na celebração do seu 95.º aniversário, este ano, em Heidelberg, e de fazer aí o "discurso de honra", a convite seu.

■ *Regressemos, se não se importa, à cronologia. Tínhamo-lo deixado na Sorbonne, insatisfeito com as relações entre os docentes e com as relações com os estudantes. Quando lhe propuseram ir ensinar para Nanterre, o senhor, como diz, não hesitou um minuto.*

Não conhecia nada das negociações a respeito da fundação desta universidade, que era um anexo da Sorbonne e não tinha

---

[22] Estas lições, ministrados na universidade de Edimburgo, são considerados como uma distinção.

estatuto de autonomia, mas um simples conselho de gestão. A proposta caiu-me em cima sem que soubesse quais eram os prós e os contras, nem qual a natureza do projecto. Um dia, na Sorbonne, o decano informou os professores que se tinha criado uma nova universidade. Éramos três a aceitar ir para lá — Pierre Grapin, Jean Beaujeu e eu mesmo — e fomos decanos cada um por sua vez, com o sucesso que se sabe. Foi, em primeiro lugar, o germanista Grapin que assumiu tal função. Conhecera-o em Estrasburgo no plano profissional e político — era comunista, ou andava pelas bandas do PC, e lembro-me de ter participado em reuniões organizadas mais ou menos sob a égide do Movimento da Paz; não é uma referência muito boa! Havia entre nós uma espécie de proximidade de esquerda e a minha admiração pela sua obra germanista, devotada a Heine, assim como a sua integridade intelectual.

Quanto a mim, tinha sobretudo o desejo de sair da Sorbonne e de fazer uma experiência onde pudesse reencontrar um verdadeiro contacto com os estudantes. A primeira vez que fui a Nanterre foi durante o Inverno, e o táxi recusou-se a ir até ao fim, havia tanta lama que o motorista me disse: "Julga que o meu carro é uma barcaça de descarga?"

Lembro-me da sessão burlesca do lançamento da primeira pedra. Com Pierre Grapin, transportámos essa famosa primeira pedra de táxi; mas não sabíamos o que fazer dela; depositámo-la na lama e fomo-nos embora. É muito curioso que não me tenha apercebido da desolação do local. Talvez estivesse preso a uma certa fantasia operarista que me fizesse pensar que não seria mau, apesar de tudo, implantar uma universidade no meio dos bairros de lata. Mas Nanterre representava a meu ver uma mudança radical em relação à Sorbonne e ao Quartier Latin. Também não percebi a sua fealdade arquitectónica. Ainda hoje isso me assombra.

Nanterre foi criada com alguns pequenos pedaços da Sorbonne e alguns professores de província, entre os quais Mikel Dufrenne. Constituímos um departamento de filosofia, e regozijo-me por ter conseguido introduzir aí três não agregados: Henri Duméry, com títulos eclesiásticos; Sylvain Zac, que não pudera passar na agregação porque fora eliminado, em 1935 já, pelas primeiras leis de "protecção" contra os judeus estrangeiros, que reclamavam cinco anos de naturalização para poderem ser candidatos à agregação; Emmanuel Levinas, que eu lera, e de quem Mikel Dufrenne era colega em Poitiers. Houve, ademais, um recrutamento oficioso: um certo número de colegas que tinham sido expulsos da Argélia foram nomeados sem terem sido eleitos. Foram acolhidos calorosamente. Mas não tínhamos qualquer autonomia, uma vez que a eleição dos professores dependia sempre da Sorbonne.

Tive dois anos universitários, 1966-67 e 1967-68, muito fecundos, muito felizes. Não havia muitos estudantes, o que permitia conhecê-los melhor e acompanhá-los na sua evolução. Ficávamos mais tempo em Nanterre do que actualmente e passaríamos de boa vontade lá o dia. Para mim, era de uma certa maneira reencontrar a atmosfera de Estrasburgo em Paris. Tinha sempre na cabeça a ideia da comunidade dos docentes e dos alunos, o que aliás me levou a defender o projecto de incorporação dos estudantes nos conselhos universitários — creio agora que foi um grave erro: ser estudante não é uma profissão. O sistema anglo-saxónico é muito preferível. Lá existem organizações estudantis muito sólidas, mas que negoceiam a partir do exterior e que, finalmente, têm muito mais peso do que se estivessem perdidas nos conselhos de administração — onde, aliás, não se decide nada de importante, pelo menos nessa época, uma vez que tudo estava parado ao nível dos ministérios.

■ *Em 1968 era professor e director do departamento de filosofia. Estava no local quando os "acontecimentos", como se costuma dizer, começaram.*

Os acontecimentos iniciaram-se em Nanterre a propósito de questões exteriores ao ensino, como o direito de os rapazes irem visitar as raparigas nas suas residências; no fundo, o detonador foi um pouco a "revolução sexual". Nanterre tinha duas desvantagens: a primeira tinha a ver com a escolha das disciplinas presentes — letras de um lado, direito e ciências económicas do outro, mais as ciências políticas; como os estudantes de letras tinham uma esquerda forte e os de direito uma direita activa, o seu confronto era inevitável. A segunda desvantagem tinha a ver com a geografia do recrutamento estudante: um deles, o burguês, dos arredores residenciais de Neuilly, do bairro XVI e XVII, e o outro popular de Nanterre e dos arredores menos ricos. As filhas e os filhos de burgueses eram esquerdistas; os outros, comunistas, eram muito ligados ao bom funcionamento da instituição: para eles, a universidade era ainda um meio tradicional de ascensão, oferecendo o saber e a perspectiva de êxito social. Do lado burguês, pelo contrário, pressentia-se que a universidade já não era um factor privilegiado de ascensão social. Como os seus pais já tinham conquistado essas posições, os jovens burgueses podiam aliar-se melhor aos que se encontravam na universidade sem meios reais de serem bem sucedidos e podiam pensar apenas em destruir o instrumento que já não era, para eles, um meio fiável de êxito futuro. Quando me tornei decano, em Março de 1969, beneficiei de dois apoios ideológicos, se o posso dizer: os comunistas anti-esquerdistas e os católicos empenhados socialmente; os meus adversários foram, paradoxalmente, os burgueses tradicionalistas e os burgueses esquerdistas.

■ *Qual era o seu juízo, em 1968, sobre aquilo que se passava?*

Naquele momento, era positivo; considerava que o positivo era superior ao negativo, a experiência de libertação da palavra, o facto de toda a gente falar com toda a gente, todos os aspectos de convívio me pareciam extraordinários. Hoje, questiono-me sobre o que realmente se passou. Nada ou muito? Terá sido uma espécie de grande sonho acordado, lúdico, como pensava Raymond Aron, ou passou-se realmente alguma coisa de importante que não podia ter saída política, mas que tinha uma significação cultural profunda, que era como uma exposição de tudo o que tinha sido encoberto, dissimulado, de tudo o que tinha sido impedido — uma espécie de libertação, de erupção social? Porque é que isso teve lugar simultaneamente no mundo inteiro, em Paris, em Tóquio, em Berlim e nos *campus* americanos? O único elemento comum, segundo me parece, é o crescimento demográfico rápido, não dominado por uma instituição que era elitista por origem, e que se viu muito depressa a ter de obedecer a um destino mais popular, sendo incapaz de reajustar a sua estrutura elitista à sua nova função de distribuição geral do saber. Vejo apenas esse factor como comum aos quatro sistemas universitários mais afectados. Além disso, mudanças de costumes, distintas mas convergentes, manifestavam a escalada em poder de uma classe etária cuja emancipação sonhada era contrariada por uma real dependência económica e financeira, que devia ainda agravar-se em consequência disso.

▪ *É verdade. Mas em França o fenómeno transbordou largamente das universidades.*

Sim, pelo facto de que os estudantes conseguiram mobilizar os sindicatos operários. Mas, ao mesmo tempo, creio que não viram que os sindicatos controlavam muito melhor a situação do que eles e sabiam até onde não ir longe de mais. Aliás, o que no momento não se compreendeu foi a moderação da polícia. Disse-se que ela fora violenta, quando, na realidade, deu mostras de um tacto extraordinário; ninguém foi morto, o que é espantoso, tendo em conta o número de pessoas presentes nas manifestações e o número de manifestações.

▪ *Quando é que teve a impressão de que as coisas escapavam à sua jurisdição?*

A partir do regresso do general De Gaulle, a 31 de Maio de 1968. Antes disso, existia um projecto político, um pouco louco, sem dúvida, mas não incoerente, e que repousava na ideia de que as instituições formam uma cadeia, que, nessa cadeia, a universidade é o elo fraco e que, de elo fraco em elo menos fraco, todas as peças de dominó acabariam por cair. Ora, no dia em que o general De Gaulle retomou o controlo das coisas, já não houve mais, perante tal, projecto político viável, houve somente um projecto de sabotagem da instituição. Foi o que herdei em 1969, quando fui eleito decano. Tinha à minha frente uma vontade de desordem, que já não tinha motivação política, que já só tinha uma motivação local de não funcionamento — impedir a universidade de funcionar. A margem de discussão era, portanto, extremamente estreita. Em 1969, a situação estava podre, sem outro projecto político que não fosse um confronto puramente ideológico, em que o poder era logo identificado com a violência e denunciado sem cambiantes enquanto tal.

■ *A sua eleição como decano efectuou-se por unanimidade?*

Fui eleito de um modo absolutamente espantoso. Tinha participado, com grupos de professores, de assistentes e de estudantes, em muitas decisões, discussões, projectos mais ou menos utópicos de recriação de uma universidade. René Rémond e eu fomos colocados em competição, sem nunca termos sido candidatos, mas pela simples razão de que ele tinha deixado o sindicato autónomo e eu o SNESUP — por razões diversas, não aceitávamos ambos a disciplina do sindicato. Fui eleito pelo conselho provisório de gestão, que comportava, já nessa época, professores, assistentes e estudantes. Tinha a meu favor a quase unanimidade dos estudantes, a maioria dos assistentes e a minoria dos professores. Considerei que era um dever aceitar, mas fi-lo com a condição de poder escolher o meu auxiliar, que foi René Rémond. Os que me tinham elegido aceitaram-no mal, porque René Rémond tinha a seu favor a maioria dos professores. Mas agimos sempre em conjunto. René Rémond escreveu, aliás, um livro muito bom[23], onde conta toda a história de Nanterre e dá prova de uma lealdade absoluta a respeito das minhas escolhas, mesmo quando as desaprovava, censurando-me, por exemplo, a minha demasiado grande paciência a respeito dos esquerdistas.

■ *Em suma, segundo pensa, 1969 foi muito diferente de 1968, porque a agressividade dos estudantes estava resolutamente virada para os professores.*

---

[23] René Rémond, *La règle et le consentement: gouverner une société*, Fayard, Paris, 1979, 480 pp.

1969 presenciou uma espécie de rejeição do saber. Lembro-me de ter uma vez sido arrastado para um grande anfiteatro para me explicar. "O que é que tem que nós não tenhamos?", perguntaram-me. Respondi: "Li mais livros do que vocês." Essa rejeição identificava indistintamente o saber ao poder, e o poder era reduzido à violência, de maneira que nada que dependesse de uma relação vertical podia ser vivido honestamente.

■ *Foi decano cerca de um ano; a seguir, em 1970, demitiu-se. Os acontecimentos que precederam a sua demissão deram lugar a comentários numerosos e a lendas. Pode contar-nos os factos, e em particular a maneira como a polícia penetrou no* campus*?*

Gosto muito de rectificar um ponto de história a propósito da vinda da polícia a Nanterre, porque a interpretação que se deu era para mim vergonhosa. Fui convocado uma tarde pelo ministro Guichard, no momento mais forte da crise, quando o meu conselho de gestão, na aflição, tinha votado um texto dizendo que renunciávamos à manutenção da ordem do *campus*, e que só manteríamos a responsabilidade soberana pelos edifícios. Na própria noite dessa votação, o ministro disse-me: "É preciso meter ordem, isso não pode continuar assim." Regressei a casa e, à meia-noite, o seu secretário-geral lembrou-me: "Amanhã de manhã, às 7 horas, a polícia estará no *campus*." Respondi-lhe que não podia fazer uma coisa dessas. "Posso, sim", disse ele, "o senhor votou um texto ontem que exime o *campus* da sua autoridade. Renunciou à sua autoridade, por isso somos nós a intervir." E foi assim que encontrei a polícia no local. Não a chamei, já lá estava.

Recentemente, René Rémond disse-me: "O que é extraordinário é que tudo isso era ilegal. Não tínhamos o direito de votar semelhante texto e, além disso, ele não fora ratificado por nenhuma autoridade competente." Quer dizer, eu era de facto, sem o saber, o responsável pela manutenção da ordem no *campus*, uma vez que o nosso próprio voto de renúncia era inválido. Reagi escolhendo a pior das soluções: proibir a polícia de entrar nos locais. Os polícias não entraram, salvo algumas vezes, contra a minha vontade. Foi a pior das soluções, porque a polícia que cercava os edifícios era bombardeada com máquinas de escrever, mesas, etc., e eu temia verdadeiramente que houvesse mortos. Nanterre conheceu três dias de desordem. Oito dias depois demitia-me.

■ *Com o recuo do tempo, como é que interpreta a sua demissão?*

Diria que o meu fracasso em Nanterre foi o fracasso do projecto impossível de conciliar a autogestão e a estrutura hierárquica inerente a qualquer instituição; ou, em todo o caso, a distribuição assimétrica dos papéis distintos que ela implica. Mas é talvez o fundo da questão democrática, conseguir combinar a relação vertical de dominação (para utilizar o vocabulário de Max Weber) e a relação horizontal do vivido partilhado — reconciliar Max Weber e Hannah Arendt. O meu fracasso fundamental foi ter querido reconstituir a relação hierárquica a partir da relação horizontal. A esse respeito, o episódio do decanato frutificou nas minhas reflexões ulteriores sobre a política.

Mais profundamente enterrada, creio que se estabeleceu em mim, de maneira duradoira, uma mistura instável entre um sonho utópico de autogestão e a experiência muito precisa e muito positiva do *campus* americano, a que é preciso acrescentar o conhecimento da universidade alemã, que constitui uma realidade intermédia. Estive sempre fixado entre a utopia não violenta e o sentimento de que qualquer coisa de irredutível subsiste na relação de comando, de governo; o que racionalizo agora como a dificuldade de articular uma relação assimétrica e uma relação de reciprocidade. Quando, por dever ou por mandato, somos titulares da relação vertical, procuramos incessantemente dar-lhe uma legitimidade bebida na relação horizontal; tal legitimação, a prazo, só é plenamente autêntica quando de todo permite fazer desaparecer a assimetria ligada à relação institucional vertical; ora, esta relação vertical não poderia efectivamente desaparecer, porque é irredutível: a instância de decisão nunca pode corresponder perfeitamente à representação ideal de uma democracia directa, em que todos e cada um participariam de facto em cada tomada de decisão. Não verificamos actualmente, num plano jurídico-político, que os verdadeiros problemas de justiça não são os da distribuição igual, mas os levantados pelas distribuições desiguais? E, no fim de contas, a questão é determinar quais as desigualdades menos injustas. As distribuições desiguais são o pão nosso de cada dia do governo das instituições de todos os tipos. É o problema que encontro hoje em dia em Rawls e nas diversas teorias da justiça.

Mas foi uma grande aprendizagem ter tentado isso e ter fracassado. Ao tentar compreender a razão do meu fracasso, ao precisar a autonomia da instituição, tomei mais consciência da quadratura do círculo próprio da política: o sonho impossível de combinar o hierárquico e o convivial; é esse, para mim, o labirinto do político.

FRANÇA / ESTADOS UNIDOS:
DUAS HISTÓRIAS INCOMPARÁVEIS

■ *Quinze dias após se ter demitido de Nanterre, partiu para Chicago. Inferiu-se frequentemente que foi ensinar para os Estados Unidos da América por estar decepcionado com a experiência de Nanterre.*

É uma perfeita lenda. Eu ensinava regularmente nos Estados Unidos da América, seis semanas, um trimestre, um semestre, até mesmo um ano inteiro, desde 1954([1]).

No início, não falava correctamente inglês; tornei-me bilingue à custa dos meus alunos do primeiro ano! Alguns ainda se lembram disso...

A minha primeira estada desenrolou-se, como já disse, no 'college' *quaker* de Haverford, perto de Filadélfia, onde fui introduzido pelos *quakers* americanos que tinham vindo contribuir para o desenvolvimento do instituto protestante de Chambon-sur--Lignon. Antes de voltar a falar dos meus longos anos de ensino em Chicago, permitam-me que me detenha nesta primeira experiência americana. Ao entrar no sistema americano pelo lado *quaker*, abordava-o imediatamente pela sua forma mais tolerante. Mas a palavra "tolerante" é ainda demasiado fraca para designar o carácter *sistematicamente* pluralista do espírito *quaker*, o crédito deliberadamente concedido seja a quem for quanto à sua capacidade de encontrar a sua verdade, a sua parte de espírito, a

---

([1]) Damos aqui a lista das instituições de além-Atlântico onde Paul Ricoeur ensinou durante mais de quarenta anos: universidade de Montreal, *Union Seminary*, em Nova Iorque, *Yale University*, departamento de literatura comparada da universidade de Toronto, *Research National Center*, na Carolina do Norte, e finalmente Chicago (1967-1992).

sua centelha de sentido; a tolerância é aí elevada à categoria de uma verdadeira convicção religiosa. Este espírito de convívio, de fraternidade, coloria não só as relações quotidianas entre docentes e alunos, mas também as relações colegiais e as relações entre estudantes.

A minha experiência junto dos *quakers* permanece marcada na minha memória. Lembro-me, por exemplo, do funeral de um colega filósofo e da incrível simplicidade da cerimónia, ao contrário de todos os ritos funerários americanos: o homem fora envolvido num sudário e colocado directamente na terra, sem caixão, e com uma tranquilidade perfeita.

Lembro-me também do *"meeting"* de quinta-feira, que, apesar de não ser obrigatório, era muito frequentado pelos estudantes. O recolhimento aí era de regra; todos podiam usar da palavra para dizer espontaneamente qualquer coisa, ou para ler um texto religioso; não era necessariamente um texto bíblico, podia ser um texto oriental; mas também podia ser uma passagem de uma obra romanesca, ou lírica, tudo de acordo com o espírito de espiritualidade sincrética que era o seu.

■ *Como é que entrou na Universidade de Chicago?*

Eu fora nomeado doutor *honoris causa* dessa universidade em 1967, na companhia de Raymond Aron e de Claude Lévi-Strauss, e a *Divinity School* escolhera-me para suceder a Paul Tillich[2] na cátedra John Nuveen. Fui rapidamente cooptado pelo departamento de filosofia e pelo *Committee on Social Thought*, uma instituição interdepartamental, fundada por Hannah Arendt, que conheci em casa de Paul Tillich, a quem ela estava muito ligada.

---

[2] Paul Tillich (1886-1965), filósofo e teólogo protestante de origem alemã, emigrado para os Estados Unidos da América após ter publicado, em 1933, uma das primeiras críticas aprofundadas do nacional-socialismo (*Sozialistische Entscheidung*). Muito marcado por Schelling e Bultmann, tentou construir uma obra que toma em consideração a secularização das sociedades contemporâneas e que preserva o sentido da transcendência, do "único necessário". Influenciou notavelmente o pensamento filosófico e teológico do pós-guerra.

■ *A passagem do instituto* quaker *para o* Union Seminary *de Nova Iorque, e sobretudo para Yale, onde pela primeira vez foi integrado num ensino de pós-graduação, devia representar uma transformação completa das suas condições de trabalho.*

A universidade *quaker* só tinha um 'college', ao passo que em Yale existiam efectivamente estudos de graduação *(graduate school)*. As universidades muito prestigiadas nos Estados Unidos da América possuem a característica de terem um pequeno instituto e uma grande escola de graduação que confere o M.A. *(Master of Arts)* e o M.S. *(Master of Sciences)* e depois o Ph.D. (doutoramento em filosofia, segundo uma terminologia herdada do século XVIII). Na realidade, a verdadeira finalidade do sistema, nestas universidades de prestígio, é o doutoramento, e quando um estudante não pode lá chegar dão-lhe o *Master* como prémio de consolação. Não é esse o caso nas universidades médias. A Universidade de Chicago, por exemplo, é uma fábrica de doutorados, flanqueada apenas num pequeno 'college', que lhe serve de viveiro e precedida por uma escola secundária de tipo experimental, onde colhe alguns dos alunos que destina ao seu 'college'.

■ *Tinha como estudantes os filhos dos seus colegas?*

A maioria dos universitários americanos não quer que os seus filhos fiquem na sua própria universidade; prefere geralmente enviá-los para o outro lado do continente, a fim de acabarem os seus estudos. É, aliás, isso que evita aos americanos conhecer os conflitos de geração: aos dezoito anos é habitual que um estudante atravesse todo o país para entrar num 'college'. Tal faz parte das brincadeiras usuais: costuma dizer-se que o estudante parte com um frigorífico, uma amiga ou um amigo, e um livro de cheques e que só regressa a casa no *Thanksgivingday*, que continua a ser a grande festa familiar.

■ *O senhor fala do 'college' americano; mas ele não tem nada a ver com aquilo a que chamamos 'collège' em França.*

O 'college' constitui, a meu ver, o que de melhor existe no sistema americano. É uma instituição de ensino superior, cuja duração é de quatro anos; destina-se aos jovens dos dezoito aos vinte e dois anos e corresponde aproximadamente ao que em França constitui o fim do ensino secundário e o início do superior. Quando pensamos no sistema educativo americano, pensamos geralmente nas grandes universidades de Harvard, de Berkeley ou de Stanford; mas a sua grande força reside em ter criado a instituição do 'college'.

O 'college' é necessário para compensar a relativa fragilidade do ensino secundário que, nos Estados Unidos da América, é muito díspar e, em todo o caso, muito nitidamente inferior ao ensino europeu. Permite aos jovens americanos recuperar o seu atraso de maturidade intelectual em relação, por exemplo, aos jovens franceses. É aos dezoito anos que eles se desenvolvem verdadeiramente e que manifestam uma sede de aprender sem comparação com o que conhecemos nessa altura nos estudantes franceses, após o exame final dos liceus. Acrescento que a proporção de jovens inscritos num 'college' é considerável: até ao início dos anos noventa, um maior número de americanos de vinte anos que franceses eram, por isso, escolarizados. Uma grande parte dos estudantes do secundário transita para os 'colleges', onde é ministrado um ensino pré-graduado *(undergraduated studies)*, ao passo que apenas um em cada quatro ou cinco estudantes tem acesso aos estudos de mestrado e de doutoramento *(graduated studies)*.

■ *Quais são, para si, as vantagens deste sistema?*

A sua superioridade em relação ao nosso deve-se a duas coisas. Em primeiro lugar, faculta-se ao estudante uma grande liberdade de orientação. No primeiro ano, tem de escolher cinco cursos — cada curso representa três horas de ensino —, mas tem a possibilidade de compor a sua escolha do modo que desejar. No terceiro ano, o seu programa deve comportar uma "dominante" *(major)* e uma "menor" *(minor)*. Assim, muitos estudantes, seja qual for a sua dominante, e mesmo que esteja muito afastada das letras, ou, como lá se diz, das "humanidades", escolhem como menor a filosofia; eis o que explica a prosperidade dos estudos filosóficos nos Estados Unidos da América: as três associações de filosofia de nível universitário (Leste, Centro, Oeste) reúnem mais de quinze mil associados.

Em segundo lugar, é preciso mencionar a instituição do seminário. A par dos grandes cursos de introdução às diferentes matérias, os 'colleges' organizam seminários, cuja proporção vai crescendo à medida que o estudante progride no seu curso e as suas escolhas se tornam mais precisas. Nos 'colleges' de boa qualidade, o número de participantes nos seminários não ultrapassa a vintena; os estudantes têm a obrigação de contribuir para o trabalho, fazendo uma apresentação oral e redigindo *papers*, que são um pouco aquilo a que em França chamamos "dissertação". A escolha do *paper* é geralmente negociada em função do programa comum, ou do perfil do seminário, mas também em função dos interesses do estudante e dos conteúdos dos outros cursos ou seminários que escolheu. À margem do seminário, existe também um tutorado, de modelo inglês e escocês, em que o professor ministra um ensino oral, por ocasião da leitura pelo estudante de um *paper*, cujo assunto é determinado de comum acordo; tal leitura é seguida por uma discussão de uma hora, ao longo da qual se decide qual será a etapa seguinte. Por outras palavras, o estudante efectua um percurso que é finalizado de uma vez por todas, em função da escolha operada no princípio, mas que é também ajustada de etapa em etapa. De sessão para sessão, o professor indica ao estudante abundantes leituras a efectuar, que ele deve depois comentar. A capacidade de leitura de certos estudantes é absolutamente espantosa: damos-lhe dezenas de páginas de Hegel para ler durante a semana; quando regressam, não só a leitura foi feita, como foi feita com um cuidado incrível.

■ *A herança britânica é sensível?*

A recordação de Oxford e de Cambridge permaneceu muito viva; mas também a das universidades escocesas, cuja marca é ainda particularmente sensível em alguns lugares, como em Chicago, por exemplo. Não podemos esquecer que, mesmo após a

Guerra de Secessão, os patrícios americanos — quer se trate dos grandes comerciantes do tipo bostoniano quer dos plantadores do Sul — continuaram a enviar para Oxford ou Cambridge os seus filhos, que traziam consigo uma cultura muito clássica. É isso que explica, diga-se de passagem, que tantas pequenas cidades americanas tenham nomes gregos: não existem menos de seis Atenas nos Estados Unidos da América e quase igual número de Siracusas! Novas influências surgiram a partir dos anos trinta, quando os refugiados judeus da Alemanha começaram a afluir. Nessa altura operou-se, sobretudo no Leste, uma espécie de síntese entre a herança anglo-escocesa e a da universidade alemã, na qual a *intelligentsia* judaica depositara a marca que conhecemos.

■ *Quando chegou aos Estados Unidos da América, e começou a ensinar, foi imediatamente conquistado?*

Em primeiro lugar, fiquei fascinado pelo sistema de ensino e pelas relações entre os colegas, antes de alcançar uma visão mais moderada, mais crítica, e de lhe ver as sombras. É verdade que os *campus* são como um espaço à parte no interior da sociedade americana. As dificuldades da vida real, da luta para encontrar uma posição na sociedade, são aí muito acentuadas; o meio universitário parece assim ultraprotegido. O lado bom desta condição privilegiada consiste em ela permitir o desenvolvimento de uma actividade crítica e especulativa, à qual um grande número de estudantes se entrega com grande prazer. No início, fiquei mais que espantado por ver neles uma tal ansiedade de descobrir, uma tal bulimia da leitura. As bibliotecas estão repletas até à meia-noite e até além dessa hora, quando é possível. É preciso saber que o *campus* oferece aos estudantes as necessárias condições de vida e muitos deles só visitam a família uma ou duas vezes por trimestre ou semestre.

Para os professores, este sistema é um pau de dois bicos. Por um lado, espera-se muito mais deles do que em França; têm de ter várias horas de presença efectiva por semana, em particular várias horas semanais para receber os estudantes. São as *office hours:* o professor afixa as suas horas de recepção e os estudantes inscrevem-se. Alguns, evidentemente, exigem ser mais guiados do que outros. Outros são, pelo contrário, muito ciosos da sua autonomia. De resto, o hábito nas universidades americanas é de trabalhar no local. É na universidade que os professores têm o seu escritório e a sua biblioteca pessoal e não em suas casas.

Os franceses têm, muitas vezes, dificuldades em conformar--se com estas regras. É por isso que, de vez em quando, são considerados faltosos, em comparação com os seus colegas americanos. Mas a contrapartida desta sujeição reside na qualidade e na quantidade dos serviços oferecidos aos docentes pela administração — o que, no total, permite libertar um número apreciável de horas de trabalho fastidioso, ao abrigo de toda a preocupação material. A maioria dos professores dispõe de um assistente, de uma secretária ou de uma parte de trabalho de secretariado, para não falar da riqueza e da facilidade de acesso às bibliotecas, cuja prática nada tem a ver com a que os universitários franceses estão condenados e infelizmente habituados!

■ *Essa maneira de ser com os estudantes, essa proximidade com eles, agradava-lhe?*

Regresso sempre ao meu mito estrasburguês: encontrei ali, após a minha partida e, devo dizê-lo, após a minha decepção na Sorbonne, hábitos que conhecera um pouco em Estrasburgo. Em particular, sempre me espantou a mistura muito subtil de familiaridade e de respeito nas relações que os estudantes mantêm com os professores. Mesmo nos anos setenta, na altura em que as suas relações com a instituição eram mais tensas, sempre souberam conservar vivo o seu sentido do reconhecimento vertical, sem que estivesse ausente a dimensão horizontal do convívio. Os estudantes americanos parecem-me possuir uma arte consumada de orientação nestas relações delicadas e subtis. Encontramos sempre, claro está, casos extremos, estudantes que querem partilhar connosco os seus problemas e que nos expõem o caso da namorada ou do namorado que os deixam; é necessário, então, repelir um pouco a confissão, de modo a situar a emoção num plano mais discursivo.

É verdade que verificamos muitas vezes nos jovens americanos de dezoito, vinte anos, uma discordância vincada entre o seu carácter de adolescência prolongada no plano afectivo e uma vivacidade intelectual espantosa, entre a sua imaturidade emocional e a sua extrema maturidade intelectual. Semelhante discordância não deixa de se traduzir na sua maneira de escrever: no meio de argumentos perfeitamente elaborados, aparecem de súbito como que lufadas de sentimentalidade, inclusive ao nível pré-doutoral.

■ *A que é que atribui essa imaturidade afectiva?*

Em primeiro lugar, ao facto de não terem beneficiado, durante o ensino secundário, de uma incitação intelectual assaz forte; de uma só vez, têm de recuperar todo o atraso. Depois, é preciso saber que uma maioria muito grande das famílias é de imigrados da segunda e, por vezes, apenas da primeira geração. Não encontramos na sociedade americana os traços da velha cidadania francesa. Portanto, os estudantes encontram-se, no fim da adolescência, perante a dificuldade de estabelecer um compromisso entre o seu novo estatuto de intelectuais e as suas pertenças culturais, que permanecem muito marcadas, sobretudo no caso das famílias de origem hispânica e mesmo ainda — pelo menos nos anos setenta/oitenta — de origem italiana ou irlandesa. Para não falar dos *blacks* — que outrora eram chamados *negroes* e depois *coloured people*, e que agora exigem ser chamados *afro--americans*...

■ *Percebeu imediatamente a extensão do problema negro?*

O meio dos meus anos na América coincidiu com o grande avanço das liberdades cívicas, as *civil liberties*, e com o combate conduzido por Martin Luther King. No Norte do país, não sentíamos as coisas da mesma maneira que no Sul, onde era preciso quebrar tabus. Nunca devemos perder de vista esta diferença entre o Sul e o Norte: historicamente, os negros americanos continuaram durante muito tempo escravos no Sul, ao passo que já não o eram no Norte; posteriormente, os escravos do Sul tornaram-se proletários do Norte, muitas vezes mais indefesos nessa sociedade impiedosa do que no sistema patriarcal das plantações, onde beneficiavam de um regime verdadeiramente benevolente. Na sociedade industrial do Norte, caíram no mais completo abandono.

No tocante às universidades e à sua política a respeito dos negros, não é exagerado falar de desastre. As trinta ou cinquenta maiores universidades americanas nunca conseguiram integrar negros em número significativo. O motivo é terrivelmente simples: são eles que sofrem o pior ensino primário e secundário e que constituem as primeiras vítimas das incríveis desigualdades de nível entre as escolas. Muitos vivem em famílias monoparentais, são educados por mães solteiras; sobre o desastre económico implanta-se um desastre cultural. A isto acrescenta-se o facto, que continua a agravar-se, de que os negros bem sucedidos deixam imediatamente a sua comunidade de origem. Não faltam, em Washington e nas grandes cidades americanas, médicos ou advogados negros extremamente ricos, mas que já não vivem nos bairros negros, mas nos bairros brancos. Portanto, encontramo-nos em presença de uma comunidade constantemente desnatada, incessantemente decapitada dos elementos que poderiam contribuir para lhe dar uma nova fisionomia. Os negros bem sucedidos raramente se dedicam a actividades educativas a favor dos seus e é assim que a comunidade negra é abandonada maciçamente à sua miserável sorte.

A título de exemplo, não me lembro de ter tido um único estudante negro em Haverford; talvez alguns em Yale; decerto mais em Columbia, porque a universidade encontra-se naquilo a que chamam a *uptown*, na orla norte do gueto. Só em Chicago, cuja população negra é imensa, é que medi toda a dimensão do problema.

■ *A escola secundária americana não desempenha o seu papel integrador.*

É certamente neste domínio que os Estados Unidos da América conhecem o atraso mais considerável, em virtude da extraordinária fragmentação do sistema educativo. Não existe entre eles nada de comparável ao trabalho que foi efectuado na Europa, e sobretudo em França, com a instituição de uma educação *nacional*. Nos Estados Unidos da América não existe equivalente ao nosso Ministério da Educação, apesar dos múltiplos correctivos trazidos pelo sistema federal.

■ *Além disso, o sistema americano é pago; os estudos são muito caros, o que contribui para aumentar ainda mais as disparidades.*

São os estudantes da *lower middle class*, da pequena e média burguesia, que sofrem mais com o sistema porque, não sendo nem ricos nem pobres, dificilmente obtêm bolsas e o custo da inscrição na universidade é para eles muito elevado.

É verdade que este constrangimento está relativamente integrado na mentalidade americana. É um dado adquirido que a educação custa caro às famílias, e mesmo nas universidades do Estado a inscrição é elevada, sem comparação com o que acontece em França. Assim, vemos, desde o nascimento da criança, os pais começarem a pôr dinheiro de parte para pagar os futuros estudos universitários da sua progenitura.

Também é verdade que, para compensar esta pesada desvantagem, há um grande número de bolsas financiadas por instituições privadas e pelo grande mecenato industrial. Lembro-me de ter tido em Chicago um estudante que obtivera a sua bolsa de uma sociedade petrolífera. Podemos perguntar-nos qual o interesse que pode ter um estudante de filosofia para empresas petrolíferas. A resposta é muito simples: distribuindo muito dinheiro, de uma maneira aleatória, mas a jovens que apresentem aptidões intelectuais notáveis, criam-se as oportunidades de que entre eles apareça um dia um Prémio Nobel. Em todo o caso, um estudante pobre que tenha conseguido manifestar talentos na escola secundária tem a certeza de encontrar dinheiro para ir até ao fim dos seus estudos superiores avançados. Seria injusto não sublinhar esta característica.

Aliás, os Estados Unidos da América oferecem o exemplo singular de uma sociedade onde coexistem, em todos os escalões, relações não mercantis e o sistema mais implacável de rendibilidade. O exemplo mais patente é o lugar do trabalho de beneficência na sociedade americana: são os americanos que consagram mais tempo a actividades não remuneradas, nas igrejas, nas inumeráveis associações culturais — museus, concertos, clubes de estilo britânico, etc. —, nos hospitais, nos clubes desportivos. É uma coisa que os franceses têm muita dificuldade em compreender. Pela minha parte, continuo a pensar que é indecifrável esta justaposição, na mesma sociedade, da generosidade mais eficaz e do cálculo económico mais rigoroso.

■ *Qual o conteúdo do seu ensino nos Estados Unidos da América?*

Na universidade, um professor pode negociar com o chefe de departamento o seu tema de ensino. Assim, fui convidado para Chicago para dar voz àquilo que, nos Estados Unidos da América, chamam a "filosofia continental" e que vai desde Kant e o idealismo alemão a Levinas e a Derrida, passando por Nietzsche, Husserl e Heidegger. Tive também oportunidade de dar cursos sobre outros períodos da história da filosofia, como fazia em Estrasburgo. Além disso, graças ao liberalismo da instituição americana, tive a sorte de poder escolher o tema dos meus cursos. Foi o que fez com que, a partir dos anos sessenta e setenta, os meus livros tenham sido quase sempre "ensaiados" nos meus estudantes americanos, sob a forma de cursos-seminários, antes de terem sido escritos. A contrapartida disso talvez seja que a forma pedagógica permanece demasiado presente.

Em Chicago, o departamento de filosofia não era muito acolhedor a respeito do tipo de filosofia que eu encarnava; na sua maioria, os docentes eram lógicos, representantes do positivismo lógico. Eu era um pouco a ovelha negra. Mas, finalmente, compreendia-se que era preciso alguém para falar de Hegel... e fazer a junção com os historiadores, os politólogos, os juristas.

Uma das experiências interessantes que tive em Chicago foi o ensino a dois: cada um por sua vez, os professores respondem um ao outro ou, ainda, partilham o mesmo curso, que conduzem no modo da discussão. Os estudantes ficam encantados por verem dois dos seus professores oporem-se amigavelmente. Lembro-me de ter ensinado desse modo a *Crítica da Faculdade de Julgar* com um excelente kantiano de formação "analítica". Aliás, aprendi muito com a maneira como a história da filosofia é ensinada pelos filósofos "analíticos", com uma preocupação constante de reforçar os argumentos do texto, ao ponto de os tornar invulneráveis. Se qualquer coisa tivesse de ser comparada, em França, com este tipo de abordagem, seriam certamente os trabalhos de Martial Gueroult[3].

Na *Divinity School* o ensino a dois era quase a regra: havia, por um lado, um teólogo e, por outro, alguém mais especulativo, ou ainda um especialista da história das religiões.

■ *Como traduziria* Divinity School*?*

Eu diria "Escola de Ciências Religiosas", porque o ensino na *Divinity School* comporta vários campos: exegese bíblica — Antigo e Novo Testamento —, história comparada das religiões, teologia cristã, estudos judaicos, filosofia, psicologia e, por fim, literatura e religião, que constitui um domínio muito próspero, em que se examinam dois tipos de questões: a influência da religião na literatura e o facto de a literatura conter potencialmente interrogações de tipo ético-religioso. O meu próprio ensino situava-se entre a filosofia e a teologia e intitulava-se extravagantemente *"Philosophical Theology";* era este o título da cátedra de Tillich. O que eu digo, aliás, da maneira como concebo as relações entre filosofia e teologia, desmente de facto o título da cátedra. Mas ninguém ligava qualquer constrangimento a esta denominação que eu encontrara ao chegar a Chicago. Além disso, as minhas

---

[3] Professor no Collège de France de 1951 a 1963, Martial Gueroult (1891-1976) defendeu e ilustrou em França uma abordagem sistemática das doutrinas filosóficas centradas sobre a análise das diligências probatórias, persuadido de que uma tese filosófica é inseparável dos procedimentos demonstrativos que a estabelecem. Publicou nomeadamente: *Descartes selon l'ordre des raisons*, 2 vols., Paris, 1953; *Malebranche*, 3 vols., Paris, 1956-1959; *Spinoza*, 2 vols., Paris, 1968-1974.

duas outras filiações, no departamento de filosofia e no *Committee on Social Thought* autorizavam-me a conduzir o meu ensino à minha maneira.

■ *Quem eram os seus estudantes?*

Tinha estudantes de dois tipos: por um lado, estudantes inscritos na *Divinity School* ou no departamento de filosofia; por outro, estudantes que tinham uma dupla inscrição. Assistiam, por exemplo, aos meus cursos sobre epistemologia, a filosofia da história ou filosofia política, estudantes do departamento de história ou do departamento de ciências políticas. Um dos mais brilhantes, Jeffrey Barash, tornou-se entretanto nosso colega em França. Ele vinha do departamento de história, onde era aluno de Leonard Krieger, o grande especialista em Leopold Ranke e na história alemã, que criara no seu próprio departamento uma subsecção de história das ideias — era aí, e não em filosofia, que o estudante podia ouvir falar de Hegel ou de Heidegger.

■ *Os seus estudantes ignoravam, portanto, toda a história da filosofia.*

Não era esse o caso dos estudantes graduados, candidatos ao doutoramento. Esses vinham geralmente dos melhores 'colleges', onde tinham recebido um bom ensino da história da filosofia. Noto de passagem que a preparação para o doutoramento requer, nas grandes universidades, uma preparação longa e extensa, cobrindo diversos domínios anexos ao domínio selectivo do tema da tese; exames chamados *comprehensive* sancionam essas peregrinações em territórios variados e, por vezes, distantes.

A isso é preciso acrescentar que, apesar da forte oposição entre filosofia "analítica" e filosofia dita "continental" (ou seja europeia, não britânica), um filósofo permanece, apesar de tudo, comum às nossas duas tradições: Kant. O Kant dos "analíticos" é o filósofo da estrutura categorial do entendimento, separado da dedução transcendental, sobretudo na versão da segunda edição da *Crítica da Razão Pura*, que se olha como uma concessão "subjectivista", até mesmo uma recaída no psicologismo. Temos assim um Kant aliviado do sujeito transcendental, um Kant "des-psicologizado", para retomar os seus termos. O Kant de P. F. Strawson[4] é a este respeito exemplar.

■ *Os estudantes americanos permanecem no* campus, *que só deixam de longe em longe, como dizia, para irem visitar a família. Mas em Chicago fez excursões fora do* campus?

De facto, conheci muito pouco a América profunda; ignoro quase tudo do mundo dos advogados, dos médicos; não conheço o mundo dos negócios, dos que ocupam altos cargos. Apesar de muitas viagens, por ocasião de congressos, de conferências, ou muito simplesmente por prazer, só conheci o *campus* e os seus arredores. O país é incrivelmente imenso; é um continente inteiro, que absorve a sua própria informação e, por isso, tem pouco interesse pelo resto do mundo e em geral conhece-o muito mal. Lembro-me de alguém me ter perguntado um dia, estávamos nos anos cinquenta: "Afinal de contas, Estrasburgo foi dada a quem? Aos suíços? Aos luxemburgueses?"

Utilizastes a palavra *excursão*. É justamente a palavra conveniente para dizer o que se passa quando atravessamos de carro a própria cidade de Chicago, que se estende ao longo do lago Michigan, ao longo de mais de quarenta quilómetros entre o Norte e o Sul. Uma travessia da cidade equivale a uma lufada de exotismo: de bairro em bairro, você visita o bairro latino, o bairro polaco, o bairro eslovaco, o bairro ucraniano, etc., sem esquecer a *Chinatown*. As lojas ostentam muitas vezes inscrições em duas línguas.

Estes fenómenos de marcação identitária reforçaram-se muito nestes últimos anos. Implicarão eles, no Norte dos Estados Unidos da América pelo menos, um risco de dissolução?

---

[4] Peter Frederick Strawson, *The Bounds of Sense. An Essay on Kant's Critique of Pure Reason,* Londres, 1966. Strawson é conhecido também pelo seu livro intitulado *Individuals. An Essay in Descriptive Metaphysics*, Londres, 1959. Traduzido em francês por A. Shalom e P. Drong com o título *Les individus*, Paris, 1973.

Penso que não, pois os factores de integração permanecem consideráveis: penso em particular nas práticas de trabalho e de lazer, que têm um imenso poder de igualização das condições de vida individuais. É preciso insistir nisto: a sociedade americana é impiedosamente niveladora. Recordo a forte impressão que fizera em Tocqueville, no seu tempo, aquilo que este caracterizava como "igualdade de condições". Em compensação, quando a reivindicação identitária se torna algo de maciço, como acontece com o fenómeno hispânico no Sul, a ameaça de desagregação é séria. Miami está nas mãos dos cubanos; o próprio presidente da câmara da cidade é cubano. É uma estranha inversão, que me faz voltar há quinze anos, quando se dizia: "Cuba é uma ilha que não existe: a sua população está em Miami, o seu governo em Moscovo, o seu exército em Angola." Muitas coisas mudaram desde então; o que permanece, infelizmente, é a destruição das cidades: muitas vezes, no centro das cidades, já só há escritórios e... pobres!

▪ *Diz-se muito que os hispânicos ultrapassaram os negros em êxito social.*

E isso apesar da desvantagem que a língua constitui. Os sociólogos dão a maior importância — com uma certa razão — ao facto de o tecido familiar hispânico ser muito forte, ao passo que a família negra está completamente desintegrada. Isso adviria, diz-se, da escravatura: as mulheres e os homens eram muitas vezes separados nas plantações e as famílias já tinham sido separadas aquando da transferência de África para o Novo Mundo. Também, quando os negros do Sul emigraram para as grandes cidades industriais do Norte, as famílias já estavam despedaçadas e nunca verdadeiramente se reconstituiriam.

É preciso acrescentar a isso o recuo da ideologia da integração. Após o período dos direitos civis, marcado pelo movimento dos brancos em direcção aos negros, os americanos encontram-se hoje numa fase de refluxo, em que a norma volta a ser a identificação com o grupo. E, infelizmente, neste estado de coisas enxertam-se agora todas as ideologias da diferença, que se tornaram poderosas e que se limitam a consolidar as diferenças já existentes. "Eles são diferentes, nós somos diferentes, aquela é a cultura deles, esta é a nossa." Eis o género de discurso que tem tendência a prevalecer. Fui testemunha dessa evolução, em Chicago, ao longo dos últimos anos: nos cafés do *campus,* os negros reuniam--se cada vez mais entre si, sem se misturarem com os brancos que, por seu lado, aceitam tal facto e parecem considerá-lo normal. Da sociedade do *melting pot* regressa-se a uma sociedade fragmentada, que se move na reidentificação cultural das minorias. É provável que o fenómeno hispânico acentue este movimento e seja válido para outros grupos, incluindo os de origem eslava... Em Chicago, cada bairro tem o seu feriado nacional: nesse dia, vemos os eslovacos em traje eslovaco, os polacos em traje polaco, etc. A cidade está etnicamente fragmentada.

Eu, que partilhei sempre um sentimento fortemente cosmopolita, que me senti em casa na confluência de três culturas, a francesa, a alemã e a anglo-saxónica, fui apanhado de surpresa por este fenómeno americano de exaltação das diferenças étnicas. É verdade que fico igualmente sem voz perante aquilo que hoje se passa na Europa: não consigo acreditar que estejamos quase a ceder aos fenómenos paroxísticos de pertença etno-cultural vindos de outro tempo.

■ *Quer dizer que se opõe àquilo que nos Estados Unidos da América se chama o "multiculturalismo"?*

A questão não se põe do mesmo modo para todas as sociedades. No tocante à sociedade americana, importa lembrar que é a única constituída apenas por emigrados; mais que não fosse por isso, não se pode comparar a qualquer outra. A fragmentação dos Estados Unidos da América não tem, pois, nada a ver com a dos Balcãs, onde se regressa a uma situação anterior aos três grandes factores de assimilação que foram o império otomano, o império austro-húngaro e o império soviético. Peguem no mapa dos Balcãs: é como se tivéssemos esvaziado aqui um pequeno pacote de húngaros, aqui um pequeno pacote de checos, ali um pequeno pacote de croatas... O mapa dos Estados Unidos da América não oferece algo de semelhante: a emigração americana foi geograficamente dispersada com o empurrão para o Oeste. Além disso, até à concorrência do espanhol nos últimos anos, o inglês foi a língua comum de todos esses emigrados; isso representa um imenso factor de integração. E, por fim, as três grandes religiões pelas quais os americanos se dividiram — catolicismo, protestantismo e judaísmo — misturavam as pessoas numa base diferente da sua origem étnica; o islão, que fez uma penetração mais recente, levanta a este respeito um problema inédito.

O que actualmente chamamos "multiculturalismo" consiste numa reavaliação positiva do passado familiar e étnico que remonta a duas ou três gerações.

■ *Peguemos, então, nas coisas pelo outro extremo: onde é que se faz hoje o* melting pot *americano?*

Em primeiro lugar, é preciso lembrar que as pertenças profissionais não estão marcadas pela origem cultural; a economia de mercado assenta nisso. Ademais, a universidade, em virtude do carácter integrado da vida do *campus*, constitui igualmente um factor de homogeneização. Mas é sobretudo a sociedade de produção, com os seus modelos absolutamente imperativos de consumo e o poder da publicidade que efectuam a integração. Se sou por vezes tentado a avaliar positivamente os fenómenos de multiculturalismo, é em reacção contra o impiedoso nivelamento da sociedade de produção, de consumo e de divertimento que são os Estados Unidos da América.

Penso também noutro elemento integrador: o desporto, tal como ali é praticado, de uma maneira que nada tem a ver com o que aqui acontece. O futebol americano, o *baseball* e o basquetebol são a ocasião de grandes festas no *campus*. Aliás, as grandes equipas são equipas universitárias. Existem mesmo universidades das quais se pode dizer que se especializam no desporto: os estudantes inscrevem-se nelas porque são bons em desporto, mesmo se são menos bons no resto das matérias. A universidade Notre-Dame, que é uma excelente universidade católica, tem uma das melhores equipas de futebol americano. Um encontro importante é uma'festa para todos: professores, estudantes, habitantes da cidade, toda a gente vai. Em New Haven, a pequena cidade junto à universidade de Yale, onde é muito grande a tensão entre *academics* — estudantes e professores — e pequeno-burgueses — *town and gown* —, toda a gente se encontra no momento dos encontros, no meio de *majorettes* e numa atmosfera de alegria. Nunca se presenciam cenas de violência como as que conhecemos na Europa.

■ *Assistiu ao nascimento da* political correctness*?*

Vi, de facto, o seu início, mas sem compreender muito bem o fenómeno. Parece que também aqui as coisas são mais complicadas do que parecem.

Provavelmente, é preciso voltar a partir do maccartismo, que constituiu uma tentativa de terrorismo intelectual pela parte de uma direita reaccionária: bastava ser-se um pouco crítico para se ser acusado de comunismo. Era na época em que se sabia distinguir entre liberais e radicais: os liberais, no sentido político do termo, são o que nós chamaríamos os "moderados". Eles eram — e são-no ainda — favoráveis à igualdade dos sexos e das raças, mas com base numa filosofia individualista e contratualista, garante dos direitos inscritos na Constituição e nas suas famosas emendas. Os radicais dessa altura professavam a mesma filosofia, mas prolongavam-na através de um militantismo dirigido contra o *establishment* e contra todas as formas de instituições consideradas hipócritas e sorrateiramente repressivas. Esta forma de radicalismo, ainda próxima dos ideais do individualismo — os *meus* direitos contra as usurpações da instituição —, foi substituída por uma nova forma de radicalismo, que rompe com o sistema ao próprio nível dos princípios que liberais e radicais partilhavam ainda, apesar do que diziam. Assim, formuladas por movimentos feministas, por associações de homossexuais e agrupamentos constituídos sobre uma base étnica, vemos reivindicações fundadas não já nos alegados males infligidos a indivíduos em circunstâncias presentes, mas em injustiças cometidas no passado a respeito de um grupo de pertença. O facto de pertencer a uma categoria lesada no passado torna-se assim uma base de reivindicação. O novo argumentário assenta no que podemos chamar uma mudança dos princípios de legitimação e de justificação de uma reivindicação, resumindo, uma mudança de paradigma ao nível da filosofia política e jurídica: introduzir considerações relativas ao grupo de pertença e aos males infligidos a um desses grupos no passado é opor-se ao individualismo jurídico e político e ao que podemos chamar a relação de contemporaneidade pressuposta pelo contratualismo.

Dito isto — e penso que era necessário ir directamente aos princípios subjacentes —, os comportamentos efectivos colocados sob a etiqueta da *political correctness* devem tratar-se com prudência. Na minha opinião, para ser equitativo e preciso, importa colocá-los sobre uma escala graduada, de tal modo que o paradigma novo fique contido no papel correctivo no tocante à filosofia política e jurídica herdada dos pais fundadores, ou então que seja francamente substituído.

Assim, ainda não se atacam os fundamentos clássicos da vida em sociedade quando se recomenda, como é habitual em muitas universidades — Chicago, entre outras —, que se pratique uma *inclusive language*, que fala dos homens enquanto machos e das mulheres enquanto fêmeas. Não diremos *men*, mas *men and women, he and she*, ou ainda *the humans*. Por outras palavras, não se utilizará a palavra *men* no sentido genérico. Também somos firmemente convidados a não utilizar uma linguagem que exclua implícita ou explicitamente as mulheres ou os afro-americanos, os homossexuais ou as lésbicas, etc. Esta vigilância da linguagem não é em si insuportável, embora, com esta expressão moderada da *political correctness*, vejamos despontar a ameaça de uma polícia da linguagem e, portanto, de um ataque à liberdade de expressão.

Passa-se a algo de mais sério, com a profissão, por parte de muitas instituições, do que se chama *affirmative action*: no caso de duas candidaturas supostamente de nível igual, segundo os critérios usuais de recrutamento, eles próprios solidários da filosofia política e jurídica clássica, a administração reserva-se o direito de preferir, por exemplo, uma mulher a um homem, um negro a um branco, um hispânico a um anglo-saxónico, etc., em virtude do mal feito no passado — e, decerto, também no presente — ao grupo de pertença dos indivíduos considerados. A partir do momento em que esta prática é claramente ostentada e defendida por um consenso, pelo menos tácito, da comunidade considerada, podemos nela divisar a expressão de uma justiça correctiva ligada a uma justiça distributiva abstractamente igualitária. Mas, mais ainda do que no caso da *inclusive language*, pode temer-se que tal política preferencial não venha a contradizer abertamente o princípio da igualdade de oportunidades que repousa, com efeito, sobre provas de qualificação que fazem pôr frente a frente indivíduos considerados enquanto tais e julgados em função dos seus desempenhos presentes. Duas filosofias se põem aqui em concorrência, sem que o próprio compromisso entre as duas seja objecto de discussão. Não podemos deixar de evocar aqui a tese de Rawls[5], segundo a qual o primeiro princípio da justiça, que afirma a igualdade dos indivíduos perante a lei, é lexicalmente prioritário em relação ao segundo, o qual exige que nas partilhas desiguais prevaleça a lei de maximização da parte mínima, por outras palavras, a protecção dos mais fracos. Por isso, se seguimos Rawls, que, a este respeito, permanece na linha do individualismo e do contratualismo jurídico não podemos determinar uma política social que, para corrigir as injustiças passadas, começasse por violar o princípio de igualdade dos indivíduos perante a lei. Ora, é o que a *political correctness* começa a fazer.

Passa-se, a meu ver, ao estádio mais radical da substituição de paradigma quando se incrimina a ideia de universalidade subjacente à de igualdade perante a lei. O limiar é transposto quando a ideia, discutível mas não escandalosa, de justiça correctiva obtém o apoio de uma ideologia da diferença, directamente aplicada a grupos de pertença (sexo, orientação sexual, etnia, classe

---

[5] John Rawls é o autor de *A Theory of Justice* (1971), trad. fr.: *Théorie de la justice*, Le Seuil, Paris, 1987, livro-chave que foi nos Estados Unidos da América e no mundo o ponto de partida de imensas discussões. Do mesmo autor, pode ler-se em francês *Justice et démocratie*, Le Seuil, Paris, 1993.

social, etc.). No limite, declara-se que os próprios "direitos" inerentes a tais grupos dependem de princípios diferentes e os costumes por eles ostentados são considerados incomparáveis. Saídos da mistura explosiva entre justiça correctiva e ideologia da diferença, começam a impor-se comportamentos inquietantes na cena pública. Alguns deles simplesmente ridículos: dir-se-á, por exemplo, que só as mulheres podem dirigir seminários de *women studies* e negros os *black studies*. Mais discutível é a tentativa de introduzir quotas de autores femininos ou etnicamente minoritários na confecção de um *curriculum* de estudos e até mesmo de proscrever escritos clássicos declarados sexistas, machistas, colonialistas, etc. Os danos são, decerto, ainda mínimos, na medida em que as reivindicações mais extremas deparam-se com sólidas resistências por parte da administração e da comunidade universitária no seu todo; são, no entanto, potencialmente devastadores: a ideologia da diferença, ao tornar as diferenças indiferentes, arruína o espírito crítico que repousa sobre a partilha das mesmas regras de discussão e sobre a participação em actividades de argumentação recrutadas em bases diferentes da constituição histórica de grupos diferentes de pertença. O paradoxo, porém, é que o elogio das diferenças acaba por reforçar as identidades internas dos grupos constituídos.

Os danos engendrados pela *political correctness* tornam-se patentes quando se começa a proibir determinados tipos de discurso. É então a liberdade de expressão, condição formal da livre discussão, que se encontra ameaçada, e a *political correctness* tende para uma espécie de maccartismo invertido. Um estranho paradoxo está, assim, prestes a ganhar corpo sob os nossos olhos, a saber, o regresso dos ideais libertários dos radicais dos anos setenta em pulsões repressivas.

Gostaria, todavia, de reter desta grave querela, por um lado, que a filosofia clássica dos direitos individuais está cada vez menos bem adaptada a reivindicações que têm por suporte comunidades inteiras, que professam uma identidade colectiva indivisível; por outro, que a ideologia da diferença, levada ao extremo, esquece-se demasiado facilmente do ideal de universalidade que, com ou sem razão, esteve classicamente ligado ao individualismo jurídico. A ideia dos direitos individuais e a da universalidade estão prestes a seguir caminhos diferentes. É por isso que me interesso mais pelo debate entre universalismo e comunitarismo, que deixa antever arbitragens mais frutuosas.

■ *Como é que explica a importância tomada por essa ideologia da* political correctness?

Não se perca de vista o lugar em que ela procura impor-se: os *campus*. Imagino facilmente o *campus* americano como um grande arquipélago, espalhado sobre a superfície dos Estados Unidos da América, separado do território contínuo da vida real. Quando o abandonam, após aí terem passado cinco ou sete anos, os estudantes abandonam de uma só vez os seus hábitos de marginalidade ou de boémia e tornam a vestir instantaneamente todos os sinais de vida social: o fato e a gravata. A *political correctness* joga-se num universo que se esquece logo que se abandona, o universo dos professores e dos estudantes; fora dos *campus*, a questão é menos viva, embora se assinalem processos comprometidos a propósito de contratos ou de alojamentos, com base num argumentário que se reclama da *political correctness*.

O desenvolvimento da *political correctness* no arquipélago do *campus* explica-se também pelo facto de que temos a ver no resto do país com um sistema que nada tem de jacobino e que, por isso, só pode reforçar a institucionalização dos costumes. Onde as regras estaduais são extremamente fracas, as pessoas entregam-se mais aos particularismos, às tradições históricas e a auto-regulações, que podem ou centralizar-se ou dispersar-se. Hoje, os americanos encontram-se mais numa perspectiva de redispersão. O fracasso de Bill Clinton em estabelecer um sistema de saúde à escala nacional é disso um bom indício. O universal, nos Estados Unidos da América, não funciona de todo da mesma maneira que entre nós. Não é certamente por acaso que foi nos Estados Unidos que se desenvolveu a grande querela entre Rawls, defensor de uma espécie de universalismo em matéria jurídica e moral, e os que chamamos "comunitaristas", que gostam de ter em conta os particularismos; entre eles figuram pessoas de grande qualidade, como Sandel ou Walzer[6], os quais nada têm a ver com a *political correctness*.

Além disso, não se deve subestimar a importância da vida associativa nos Estados Unidos da América, que inclui a dimensão de benevolência, de que falei. Trata-se, neste caso, de um modo de relação autogerida que, no exterior do *campus*, concerne a grandes sectores da vida cultural. Ele representa incontestavelmente um factor de fragilidade a respeito da homogeneização, um factor de grande susceptibilidade à fragmentação. Esta vida associativa forma um tecido reticular em que os elementos piramidais são muito menos importantes do que os fenómenos em rede *(network);* isso tinha de tal modo impressionado Hannah Arendt que ela o introduziu a nível especulativo na sua obra.

■ *Os Estados Unidos da América não estarão muito simplesmente prestes a conhecer uma crise de puritanismo?*

Recuso absolutamente utilizar essa palavra com a conotação que lhe é dada em França. Esquece-se em geral que o puritanismo foi uma alta cultura, muito característica. Falemos antes, se quiserem, de "fundamentalismo". Mas o fundamentalismo não entra no *campus;* conseguem exprimir-se no mundo universitário apenas formas religiosas que já tenham integrado muitos elementos críticos. É verdade que fora das universidades certos intelectuais — sobretudo aqueles cuja cultura é científica e tecnológica, e que não têm hábitos críticos — tomam à letra o texto bíblico e acreditam na realidade literal da criação em sete dias, de Adão e Eva, etc.; mas tal é inconcebível no *campus*. A cultura do arquipélago é totalmente discordante em relação à do continente. Não é aliás duvidoso que as formas liberais do catolicismo, do protestantismo e do judaísmo, que têm curso nas universidades, foram factores

---

[6] De Michael Sandel, ver nomeadamente *Liberalism and the Limits of Justice,* Oxford University Press, 1982. De Michael Walzer, ver nomeadamente *Spheres of Justice. A Defense of Pluralism and Equality,* Basic Books, 1983. Em francês: *De l'exode à la liberté,* Calmann-Lévy, Paris, 1986; *Critique et sens comun: essai sur la critique sociale et son interprétation,* La Découverte, Paris, 1990.

ou aceleradores de secularização. É por isso que o núcleo duro do que os americanos chamam o "religioso institucional" é constituído pelo fundamentalismo, mas está muito à margem da universidade.

■ *É preciso ainda dizer que a democracia americana, contrariamente à francesa, está explicitamente ancorada no religioso. Isso não se relaciona com o problema do multiculturalismo?*

Os dois fenómenos são indissociáveis no caso dos Estados Unidos da América, onde não existe equivalente do papel histórico e político desempenhado em França pelo Estado na constituição da nação, e também não há equivalente da ruptura revolucionária, que destruiu todas as instituições intermédias e colocou em confrontação directa, quase em curto-circuito, o indivíduo cidadão e o Estado. Em França, o Estado representa o universal no próprio nível da sua constituição política. Nunca se deve esquecer que reside aí algo sem paralelo nos Estados Unidos da América, onde a nação se constituiu por agregações sucessivas de emigrantes, todos providos das suas tradições e da sua cultura. A nação americana, apesar dos traços de universalismo que a sua Constituição comporta, formou-se de baixo para cima, contrariamente à nossa, e a partir de experiências comunitárias fortes. A maneira como ela se elaborou é significativa: gradualmente. Sete ou oito Estados do Oeste, que se agruparam em primeiro lugar; em seguida, estabeleceu-se um pacto entre os bostonianos, mais comerciantes, e os plantadores do Sul. Imediatamente — é uma coisa que Tocqueville viu —, o Estado federal foi definido com poderes limitados. Ao passo que os poderes dos diferentes Estados estavam enumerados de maneira ilimitada, os do Estado federal estavam-no de maneira limitativa e exaustiva. Mesmo se uma significação universal está ligada ao federal, esse federal é definido pelos limites que lhe aplicam as instâncias que lhe estão subordinadas, trata-se de uma delegação de poderes enumerativamente limitada. Uma vez mais, tal nada tem a ver com o caso francês.

O multiculturalismo americano apoia-se, portanto, em dois factos: a força constituinte permanente da vida associativa e a preeminência dos poderes locais sobre o poder federal. É por isso que a discussão americana entre universalistas e comunitários, que se nos afigura muitas vezes abstracta, tem nos Estados Unidos da América uma base absolutamente concreta. No nosso ver de europeus e de franceses, o universal tem um carácter abstracto, trans-histórico, sem referência de localidade ou de época, de adesão singular ou de grupo. E, além disso, o histórico foi captado pelo Estado-nação. Quando entramos na discussão americana entre comunitaristas e universalistas, devemos saber que ela está ancorada num contexto histórico que não é de todo o nosso. Se tivéssemos de traçar um paralelo com um país da Europa, seria sem dúvida com a Alemanha de após 1945, que regressou aquém da sua história totalitária e que pode reatar com a tradição plena, forte, do debate entre universalismo e culturalismo, cujo apogeu tinha sido o período do romantismo. Não é por acaso que as nossas duas referências para pensar de maneira mais dialéctica, menos antinómica, as relações do universal e do particular são a americana e a alemã. Do nosso lado, em virtude da fraqueza da nossa experiência comunitária associativa, só dispomos, para definir o cidadão, da sua dimensão de frente a frente com o Estado.

■ *Parece deplorar a ausência de categoria intermédia entre o indivíduo e o Estado-nação. Não foi esse vazio que se tentou colmatar com a descentralização?*

Certamente que sim. Mas fizeram-no fragmentando o Estado e criando um regionalismo político — o que é uma coisa de todo diferente. Na descentralização à maneira francesa, o Estado perdeu o controlo sobre coisas que dependiam da sua soberania. A fragmentação da soberania cria vazios políticos, sem oferecer, no entanto, o pleno de uma vida associativa. Pagamo-lo actualmente pelo desenvolvimento da corrupção a nível local e pela multiplicação dos "casos".

Mas deploro esse vazio por uma segunda razão, que toca no problema da representação da nossa democracia. Idealmente, um deputado é um fragmento de mim mesmo projectado no universo político. Mas hoje os cidadãos já não se reconhecem na classe política; o "meu" deputado, em vez de ser o mesmo que eu, mal ele se mete a girar naquilo que chamaram o "microcosmo", torna-se diferente de mim. A crise de representatividade resulta essencialmente do facto de que, entre o nível do indivíduo e o do Estado, não existe nada.

Em filosofia política, é nessa questão que muitos trabalham. Penso, por exemplo, no pluralismo jurídico de Walzer, que se esforça por pluralizar o próprio conceito de "justiça" em função das múltiplas "esferas" a que pertencemos. A sua enumeração é, aliás, muito interessante: pertencemos a um espaço jurídico (*membership*), mas também ao sistema das necessidades (*needs*); a própria esfera cívica não é apenas uma das esferas, inserida numa constelação, numa rede.

Mas penso também no livro de Jean-Marc Ferry, *Les Puissances de l'expérience* e no que ele chama as "ordens do reconhecimento", a saber, os diferentes locais em que construímos a nossa identidade[7]. O seu vocabulário é tomado de empréstimo à filosofia política de Hegel, naquilo que ela tem de mais interessante: a ideia de que a moral prática assenta nos costumes e, por isso, em hierarquias institucionais cuja totalidade dos degraus está preenchida: a família, a sociedade civil com o seu sistema de necessidades, a sua jurisdição e a sua administração, mais o Estado propriamente dito. Não se deve esquecer que o Estado hegeliano coroa uma hierarquia cuja totalidade dos graus está provida. Estas "ordens do reconhecimento" são, de facto, as nossas verdadeiras fidelidades.

Pergunto-me se tal não seria um projecto razoável, embora seja facilmente taxado de reaccionário, tentar encontrar a representação política dos nossos diferentes sistemas de fidelidade. Isso tinha sido um dos aspectos do referendo de 1969 do general de Gaulle, que julgara dever ligar esta reforma à do Senado, com o qual ninguém se preocupava. Em si mesma, era uma ideia perfeitamente legítima e tenho a sensação de que será preciso ir de

---

[7] Jean-Marc Ferry, *Les puissances de l'expérience: essai sur l'identité contemporaine,* Le Cerf, Paris, 1986.

novo nessa direcção. Onde nos inserimos? Quais são as nossas ordens e os nossos lugares de reconhecimento? De que modo ter uma representação política desses lugares de reconhecimento social e cívico? Por exemplo, para nós, estudantes e professores, como conseguir que a universidade, com as suas obrigações, os seus direitos e as suas interacções, seja representada como uma das componentes do político? Não se poderia recompor o político a partir de todas as instâncias intermédias às quais as nossas fidelidades nos ligam, ao mesmo tempo que são para nós meios de reconhecimento? O termo *reconhecimento* parece-me muito mais importante do que o de *identidade*, em torno do qual o debate do multiculturalismo gira durante a maior parte do tempo. Na noção de identidade existe apenas a ideia de mesmo, ao passo que o reconhecimento é um conceito que integra directamente a alteridade, que permite uma dialéctica do mesmo e do outro. A reivindicação da identidade tem sempre algo de violento a respeito de outrem. Pelo contrário, a procura de reconhecimento implica a reciprocidade.

Podemos, aliás, seguir o esquema dialéctico do reconhecimento a partir do nível biológico — em que a identidade se define pela conquista, pelo organismo, da diferença e da complementaridade entre o si e o não-si — até ao nível sociológico, jurídico e político. Na ordem jurídica, encontrei-o no plano penal, quando me interessei pela ideia de que o problema não é só, nem sequer fundamentalmente, o da punição, mas o do reconhecimento de cada um no seu justo lugar. Trata-se de dizer quem é o culpado, quem é a vítima, de dizer a palavra de direito que remete cada qual para a sua justa distância, por outras palavras, trata-se antes de mais de reconhecimento mútuo; e muitas vezes é muito mais importante ter dito quem é o culpado do que tê-lo punido: porque punir é ainda fazer sofrer, é acrescentar sofrimento a um sofrimento, sem diminuir o primeiro. Mas é preciso que a vítima seja reconhecida como tendo sido verdadeiramente lesada: a palavra que o diz deveria ter por si mesma uma função terapêutica. A ideia de reconhecimento tem assim um poder heurístico desde o nível biológico até ao nível político, passando pelos degraus das ordens de reconhecimento na dimensão social e pelo direito civil e penal; o direito civil é o lugar em que o dano exige reparação e, na maior parte dos casos, remuneração, e o direito penal é aquele em que a imputabilidade reclama a penalidade.

■ *Insistindo, como faz, no tema do reconhecimento e ao sublinhar a parte de historicidade que pesa sobre cada um dos sistemas políticos, não se situa de facto, no debate americano, ao lado dos comunitaristas?*

Para dizer a verdade, prefiro tomar o problema noutro sentido; talvez seja a minha mania das conciliações... Retomo as coisas a partir dos pressupostos de uma ética da discussão — ao estilo habermasiano —, que supõe uma deliberação ilimitada, sem constrangimentos de tempo nem de parceiros, e tento determinar o que falta nesta abordagem, que se qualifica a si mesma como pragmática transcendental. Toda a questão é, então, saber como podemos contextualizar o universal, mantendo-o simultaneamente como ideia reguladora. Isso é algo de muito conforme ao projecto de um pensamento transcendental, cuja definição é que ele só funciona em conjunção com o empírico. O melhor exemplo de tal conjunção é fornecido, no sistema de Kant, pelo exemplo da teoria do direito, que é o único caso onde vemos em funcionamento a integração efectiva do transcendental e do empírico: as condições de funcionamento de uma sociedade, com efeito, são definidas pelo conflito, pela "insociável sociabilidade" (a expressão é de Kant), e é nesta última que é preciso fazer entrar o projecto do reconhecimento do "meu" e do "teu", que é, segundo Kant, a própria base do direito. É preciso articular um projecto de distinção do "meu" e do "teu" sobre as condições de exercício da "insociável sociabilidade"; temos aqui um modelo exemplar.

Em sentido inverso, se partimos do comunitarismo, apercebemo-nos de que as comunidades vivas, explicitando a sua autocompreensão — o seu *shared understanding*, para falar como Walzer —, deixam intacto o problema dos princípios da regra do jogo ou, se preferirem, o princípio das regras do compromisso. Para fundar *a* regra de justiça que redistribui *os* espaços de justiça no seu justo lugar e na sua justa distância é preciso ter um princípio regulador; e é aqui que encontramos o problema habermasiano ou rawlsiano do princípio de justiça.

É o vaivém entre o comunitarismo e o universalismo, a partir das suas falhas reconhecidas, que me interessa, muito mais do que situar-me em relação a uma das duas posições; é a sua dialéctica que me parece fecunda.

■ *Fecunda, no sentido de que seria transponível para fora dos Estados Unidos da América?*

Considero que ela pode ter para nós um grande valor terapêutico, na medida em que nos falta um degrau intermédio entre o nível do indivíduo e as pretensões universalistas do Estado. Precisamente, temos de encontrar na auto-estruturação do Estado-nação os elementos de uma história de comunidades, comunidades essas que foram apagadas e obliteradas pela censura exercida sobre elas, desde há duzentos anos.

Não se trata de aplicar à França medidas que têm curso noutros lugares: cada sistema tem os seus inconvenientes e as suas vantagens, e incumbe-lhe reformar-se segundo as suas capacidades internas de melhoramento. É verdade em todos os escalões da vida social e, por exemplo, para a universidade. Não podemos imitar em França a universidade americana. Partimos da hipótese da gratuitidade, do carácter nacional dos diplomas; tudo isso tem inconvenientes terríveis, que bem conhecemos, mas é preciso corrigir o nosso sistema partindo dos dados que lhe são próprios.

Ora, acontece que temos hoje em França quase um equivalente ao debate entre o universalismo e o comunitarismo, com as discussões em torno do problema do vazio político suscitado pela delegação de soberania do cidadão para o Estado. Esta delegação faz-se através das eleições, mas em França a única eleição que conta verdadeiramente tem lugar de sete em sete anos: é a eleição presidencial. Se existe, como muito se disse, um défice democrático, é decerto neste caso que ele é mais visível. Tal carência é perigosamente suprida pela instituição das sondagens, acerca das quais é preciso, segundo creio, falar com severidade, porque ela se apresenta como um substituto da deliberação. As sondagens não constituem uma deliberação: as pessoas são consultadas uma a uma e, depois, as suas opiniões são somadas; em nenhum momento existiu debate, o número que daí resulta não é de modo algum o produto de uma deliberação, como aquela que, em princípio, uma eleição implica. Muitas vezes, aliás, a própria eleição não é resultante de um debate, é apenas uma sondagem em tamanho real. O que deveria ser apenas um meio de informação sobre o estado da opinião, para uso dos homens políticos, transforma-se numa instância soberana que decide das candidaturas, do seu número, da identidade dos candidatos, etc.

■ *Ao dizer isso, está a pensar numa espécie de bicamaralismo?*

Acontece que os sistemas que funcionam bem são aqueles em que o bicamaralismo é efectivo: quer nos Estados Unidos da América, onde os Estados têm uma representação igual ao Senado — dois representantes por Estado, qualquer que seja a sua dimensão, tanto para o Arcansas como para o estado de Nova Iorque —, quer na Alemanha, com o *Bundesrat* e o *Bundestag*, ou em Inglaterra, cujo funcionamento é tão singular. Em França, reduzimos excessivamente o papel do Senado, limitando a sua função à de uma câmara de reflexão e de discussão, pertencendo o poder de decisão, em último lugar, à Câmara dos Deputados, que se tornou a Assembleia Nacional.

Até onde irá a crise da democracia representativa em França, com o descrédito que arrasta em relação à classe política? Será suficiente compensar o sistema por meio de um modo de representação paralela, ou será antes preciso repensar completamente a representação? É certo, em todo o caso, que esse será o problema das próximas décadas.

■ *O senhor dizia que a questão do comunitarismo é indissociável, na América, da da ancoragem religiosa da democracia. Não reside, finalmente, aí o ponto de partida de todas as diferenças entre a França e os Estados Unidos da América?*

Tocqueville viu perfeitamente que uma das singularidades dos Estados Unidos da América se deve ao facto de que, ao contrário da França, não houve ali nenhum conflito radical, intratável, entre as Luzes e a religião. Teve lugar um conflito, mas ocorreu no interior da cristandade, entre uma gestão democrática das comunidades religiosas e uma concepção hierárquica do episcopado. Por isso, estabeleceu-se uma aliança de facto, que foi também uma aliança pensada, entre formas que podemos chamar antiautoritárias da prática eclesial e uma concepção do Estado como estando sob o olhar de Deus.

O equilíbrio entre o religioso e o político, em que os Estados Unidos se fundam tem, aliás, a sua raiz numa história do religioso, que é ela própria uma história antiautoritária e pluralista. Desde o início da história americana, os famosos pais fundadores, os *Pilgrims* de que Walzer[8] tão bem fala, tiveram a ideia de que diversas espécies de confissões deviam poder viver no mesmo espaço público. De chofre, propunham como evidente uma convicção à qual nós, na Europa, só chegámos dolorosamente, e apenas no espaço do Santo Império romano germânico, no fim da Guerra dos Trinta Anos. Foi aqui concebida a ideia, ainda muito restritiva, de que havia lugar no mesmo espaço político para duas religiões, na condição de haver homogeneidade em cada Estado parcelar — era o princípio *cujus regio ejus religio*, em cada região a sua religião, tratava-se de uma espécie de miscelânea pluriconfessional e não de verdadeiro pluralismo religioso, que, nos Estados Unidos da América, é reconhecido de início como fundador. É particularmente importante que a ideia de tolerância tenha de imediato sido uma ideia religiosa, contrariamente ao que aqui é habitual, onde *tolerar* significa suportar o que não podemos impedir. Nos Estados Unidos da América, a tolerância assentou durante muito tempo numa verdadeira aceitação da diversidade; no reconhecimento, a partir do próprio seio da teologia eclesial própria de uma certa confissão, do facto de que pode haver outros portadores de uma parte de verdade; no fundamento da história política dos Estados Unidos da América existe a ideia de que o espaço político é o lugar de coabitação de

---

[8] Michael Walzer, *La révolution des saints: éthique protestante et radicalisme politique*, trad. fr., Belin, Paris, 1988.

várias tradições religiosas. Para Tocqueville, não ter de resolver permanentemente o problema da guerra e da paz era tão importante como não ter inimigos.

É assim que os americanos respondem ao problema da fundação da democracia, pois em democracia levanta-se sempre a questão de saber em que é que se funda a Constituição, em que é que ela se apoia, se não for num consenso implícito numa relação fiduciária múltipla — na falta de consenso, teríamos de lidar com uma espécie de autofundação sobre o vazio. Os americanos têm mais o sentido vivo de uma fundação longínqua e indirecta, mas ainda assim bem ancorada num pluralismo religioso fundamental.

Tal não impede de modo algum que exista uma separação completa entre a Igreja e o Estado no plano institucional. O que podemos dizer é que a representação que o político tem de si mesmo comporta uma dimensão religiosa, que não tem inscrição institucional.

É mesmo preciso dizer mais: a tolerância estende-se não só às religiões não-cristãs — os judeus americanos nunca foram vítimas de discriminação — como também aos que não conhecem a legitimidade do religioso: os agnósticos e os ateus. A história política dos Estados Unidos da América foi marcada pela integração, no espaço público da discussão, tanto de uns como de outros.

■ *Leu muito Tocqueville?*

Li-o com muito frequência, não sei quantas vezes. O que é absolutamente espantoso é que tenha previsto qual seria o drama da sociedade americana — a saber, o problema negro. Nas últimas páginas do primeiro tomo de *A Democracia na América*, levantou o problema na sua forma mais radical: os Estados Unidos da América serão uma sociedade multirracial, e tal será finalmente o reino dos mestiços, ou então os negros serão eliminados como os judeus foram escorraçados da Península Ibérica pelos espanhóis e portugueses. Mais tarde ou mais cedo, os Estados Unidos encontrar-se-ão perante esta alternativa. E é verdade que eles não deixam desde essa altura de oscilar entre a exclusão e a assimilação.

Com efeito, os negros que se vêem na rua são, na sua maioria, mestiços, muito simplesmente porque se exercia o direito de pernada nas plantações. A mestiçagem fez parte dos costumes e dos hábitos, foi uma espécie de prática social.

A história da América é uma história estranha: emigrados vieram para um território onde já existiam pessoas — os índios — que, em parte, exterminaram e, em parte, rechaçaram para as suas reservas. Mas, simultaneamente, os primeiros imigrados introduziram outros emigrados, mas agora forçados, que foram seus escravos. É uma história singular que não tem equivalente na Europa.

É por isso que regresso sempre à ideia das histórias incomparáveis e, por isso, da especificidade das problemáticas étnico-políticas. É também por isso que o universal, neste domínio, não pode ser constituinte, mas regulador.

■ *Pode dar um exemplo de ideia universal em sentido regulador?*

Uma das que aprecio muito encontra-se no *Projecto de Paz Perpétua*, de Kant: é a ideia de "hospitalidade universal". Terceiro artigo definitivo: "O direito cosmopolita deve restringir-se às condições da hospitalidade universal. [...] *Hospitalidade* significa neste caso o direito que o estrangeiro tem, à sua chegada ao território de outrem, de não ser aí tratado como inimigo. [...] O estrangeiro não pode invocar um direito de acolhimento [...], mas um direito de visita, o direito que todo o homem tem de se propor como membro da sociedade, em virtude do direito de posse comum da superfície da terra sobre a qual, enquanto esférica, os homens não se podem dispersar ao infinito." Reparou-se que é um argumento de tipo copernicano, que se funda na ideia de que habitamos num espaço finito? Os homens poderiam sempre ir para outro lado: mas, uma vez que somos obrigados a viver num mundo finito, então é preciso poder habitar em qualquer lado. "É preciso, pois, que eles se suportem uns ao lado dos outros, já que ninguém goza originariamente do direito de se encontrar num lugar da terra de preferência a outro." Como nos artigos precedentes, insiste Kant, não se trata de filantropia, mas de *direito*. *Hospitalidade significa o direito que o estrangeiro tem de não ser tratado como inimigo*... Esta passagem é verdadeiramente espantosa, com a ideia de invocar a finitude geográfica: uma vez que a terra é redonda, os seus habitantes têm de se suportar, quer dizer, poder habitar em qualquer lado sobre a bola redonda. Portanto, é o próprio princípio do direito — a coexistência dos livres--arbítrios num espaço finito — que conduz à hospitalidade. Que argumento fabuloso! Opõe-se, aliás, se nos dermos conta, à ideia de terra prometida, uma vez que toda a gente por direito pode habitar em qualquer lugar. Tal não significa que cada um se torne, por isso, cidadão de qualquer lugar ou, por outras palavras, o argumento não é de modo algum contra a soberania, mas contra a *xenofobia*. Existe um espaço de jurisdição, que é o Estado, e Kant diz apenas que todo o homem tem o direito de habitar nesse espaço de jurisdição, de nele ser recebido.

■ *Não vê aí uma reminiscência da Bíblia?*

Sem dúvida. Pensemos na famosa tríade: "O órfão, a viúva e o estrangeiro que está às tuas portas." O órfão é aquele que perdeu o apoio da linhagem ancestral; a viúva, aquela que, tendo perdido o seu marido, não beneficia do levirato; e, finalmente, o estrangeiro, aquele que desprovido de direito próprio tem apenas o que é criado pela hospitalidade. Kant estava impregnado de cultura bíblica; isso devia ser evidente.

Uma ideia como essa tem um valor de universalidade reguladora. Atenho-me muito a este nível transcendental, contra a ideia de que, a partir de espaços determinados de reconhecimento mútuo, se poderia gerar um princípio mútuo, um princípio de coabitação de modalidade política. Reside aí, a meu ver, a fraqueza dos comunitaristas como Walzer, nos Estados Unidos da América, ou como Boltanski e Thévenot[9], em França. Porque

---

[9] Luc Boltanski e Laurent Thévenot, *De la justification*, Gallimard, Paris, 1991.

o político conserva ainda assim a sua especificidade em relação ao nível de reconhecimento mútuo: comporta um elemento de poder, de soberania e, portanto, põe o problema da sua necessária limitação — problema que não se pode deduzir de nenhuma consideração que pudéssemos chamar geográfica, cultural, étnica, portanto comunitária. Com o problema da limitação, estamos em plena filosofia kantiana, na qual a razão serve para limitar as pretensões desta ou daquela instância. No sistema social, é a soberania do Estado que constitui o princípio de limitação das pretensões das "esferas" subordinadas. Por sua vez, a soberania de essência política encontra a questão da sua autolimitação por ocasião da sua reivindicação de legitimidade. Esta questão interna à soberania é tão insistente que ressurge no centro das definições de Estado que se referem expressamente à utilização da violência em última instância, como em Weber, constrangido na sua definição de Estado a qualificar como *legítimo* tal recurso. Ora, o que é que confere, finalmente, ao epíteto *legítimo* o valor de limitação interna ao exercício último da violência, excepto um universal regulador? Poderia dizer-se que o princípio comunitário é constituinte, ao passo que uma ideia como a de hospitalidade é reguladora: ela serve de limitação à pretensão que o poder podia ter de se elevar ao extremo.

■ *Importa ainda que o valor da universalidade seja reconhecido de maneira consensual. É justamente isso que hoje se contesta.*

Mas desde que se reconheçam ao menos regras parciais de jogo, nem que sejam as de um *gang*, pode determinar-se regressivamente as condições de possibilidade de um reconhecimento mínimo num espaço de troca. E então encontraremos sempre um universal prévio aos funcionamentos regionais dos espaços de reconhecimento. Por outras palavras, a crítica mais radical da minha tese, crítica que desembocaria numa espécie de niilismo comunitário, seria a ideia de que não podemos reconhecer nenhuma espécie de laço social; seria a hipótese de um ser selvagem, sem laços. Devo dizer que esta hipótese me parece tão abstracta como a que o relativismo cultural quer combater, a de um universal. É aqui que a distinção de um universal constituinte e de um universal regulador oferece um recurso, porque permite buscar um ponto de articulação entre a fundação por reconhecimento mútuo e a falta de ultimidade do jogo mútuo de reconhecimento; a partir da falta de ultimidade de um princípio constituinte puramente histórico, surge a necessidade de um universal que seja apenas regulador.

É assim que eu raciocinaria, colocando os meus passos nos de Kant, e tentaria ultrapassar o debate dos universalistas e dos comunitaristas.

DA PSICANÁLISE À QUESTÃO DO SI MESMO, OU TRINTA ANOS DE TRABALHO FILOSÓFICO

■ *Em 1965, a seguir aos três volumes da sua* Filosofia da Vontade, *onde já tinha abordado o problema da psicanálise, publicou* Da Interpretação. Ensaio sobre Freud. *O mínimo que se pode dizer é que essa obra não foi recebida serenamente na comunidade psicanalítica...*

A recepção do livro em França foi muito dominada pela sua rejeição por parte de Lacan, rejeição que foi expressa publicamente, no seu seminário, e em privado. Fui acusado de silenciar a compreensão de Freud que, supostamente, eu lhe devia.

Gostaria de dizer a este respeito que há vários mal-entendidos enredados nesta querela. Começo por aquele que põe em causa a minha boa-fé.

Advertiram que eu havia assistido ao seminário de Lacan antes da publicação do meu livro, e concluíram que lhe tomara de empréstimo a minha interpretação de Freud. Há aí uma questão de calendário, que devo restabelecer. Em primeiro lugar, expus, sob a forma de ensino na Sorbonne, o livro sobre Freud, antes de ir para o seminário de Lacan; tal pode verificar-se no registo dos títulos dos cursos. Além disso, pronunciei em Bonneval, em 1960, sob os auspícios do Dr. Ey, uma conferência que só foi publicada em 1966[1] e se pode ler em *O Conflito das Interpretações*. Jacques Lacan, confrade e amigo do Dr. Ey, assistia a essa conferência, que elogiou publicamente, antes de me acompanhar a Paris e de me convidar para o seu seminário. Ora,

---

[1] Num volume intitulado *L'inconscient. VI colloque de Bonneval*, editado sob a direcção de Henri Ey, Desclée de Brower, Paris, 1966.

essa conferência contém o essencial da minha interpretação de Freud, que tinha amadurecido ao longo do meu ensino precedente na Sorbonne. O meu livro estava, pois, em grande parte composto; em todo o caso estava pensado na sua linha geral, antes de frequentar o seminário de Lacan.

Depara-se, aliás, aqui um exemplo de incrível falta de probidade intelectual da sua parte, pois a discussão que teve lugar após a minha conferência, e na qual ele participou, foi suprimida do volume a seu pedido. Os outros textos foram geralmente fornecidos pela discussão à qual deram lugar; o meu não.

Esse texto é um texto fulcral, porque expõe a minha interpretação de conjunto da obra de Freud, a saber, que o discurso de Freud é compósito, portanto de uma grande fragilidade epistemológica; joga sobre dois vocabulários: um vocabulário energético, com termos como recalcamento, energia, pulsão, etc., e, por outro lado, um vocabulário do sentido e da interpretação, presente no próprio título da *Traumdeutung, a Interpretação dos Sonhos*. Aliás, eu fazia reverter esse carácter compósito para crédito de Freud, sem nele divisar um defeito de conceptualidade ou de lucidez epistemológica; via isso como prática deliberada de uma linguagem apropriada ao seu objecto, a qual se situa justamente na articulação dos regimes da força e da linguagem.

Este mal-entendido, que punha em causa a minha boa-fé, encontrava-se no artigo de Michel Tort, surgido em *Temps modernes* sob o título "A máquina hermenêutica". Tratava-se de um artigo devastador que me incendiava e que dizia em substância: Ricoeur falou uma primeira vez do inconsciente em *O Voluntário e o Involuntário* e volta a fazê-lo em *Da Interpretação*. Que houve entre os dois? Nada, excepto Lacan. Ora, o que houve entre ambos foi, em primeiro lugar, a minha própria exploração da linguagem simbólica, no quadro do meu livro *A Simbólica do Mal* e, por isso, a acentuação da dimensão linguística da nossa relação com o inconsciente, dimensão essa que, efectivamente, se encontra em primeiro plano em Lacan, mas que eu havia coordenado, em vez de a opor, como ele faz, à dimensão energética, dinâmica.

■ *O que é que Lacan, na sua opinião, esperava de si? Porquê tal cordialidade a seu respeito?*

Creio que, no fundo, ele esperava de mim o que esperara sucessivamente de Hyppolite([2]) e de Merleau-Ponty: uma espécie de caução filosófica. Decepcionei-o, como é de ver, neste ponto.

■ *E o senhor, que esperava do seu seminário?*

Vivi as suas sessões como uma obrigação, uma corveia e uma frustração terríveis, que muito regularmente me impusera a mim próprio, porque tinha sempre a impressão de que ele *ia* dizer algo importante que ainda não fora dito, que iria ser dito na próxima vez e assim sucessivamente. Ele tinha uma arte consumada da suspensão, coisa que eu considerava absolutamente intolerável. Era para mim uma espécie de provação voltar lá a todo o custo, com o sentimento de uma obrigação, mas também de uma incrível decepção. Lembro-me de ter regressado uma tarde e de ter dito à minha mulher: "Venho do seminário, não percebi nada!" Nesse momento, o telefone tocou; era Lacan, que me perguntava: "Que pensou do meu discurso?" Respondi-lhe: "Não compreendi nada." Ele desligou brutalmente.

Sentia, a respeito de Lacan, muita intimidação. Em todos os sentidos da palavra: tornara-me tímido, mas também tinha a sensação de estar submetido a uma ameaça preventiva de excomunhão. Aliás, a atmosfera de veneração que reinava no seminário era assombrosa! Seria impensável que alguém se levantasse para dizer que não tinha compreendido ou que era absurdo... Vivia aí o inverso do seminário americano.

Mas ainda falta dizer o mais "grave". Eu escrevera na introdução do meu livro que apenas falaria de Freud e que citaria

---

([2]) Jean Hyppolite (1907-1968), director da *École normale supérieure* (Ulm), e depois professor no *Collège de France*, é conhecido pelos seus livros sobre Hegel; além disso, consagrou trabalhos pioneiros à obra de Freud e ao seu interesse filosófico. Ver em particular o seu estudo intitulado "Comentaire parlé sur la *Verneinung* de Freud" (1955), *in* Jean Hyppolite, *Figures de la pensée philosophique*, vol. I, P.U.F., Paris, 1971.

somente intérpretes pontuais deste ou daquele tema freudiano. Portanto, afastei antecipadamente todos os outros freudianos. Afastava os que o próprio Lacan critica a justo título aliás, sobretudo os psicanalistas americanos — embora seja lamentável, diga-se de passagem, que ele ignore os mais interessantes de entre eles, os que desenvolveram o aspecto narrativo, o papel da narrativa na reconquista de uma história coerente pela cura; esses, encontrei-os em Nova Iorque, onde participei durante um ano, em Columbia, em interessantes seminários conduzidos pelos psicanalistas. Mas eu deixava também de lado Anna Freud, Ernest Jones, Winnicott, Bion — que descobrira na mesma época — e, por fim, o próprio Lacan. Eis onde residia o erro imperdoável: meti Lacan no mesmo saco desses pós-freudianos; era uma ofensa grave! Talvez ele esperasse um livro que tivesse sido uma espécie de reinterpretação de Freud a partir dos seus próprios escritos, dos quais, aliás, não tinha lido nenhum, antes de frequentar o seu seminário.

■ *Quando a seguir leu os escritos de Lacan, o que é que pensou?*

Elisabeth Roudinesco diz a este respeito[3] o que para mim é o mais favorável e o mais opressivo: Ricoeur não pode ter tomado de empréstimo a Lacan, porque nada compreendeu. Devo dizer que é verdade. Não compreendo esse modo de articulação e de pensar; é-me completamente estranho. Não compreendo como funciona tal pensamento, fico por vezes fascinado, como através de *flashes*, mas sem que consiga manter o discurso. Desconfio que não devo ser o único... Isso desolou-me sempre e, muitas vezes, senti uma espécie de enfermidade. De certo modo, como vê, permaneci prisioneiro da intimidação.

■ *Disse-nos que, no fim de contas, se censurava por ter subestimado no seu livro a parte da clínica, e ter sobrestimado certos escritos teóricos de Freud, sobretudo os de metapsicologia. Mas consagrava também uma grande parte das suas análises à interpretação freudiana da cultura.*

---

[3] Elisabeth Roudinesco, *Histoire de la psychanalyse en France*, 2 vols., Fayard, Paris, 1994.

Em relação ao vosso último ponto, não lamento nada. Continuo a dever muito a essa teoria da cultura. *O Futuro de uma Ilusão, Mal-estar na Civilização*, a correspondência com Einstein sobre a guerra e a paz, *Moisés e o Monoteísmo* são textos com que não cessei de batalhar, e que poria quase ao mesmo nível dos de Nietzsche sobre a religião, de tão corrosivos; integro-os a ambos no que na altura designava como "hermenêutica da suspeita".

Quanto à censura que me fiz por ter subestimado a parte da clínica e por ter avaliado os escritos teóricos de Freud acima do seu valor real, expliquei-me num ensaio publicado na Bélgica — e não em França! —, no volume de homenagem a Alphonse de Waelhens, *Qu'est-ce que l'homme?* ([4]). Para fazer jus aos recursos de conceptualidade oferecidos pela prática, tentava caracterizar a psicanálise com três traços. Em primeiro lugar, o facto de que o inconsciente fala: a psicanálise não seria possível se não existisse uma espécie de proximidade entre o pulsional humano e a linguagem — o que é uma maneira de voltar a dizer, noutros termos epistemológicos, a união do dinâmico e do interpretativo. Em segundo lugar, a pulsão é *dirigida a:* há nela um carácter de endereço, ao pai, à mãe, etc.; o complexo de Édipo não seria compreensível se não existisse logo uma espécie de relação com o outro, que é verdadeiramente constitutiva. Em terceiro lugar, a componente narrativa da experiência analítica: o facto de que o paciente fornece fragmentos de narrativa, mas de uma história estilhaçada, cujas peripécias ele não tolera nem compreende; a tarefa da psicanálise consiste, de certa maneira, em rectificar, em tornar inteligível e aceitável uma história.

Diria hoje que não só se sobrevalorizou talvez a teoria em Freud, mas que, além disso, não se viu que ela está atrasada em relação à sua descoberta, que é precisamente da ordem do narrativo, longe do biologismo, longe do cientismo. Tal não é incompatível com Lacan, tanto quanto eu o compreendo.

([4]) "La question de la preuve dans les écrits psychanalytiques de Freud", in *Quest-ce que l'homme? Philosophie/Psychanalyse*, Bruxelas, 1982. Uma versão original em inglês foi editada em 1977, sob o título "The Question of Proof in Freud's Psychoanalytical writings", in *Journal of the American Psychoanalytic Association*, 25 (1977), n.º 4.

Parece-me em todo o caso que, se levarmos a sério a prática analítica, e se admitirmos que ela está em avanço sobre a sua teoria, então será preciso ter uma certa familiaridade com o que se passa na cura, e em particular com o episódio da transferência. Penso cada vez mais que é aí que tudo se joga. Aliás, Freud di-lo nos seus escritos reunidos sob o título *A Técnica Psicanalítica*. Ulteriormente, fui levado a reflectir sobre a noção de *Behandlung*, de "palpação", noção que também não se deixa apanhar nas redes da interpretação, no sentido puramente linguístico, e que designa uma relação com as forças pulsionais, uma palpação de forças.

■ *Falou de vários mal-entendidos a propósito do seu livro de Freud.*

Pensava também noutro erro cometido a propósito do que teria sido a minha intenção — já a tal aludi ao longo das nossas discussões. Atribuíram-me a ideia de que teria tentado incluir a psicanálise na fenomenologia e, o que é mais, na sua versão dita hermenêutica. Digo justamente o contrário, a saber, que se depara aí algo de irredutível e que a fenomenologia encontra aqui o seu limite. Com a psicanálise, confrontei-me com qualquer coisa que resiste a uma teoria da consciência. É verdade que também não tinha levado muito a sério, nessa época, os aspectos da fenomenologia em relação com a passividade: as sínteses passivas, sobretudo. Haveria provavelmente pontes, passagens possíveis, entre a fenomenologia e a psicanálise, mas, em todo o caso, por uma via diferente de uma teoria obstinadamente centrada na consciência, de uma fenomenologia na sua fase mais idealista, como a encontramos nas *Meditações Cartesianas* de Husserl.

■ *Nos anos que se seguiram à publicação do livro sobre Freud, e após três anos passados na universidade de Lovaina, retomou o seu ensino em Nanterre. Tinha um seminário de fenomenologia?*

Intitulava-se "Fenomenologia, hermenêutica". Ao fim de um certo tempo, acrescentou-se "e filosofia da linguagem". Era na época em que introduzia nos seminários temas da filosofia analítica (no sentido anglo-saxónico); foi também a época em que introduzi o tema da acção.

■ *No debate desses anos, marcado pela famosa oposição entre* explicar — *que seria a tarefa das ciências da natureza* — e compreender — *que seria o facto das ciências da cultura e do espírito, que partido tomava?*

Não penso que exista entre a hermenêutica e a epistemologia uma diferença de duas metodologias, dois projectos de inteligibilidade; as duas perspectivas cruzam-se sem cessar, interferem constantemente e, em primeiro lugar, porque o termo "hermenêutica" subsume pelo menos três coisas: métodos precisos que comportam regras rigorosas — é o caso da filologia e da exegese dos grandes textos clássicos, como a jurisprudência; em seguida, uma reflexão sobre a própria natureza do compreender, as suas condições e o seu funcionamento; finalmente, um eixo mais ambicioso, uma espécie de "filosofia" que se apresenta como outra via da inteligibilidade, e que pretende compreender as condutas científicas melhor do que elas próprias conseguiriam, acantonando-as nos limites de uma espécie de "metodologismo". É um pouco a posição adoptada por Gadamer, em relação à qual me distanciei. Ora, a hermenêutica, mesmo no primeiro sentido evocado, o de exegese, constitui a meu ver *uma* epistemologia, onde a noção de "sentido" satura a inteligibilidade.

Além disso, quando a ciência se compreende, não através dos seus objectos, dos seus métodos e dos seus princípios, mas como uma prática teórica, ela obedece a uma intencionalidade própria, que não pode deixar de levantar a questão do seu sentido: a legitimidade de uma hermenêutica desse sentido encontra-se, pois, inteiramente fundada. Trata-se, na ocorrência, de uma hermenêutica da cientificidade como prática entre outras.

Eis o que me levou a rejeitar a oposição introduzida por Dilthey e desenvolvida por Rickert[5] entre "explicar" e "compreen-

---

[5] Heinrich Rickert (1863-1936), professor de filosofia em Heidelberg, onde sucedeu a Windelband; ele recusa à história a possibilidade de formular leis gerais; cf. *Kulturwissenschaft und Naturwissenschaft*, Tubinga, 1899.

der". Contra ela, reafirmo o cruzamento permanente dos métodos: a linguística e a economia política, sobretudo, misturam indissociavelmente modo explicativo e modo compreensivo; a econometria, por exemplo, obedece a um método explicativo. A natureza e o humano não constituem, portanto, dois domínios que seria necessário destinar um à ciência e o outro à hermenêutica.

A este respeito, devo muito a Jean Ladrière[6], que analisou notavelmente os diferentes modos da explicação. Ele distingue quatro: a explicação por subsunção — colocar um facto sob uma regra (exemplificação do princípio); a explicação por redução — explicar um fenómeno pelo nível subjacente: é em grande parte o que faz a biologia humana quando determina as condições necessárias para o aparecimento deste ou daquele órgão sem, no entanto, explicar a produção do fenómeno pelo seu alicerce; a explicação genética — determinado fenómeno procede de outro por uma série de transformações regradas; e, finalmente, a explicação por *optimum* — atingir um nível óptimo de funcionamento de subsistemas coordenados e convergentes.

■ *Que pensa então da célebre frase de Heidegger: "A ciência não pensa"?*

Se concebermos a ciência não como prática teórica, mas como uma operação intelectual assimilável a um cálculo, então podemos afirmar, como ele fez, que "a ciência não pensa". Mas é na condição de restringir o pensamento à capacidade de o ser no mundo que eu sou, enquanto ser de preocupação, se reapoderar de si mesmo, na sua autocompreensão; a ciência da natureza não é, com efeito, um pensamento deste tipo. Nunca poderá pensar o seu objecto no modo da preocupação humana, ou, para utilizar os meus próprios termos, no modo da acção. Na ordem das acções, é sempre possível encontrar um agente por trás dos sistemas objectivos, dos sistemas económicos, políticos etc., nos quais ele se investiu. O sujeito do pensamento pode sempre voltar atrás na

---

[6] De Jean Ladrière, ver nomeadamente: *Discours cientifique et parole de foi*, Le Cerf, 1970.

sua actividade sobre os produtos desta; na vertente da natureza, o conceito que estaria mais próximo do de acção seria o de produtividade, pela qual fenómenos, factos, são colocados sob princípios; e os procedimentos explicativos, sejam eles o causal, o genético, o estrutural ou a demanda do *optimum*, permitem dar conta da maneira como tais factos se situam sob tais princípios. A autoprodução da natureza, para retomar uma ideia já desenvolvida por Hegel, não pode ser pensada segundo o modelo do pensamento humano, ou seja segundo o modelo de uma auto-reflexão capaz de se retomar a si mesma a propósito do que ela produz.

Gosto verdadeiramente de manter a distinção entre pensar sob a categoria da acção, ou seja pensar o que fazem os homens, e pensar sob a categoria da produção, pensar a maneira como os factos são subsumidos sob princípios. É verdade que se poderia ser tentado a acreditar que tal subsunção depende essencialmente dos modelos que nós mesmos elaboramos, e que a modelização faz com que as produções da natureza se assemelhem a produtos do pensamento humano. Mas não é menos verdade que a representatividade do modelo em relação ao domínio que ele modeliza permanece um enigma. Essa representatividade é presumida, e não produzida, no sentido em que o é uma acção. É, pois, efectivamente impossível identificar produção da natureza e autocompreensão do agente na sua acção. Não se trata de regressar à distinção natureza/espírito: o próprio espírito, através de todas as suas passividades (o alicerce biológico da vida, todos os mecanismos do espírito que nos escapam, tais como a inventividade, a produção das ideias, etc.), conhece uma espécie de autoprodução comparável à da natureza, e igualmente enigmática. Também aqui só controlamos, por uma acção concertada, uma pequena porção da actividade do espírito.

Um vez bem distinguidas a inteligibilidade da natureza e a da acção, é possível questionar-se sobre o sentido do inteligível, cuja produção nos é enigmática. A partir do próprio seio dessa inteligibilidade, surge a questão do sentido do empreendimento científico que ingressa então no campo da acção — "fazer ciência". A acção assim definida está então à procura da sua autocompreensão. Mas também não se trata de reduzir assim sorrateiramente a especificidade da ciência, porque não se pode compreender o sentido da actividade que ela é sem a praticar; importa analisá-la em relação ao seu projecto — compreender a natureza, porquê? — pois é ao desenvolver o seu próprio projecto que a ciência descobre, pouco a pouco, alguns fragmentos da sua significação. A prática teórica é a prática de uma acção que se compreende a si mesma na procura de uma inteligibilidade: o saber da natureza como produção que não sei reduzir a uma acção é uma acção de um tipo muito particular, é a acção do querer-saber, a qual também não é absolutamente transparente a si própria. Mas o espírito não pode reapossar-se a si mesmo na totalidade, só se conhece justamente nas partições que são as diferentes acções que empreende. A ciência só pode pensar o seu próprio fim no decurso do desenvolvimento da inteligibilidade que produz; a finalidade é então imanente à sua própria operatividade.

Se se perguntar para que direcção se orienta finalmente este projecto, e o que é que o distingue dos outros projectos que comandam as nossas acções noutros domínios, eu evocaria a ideia de Jean Nabert, para quem permaneciam abertos diversos campos de intencionalidade profunda, colocados sob a ideia do justo, a ideia do verdadeiro e a ideia do belo, constituindo outros tantos focos de reflexão. A ciência inclui a ideia do justo, mais que não fosse na competição necessária das hipóteses concorrentes, em que cada uma é obrigada a escutar a argumentação diferente, a tê-la em conta no seio de uma discussão. E talvez a ciência obedeça também à ideia do belo, se pensarmos na surpresa, na admiração que ela confessa muitas vezes em face da beleza da natureza. Com efeito, a curiosidade não basta para dar conta da actividade científica, a qual não pode ser determinada por móbeis simplesmente psicológicos, tal como não pode ser comandada por esse outro móbil que seria a vontade de dominação.

■ *Como é que funcionava o seu seminário de fenomenologia?*

Foi nos Estados Unidos da América que aprendi a dirigir um seminário. Sempre o concebi como muito exigente a respeito dos participantes, que deviam contribuir activamente. Graças ao modelo americano, resisti sempre à tendência que têm os centros de investigação franceses de se tornarem máquinas de conferências. Tive, aliás, quase sempre, mesmo em França, estudantes americanos e foram eles que, muitas vezes, deram o tom. Tentava impor o que se pratica além-Atlântico: na primeira sessão, propunha a leitura de uma dezena de obras e de uma vintena de artigos, e precisava que me esforçaria por circular entre esses textos, que seriam como o campo de experiência comum dos instrutores e dos membros do seminário.

Esta prática do seminário faz com que, nos meus livros, tenha sempre tido em mira muito mais os meus estudantes do que um público exterior. Achava-me assim bastante escudado contra as críticas, salvo as de Lacan, que pusera em causa a minha honestidade intelectual. Todas as outras me pareciam perfeitamente normais; nunca me senti atingido pessoalmente por elas. No fundo, havia uma coisa que me preocupava verdadeiramente: a consistência do meu discurso; para mim tratava-se, antes de mais, de resolver as minhas próprias contradições, as tensões entre as influências diversas; o meu problema era sempre saber se construía falsas janelas, se o que fazia não passava de um compromisso, ou se era realmente a promoção de uma posição terceira, capaz de manter o rumo. As minhas inquietações eram essas. Nunca senti o que mais tarde li a meu respeito, que teria estado "num buraco" até um período recente, esquecido. Pelo contrário, tive sempre o sentimento de ter a audiência que merecia, nem mais nem menos; grandes satisfações de ensino e satisfações que eu diria conceptuais na relação comigo mesmo.

Foi assim que atravessei paisagens filosóficas extremamente variadas, desde o existencialismo dos anos cinquenta. Estive relativamente desatento ao que poderiam ser as expectativas de um público; por isso, a preocupação de fidelizar leitores nunca me aflorou, talvez erradamente.

Quando escrevo um livro sobre um assunto, não volto a falar nele, como se houvesse cumprido o meu dever e estivesse livre para continuar o meu caminho. Foi assim que abandonei o problema da psicanálise, mas também o da metáfora após *A Metáfora Viva*.

■ *Foi por isso que pudemos ter, por vezes, o sentimento de uma espécie de quebra no seu percurso, de um livro para o outro.*

No entanto, foi muitas vezes nos restos do tema precedente que vi a urgência de um outro tema. Eis a verdade da minha relação com a psicanálise, pois é verdadeiramente de *A Simbólica do Mal* que procede o *Ensaio sobre Freud*. Havendo adoptado uma linha que era, em traços largos, a da fenomenologia da religião, próximo de Eliade, tinha efectivamente a sensação de que, em Freud, Nietzsche e Marx, existia um pensamento adverso com o qual tinha de me explicar.

■ *É também a época em que atravessa a "paisagem" estruturalista, para retomar a sua expressão. O resultado dessa travessia foi justamente, em 1975,* A Metáfora Viva. *Era uma outra maneira de colocar à prova o método fenomenológico. Talvez se tenha acreditado que se tornara estruturalista!*

Fiz sempre uma grande diferença entre uma filosofia estruturalista e um estudo estrutural de textos determinados. Aprecio consideravelmente esta última abordagem, porque é uma maneira de fazer justiça ao texto e de o levar ao melhor das suas articulações internas, independentemente das intenções do autor e, portanto, da sua subjectividade. Este aspecto do estruturalismo não me era estranho, pois sempre professei, sob o título da autonomia semântica do texto, a ideia de que este escapa ao seu autor e significa por si mesmo. Ora, a autonomia semântica do texto abria-o a abordagens que apenas tomam em conta a sua objectividade, enquanto dito, escrito e, portanto, objectivado. Tomo, num sentido muito positivo, a objectivação como uma passagem obrigatória pela explicação, em vista de uma compreensão melhor, antes do regresso ao enunciador.

Distingo isto de uma filosofia estruturalista, que, da sua prática, extrai uma doutrina geral em que o sujeito é eliminado da sua posição de enunciador do discurso. Sou simultaneamente familiar da prática estrutural e estou numa relação conflituosa com o estruturalismo, que me parece atingir o seu nível mais elevado em Lévi-Strauss, aquele, na escola estruturalista, cuja obra mais respeito. Tínhamos tido, no círculo filosófico da *Esprit*, um confronto muito interessante, onde eu havia introduzido, para caracterizar a sua posição, a expressão de "transcendentalismo sem sujeito transcendental". Foi para mim um adversário do qual a minha própria defesa da filosofia do sujeito procurou tornar-se digna; eu via-o como o determinante da estiagem da discussão. A meu ver, ele encarna o modelo de uma obra conduzida sem a menor concessão.

■ *É preciso ainda dizer que a sua análise dos mitos, deliberadamente amputada da dimensão vertical da transcendência, não podia satisfazê-lo. Até onde acompanha Lévi-Strauss?*

Penso em particular no "final" de *L'Homme nu*([7]). Sinto a respeito desse texto uma espécie de admiração à distância, uma reverência como a um empreendimento verdadeiramente diferente, mas que conta. Há também muitas obras de outros autores que me são muito estranhas, mas que não contam para mim e das quais não falo.

Com Lévi-Strauss, tentei argumentar a partir da sua própria teoria, com base na distinção que ele faz entre "sociedade fria" e "sociedade quente". Ele definiu a primeira como uma sociedade sobre a qual a história não tem influência e cujos mitos e discursos se devem também olhar como objectos "frios", repousando num firmamento conceptual; mitos e discursos que não são ditos por ninguém, não são dirigidos a ninguém: *são*, numa espécie de estatuto de objectividade. Mas noutras sociedades, das quais não se ocupou — num primeiro grau o mundo grego, mas muito mais ainda o mundo semítico — a história é constitutiva, não só da compreensão de si, mas do próprio conteúdo das coisas ditas. O facto, por exemplo, de que uma grande parte das teologias do antigo Israel consistiu em integrar numa ordem escolhida certas narrativas e que, por isso, tal sociedade investiu narrativamente

---

([7]) Claude Lévi-Strauss, *Mythologiques, vol. 4: L'Homme nu*, Plon, Paris, 1971.

o seu sentido, implica que a história não seja aí somente qualquer coisa que tem uma influência externa sobre os discursos, mas que seja constitutiva. É não somente o seu objecto, mas o seu modo operatório.

■ *É verdade dos mitos gregos, dos mitos judeo-cristãos, mas também dos mitos índios que, em relação aos mitos ameríndios nos quais Lévi-Strauss sempre se acantonou, oferecem a diferença notável de se apresentarem a si mesmos como dotados de uma significação metafísica — se é que a palavra vem aqui a propósito.*

Creio que Lévi-Strauss escolheu o domínio de objectos que é afim à sua teoria; diria que há nele uma espécie de escolha mútua da doutrina e do campo. Que diria ele dos mitos a que acabou de fazer alusão? Talvez respondesse que o nosso interesse pela relação do existencial com o transcendente faz com que os valorizemos; se, porém, se abordarem com uma filosofia para a qual a constituição estrutural é a maneira privilegiada de significar, então é lícito restituir essas produções a um imaginário fonte de ilusões, à maneira de Espinosa.

Dominante na sua concepção é, sem dúvida, a ideia de uma homotetia entre todos os sistemas estruturais, tomando por analogia o cérebro com a sua estruturação neuronal; é como se existisse um homem neuronal que se repetisse num homem dos mitos. E seria ainda necessário suprimir a palavra "homem"...

■ *Outros, que não Lévi-Strauss, nos anos setenta, suprimiam-no efectivamente. Qual foi o seu sentimento ao anúncio, em Foucault, da morte do homem?*

A ideia de que o homem é uma invenção recente parecia-me muito simplesmente fabulosa. Penso, por exemplo, na "Ode ao Homem" na *Antígona* de Sófocles, onde podemos ler: "Existem muitas maravilhas [*pollá tá deiná*] neste mundo, mas nada é mais *deinón* do que o homem" (v. 332-337). Mais maravilhoso? Mais terrível? Mais formidável, no sentido próprio do termo? Como esquecer também a preocupação estóica, o domínio dos desejos e das paixões, aos quais precisamente Foucault regressa sob muitos aspectos nos seus últimos textos, que muito admiro, *L'usage des plaisirs* e *Le souci de soi*. Mas justamente, é quase uma filosofia diferente da que tinha desenvolvido em *As Palavras e as Coisas*. Eu era muito reservado a respeito desse livro. A ideia das *episteme* que se substituem umas às outras com transições aleatórias, não só me parecia ininteligível como, sobretudo, eu considerava que ela não se apoiava numa riqueza de conteúdo suficientemente grande para cada uma das *episteme*. Como se pode falar, no século XVII, da *episteme* da representação, sem ter em conta a matemática, o direito, já para não falar da teologia? Foucault parecia-me fazer sempre um levantamento demasiado limitado para ser probatório. Ter integrado na categoria das *correspondências* tudo o que precede o século XVII não me parecia fazer justiça à incrível variedade dos filósofos e dos pensamentos do Renascimento e do século XVI.

Em compensação, consagrei à *A Arqueologia do Saber* uma passagem inteira de *Tempo e Narrativa III* (1985), a propósito do conceito de "formação discursiva". Discuto de muito perto a sua ideia de que a continuidade da memória, e portanto a história do sujeito, é uma ilusão idealista. Era na época em que eu começava a descobrir o tema à volta do qual gira hoje o meu trabalho e que é para mim um enigma: a *Zusammenhang des Lebens*, ou "coerência da existência", que se situa abaixo da consciência e que, por isso, se subtrai à crítica segundo a qual seria uma pretensão idealista da parte do sujeito reivindicá-la por si mesma.

Foi na medida em que Foucault se afastou de si mesmo, com os seus dois últimos livros, que mais próximo dele me senti; mas sem ter tido a ocasião de lho dizer. Foi um encontro que não aconteceu. Decerto, ele não esperava nada, e eu andava por caminhos onde o encontrava pouco, a não ser por intersecções muito pontuais.

■ *Entre os teóricos do estruturalismo, também faz grande caso de Greimas.*

Com ele tive, num primeiro momento, relações de confrontação. Lembro-me do nosso primeiro encontro. Eu tentara explicar que o estruturalismo representava uma etapa no meu próprio discurso, a passagem pela objectividade do texto. Ele respondeu-me: "Em suma, você compreende-me. Mas, uma vez que me fala, faço a semiótica do que disse; portanto, compreendo-o!" Começámos assim. Pouco a pouco, ultrapassámos essas relações conflituosas, que foram seguidas por anos de profunda amizade, de respeito mútuo e até de afecto. Fiz longas análises do seu livro consagrado ao romance de Maupassant, *Deux Amis*; levei muito longe a minha defesa em favor de Greimas, fundada num real esforço de compreensão do seu próprio projecto.

Penso, aliás, que este exercício é exemplar da minha relação crítica com os estruturalistas. Tenho muito respeito pela sua argumentação, por isso o ponto de divergência é muito cuidadosamente delimitado e preparado por um esforço de compreensão muito grande. De maneira mais geral, falo apenas dos autores que posso acompanhar suficientemente longe para poder dizer que a separação com eles me é difícil, mas que me é também proveitosa, porque passei pela escola da sua adversidade. Daqueles com quem não tenho relação de conflitualidade produtiva não falo. O que explica muitos dos meus silêncios, que não são nem por ignorância, nem por desprezo, nem por hostilidade; devem-se apenas ao facto de eu não ter *encontrado* esses autores. Para retomar as categorias de Greimas, não estão nem na posição de adjuvantes nem na de oponentes; estão numa situação neutra; estão onde não passo.

■ *O senhor dá exemplos inesquecíveis dessa relação de conflitualidade produtiva nos três volumes de* Tempo e Narrativa, *com a sua discussão passo a passo de Santo Agostinho, Aristóteles, Husserl e Heidegger.*

Tive — não saberia dizer quando — uma espécie de lampejo, a saber, a intuição de uma relação de paralelismo invertido entre a teoria agostiniana do tempo e a noção de *muthos* em Aristóteles, na *Poética*. Foi essa espécie de súbita cumplicidade entre a *distentio animi* do livro XI das *Confissões* e o *muthos* aristotélico que foi, mais tarde, não só determinante mas seminal; a ideia, para parafrasear quem há pouco referíamos, de que o tempo é estruturado como uma narrativa. Tal foi a carta que joguei nesse livro: até onde podemos ir na pressuposição de que o tempo só se torna humano quando é narrado? De que a passagem pelo narrativo é a elevação do tempo do mundo ao tempo do homem?

▪ *Quando, mais tarde, observa o seu percurso desde* O Voluntário e o Involuntário *até* Si-Mesmo como um Outro, *com esses longos desvios pela teoria freudiana, pela linguística, pelo estruturalismo, etc., tem o sentimento de linhas quebradas ou antes de uma trajectória coerente?*

Situa-me assim no terreno das interpretações de si, e a minha não vale mais que a de um leitor.

▪ *Sem dúvida, mas também não menos. Qual é a interpretação do leitor de si mesmo que o senhor é?*

Não entro na alternativa contínuo/descontínuo. Creio, e é em todo o caso o que sobre mim posso contar, que cada livro é determinado por um problema fragmentário. Aliás, gosto muito da ideia de que a filosofia se dirige a determinados problemas, a embaraços de pensamento muito delimitados. Assim, a metáfora é, antes de mais, uma figura de estilo; a narrativa é, em primeiro lugar, um género literário. Os meus livros tiveram sempre um carácter limitado; nunca abordo questões maciças do tipo "O que é a filosofia?" Trato de problemas particulares: a questão da metáfora não é a da narrativa, embora observe que, de uma à outra, há a continuidade da inovação semântica.

É de outra maneira que vejo o laço entre os meus diferentes livros. Após ter terminado um trabalho, encontro-me confrontado com qualquer coisa que lhe escapa, que se exorbita dele, que se torna para mim obsidiante e constitui o próximo assunto a tratar. Não consigo dar conta desse laço subterrâneo. Porque é que a questão da narrativa se me impôs após a metáfora? Poderia decerto fazer um traço entre um e outro. Nos dois livros, aborda-se, como acabo de dizer, a inovação semântica, por outras palavras, a questão: como criamos sentido ao falar? Criamo-lo, agregando campos semânticos incongruentes — é a metáfora — ou construindo uma intriga — é a narrativa. Portanto, existe uma certa homogeneidade dos dois assuntos, sob o signo da inovação semântica. Mas até que ponto isso não é uma descoberta retrospectiva? Creio que quem escreve tem a experiência de um tema que, em primeiro lugar, gira nas margens da consciência e, depois, se vem instalar no centro e, finalmente, se torna obsidiante.

A última vez que tal me aconteceu, foi quando fui convidado a dar as *Gifford Lectures*, em 1986. Foi, portanto, pouco após a *Tempo e Narrativa*. A minha primeira reacção foi perguntar-me acerca do que iria falar. Pensei que, afinal, era necessário retomar de frente a questão do sujeito. Isso obrigou-me a esse percurso recapitulativo em que retomo sucessivamente o campo da linguagem e o da identidade narrativa, antes de chegar à ética e à ontologia.

O laço de um livro a outro nunca é sempre o mesmo. *Da Interpretação* saiu de certa maneira dos seus gonzos, pois devia ser uma réplica a *A Simbólica do Mal*, e veio a tornar-se um livro sobre Freud. *A Metáfora Viva* está, por fim, numa relação crítica com *A Simbólica do Mal* e Eliade, no sentido de que me interrogava a mim próprio se não haveria uma estrutura de linguagem que tenha sido melhor estudada, melhor conhecida que o símbolo, noção vaga abordada de todas as maneiras, desde o símbolo químico até ao símbolo da monarquia. Pelo contrário, graças a toda a tradição retórica, compreendemos melhor de que modo a metáfora opera. Perguntei-me então se não podia voltar a deitar numa espécie de receptáculo teórico toda a problemática difusa do símbolo, semantisando-a fortemente. De facto, é uma teoria semântica do símbolo que aí forneci. Pode, portanto, dizer-se que dei, com *A Metáfora Viva*, como que um passo atrás, pois voltei ao tema de *a Simbólica do Mal* após ter atravessado Freud, mas também após ter encontrado ferramentas linguísticas de que na altura não dispunha, e até desconhecia: a semântica proposicional, a pragmática da linguagem, a teoria da enunciação. Foi aqui que a minha passagem pelos Estados Unidos da América foi absolutamente decisiva, o encontro com Max Black, em particular, foi muito importante, uma vez que me permitiu conhecer as teorias da metáfora, que se baseavam não no desvio da denominação mas no desvio da predicação[8].

Perguntou-me, há pouco, se existe continuidade ou ruptura nos meus livros: eis um tipo de continuidade particular, que procede por repetição, com um passo atrás. O mesmo se passa com o narrativo, que eu havia encontrado muito antes de *Tempo e Narrativa*, no momento em que publiquei *História e Verdade* (1955), e até mesmo, porque os mitos são já narrativas, desde *A Simbólica do Mal*.

Assim, pode dizer-se que o tema do novo livro é excêntrico em relação ao precedente, mas com repetições de assuntos já encontrados, já aflorados, ou antecipados através dos assuntos precedentes. O que tinha sido um fragmento torna-se o envoltório novo, a totalidade.

Mas sou mais sensível ao facto de que cada livro tem um objecto limitado. É da reflexão sobre os seus limites que nasce a obsessão de outro assunto. Tal como o tema da memória me atormenta agora como aquilo que não foi tratado nem em *Tempo e Narrativa* nem em *Si-mesmo como um Outro*.

■ *Fez alusão, a propósito das teorias da metáfora, à inserção das filosofias anglo-saxónicas na sua. O seu ensino nos Estados Unidos da América abriu-lhe imensos domínios perfeitamente desconhecidos, na mesma época, da maioria dos universitários franceses.*

Poderia quase dizer que a universidade americana foi, em primeiro lugar, para mim, uma grande biblioteca e uma grande bibliografia! Uma bibliografia aberta tornada depois inelutável. Descobri autores, obras, doutrinas, de que até ignorava a existência. Basta percorrer a bibliografia das obras consultadas para

---

[8] De Max Black, ler-se-á mais particularmente: *Models and Metaphors*, Cornell University Press, Ithaca, 1962.

A Metáfora Viva e para *Tempo e Narrativa*. Isso permitiu-me equilibrar a minha formação germânica, sem de todo a apagar: permaneço também devedor a respeito de Kant, e diria de bom grado que, ao fim e ao cabo, nunca deixei de ser uma espécie de pós-kantiano, mais que não fosse através de Husserl e Nabert, e até um kantiano pós-hegeliano, como gosto de dizer.

■ *Evocou, mas somente de passagem, a composição de* Tempo e Narrativa. *Não podemos evidentemente entrar no pormenor desses três volumes, cuja leitura nada dispensaria. Pode, pelo menos, precisar a sua arquitectura geral.*

Gostaria de partir dos dois conceitos directores: os de "configuração" e os de "refiguração", que permitem apresentar melhor uma questão que havia tratado em *A Metáfora Viva*, sob o título de *"A referência metafórica"*, mas prematuramente. Nesta obra, confrontara-me com o problema posto pela capacidade, testemunhada pela linguagem, de reordenar uma experiência de leitor. No final do livro, tinha simplesmente postulado que, em virtude de a linguagem ser organizada de modo criativo pela metáfora, uma abertura se rasga na experiência, quer dizer, somos convidados a ler a nossa própria experiência segundo as novas modalidades da linguagem. Mas havia um elo que faltava neste último capítulo: o papel do leitor.

Parece-me que tal problema está melhor dominado em *Tempo e Narrativa*, uma vez que lhe consagro duas secções absolutamente distintas: uma dedicada à configuração, a saber, às operações narrativas em jogo no próprio interior da linguagem, sob a forma da colocação em intriga da acção e das personagens (são os dois primeiros volumes), outra à refiguração, a saber, a transformação da experiência viva sob o efeito da narrativa, e é o objecto do terceiro volume na sua totalidade. O problema da configuração é tratado em três práticas da linguagem: ao situar-me, em primeiro lugar, no campo da linguagem vulgar da conversação, abro uma grande discussão sobre o carácter mimético da linguagem e tento mostrar que a própria noção de *mimesis* funciona de maneira dialéctica, primeiro como imitação e, em seguida, como reconstrução e, por fim, como capacidade transformadora da experiência; a seguir, vem o segundo campo discursivo, o da história; e, por último, o terceiro campo discursivo, o da ficção. Mas quer seja na linguagem quotidiana, na história ou na ficção, persisto *no* meio da linguagem. É por isso que trato apenas da configuração, reservando inteiramente para o terceiro volume o problema ultra-sensível e ultracontroverso da saída da linguagem para fora de si mesma e da sua capacidade de reorientar, de reestruturar uma experiência, de produzir um modo novo de habitar o mundo.

No tocante à história, tenho de precisar que só me interessei, em *Tempo e Narrativa*, por um único problema: até que ponto a história é narrativa? É por isso que nas minhas investigações actuais sobre as relações entre memória e história — que evocarei mais tarde — procuro colmatar uma lacuna manifesta dessa abordagem, lacuna que era determinada pelo carácter selectivo e exclusivo da questão levantada. Esta tinha para mim, na altura, uma grande urgência, estávamos ainda na era marcada por Fernand Braudel e pela escola dos *Annales*, época essa que assistira ao recuo do acontecimento e do narrativo, da história política, da história diplomática, da história das batalhas, etc., em benefício de uma história que se poderia dizer mais estrutural, que dá conta das forças de evolução lenta e, por isso, da longa duração. Faço em *Tempo e Narrativa* as concessões que é necessário a essa disciplina para me assegurar efectivamente de que, se a história é narrativa, o é de maneira completamente diferente da linguagem vulgar, que se funda na fabulação directa, imediata, da palavra. Com a história, temos a ver com uma narrativa extremamente construída. Tomo como exemplo favorável à minha tese aquilo que parece, em primeiro lugar, um contra-exemplo: o grande livro de Braudel, *La Méditerranée et le monde méditerranéen à l'époque de Philippe II;* tento mostrar que, finalmente, se trata aqui de uma grande narrativa, cujo herói é o Mediterrâneo. Não é a morte de Filipe II que marca o seu fim, mas o desaparecimento do Mediterrâneo como herói histórico e o seu apagamento como centro do mundo.

Actualmente, é uma querela que me parece menos acalorada.

■ *Qual foi a reacção dos historiadores?*

Fui diversas vezes convidado por eles; tive com os historiadores boas relações, contrariamente ao que se passara com os psicanalistas. Com François Furet, que vira muito em Chicago, onde se tornou presidente do *Committee on Social Thought*; com Roger Chartier e, mais recentemente, com François Bédarida, a propósito dos problemas da história da actualidade. Em geral, os historiadores têm acolhido bem o meu trabalho, após uma primeira fase de desconfiança, que não era dirigida contra mim, mas contra a filosofia da história, sob o pretexto de que, se um filósofo se ocupa da história, é necessariamente para refazer o golpe de...

■ *Hegel?*

Não, pior! De Toynbee ou de Spengler. Mas em *Tempo e Narrativa I* só me interesso pela história dos historiadores, e evito inteiramente toda a problemática dita de filosofia da história, quer seja kantiana, hegeliana ou pós-hegeliana. Permaneço no campo dos historiadores.

Julguei compreender que os historiadores ficaram contentes por um filósofo abordar a história pelo lado da epistemologia, porque eles próprios fazem mais metodologia do que epistemologia. A questão da cientificidade da história não foi verdadeiramente discutida desde Raymond Aron, Henri Marrou e, mais recentemente, Paul Veyne, estando este último, aliás, mais próximo de Foucault do que de mim neste assunto.

O meu trabalho com os historiadores nunca foi conduzido sobre o estilo da confrontação, mas antes da investigação comum em torno de pontos críticos: o conceito de acontecimento, por exemplo, com Pierre Nora e Krzystof Pomian, que é o mais filósofo dos historiadores. Não conhecia na altura o seu livro sobre *L'Ordre du Temps*. É uma obra muito importante e não voltaria a escrever da mesma maneira *Tempo e Narrativa* depois de o ter lido.

Para me deter ainda um pouco no problema da epistemologia da história, queria dizer que publiquei, depois de *Tempo e Narrativa*, um estudo mais informado da discussão actual, no qual me afastei nitidamente do problema do narrativo(⁹). Dediquei-me a distinguir os níveis de cientificidade da história. Em primeiro lugar, a história documental, onde podemos responder com *verdadeiro* ou *falso* à apresentação dos factos; é o nível em que se regulam questões como: "Quantos prisioneiros havia na Bastilha em 14 de Julho de 1789?" A seguir, a história explicativa, que compreende uma discussão sobre o papel respectivo das forças sociais, das forças económicas, uma avaliação do lugar da política em relação a estas e o elemento narrativo ligado ao acontecimento. Finalmente, um último nível — com que ainda não havia deparado na época em que escrevia *Tempo e Narrativa* —, em que se forjam as grandes categorias como a de Renascimento, Revolução Francesa, que dependem mais da interpretação e da escrita, tomando neste caso a noção de historio*grafia*, de escrita da história, o seu sentido forte. Três níveis, portanto, desde a história documental, que depende dos critérios de verificação, a história explicativa, aberta à controvérsia, até à história que poderíamos dizer poética, pois é a das grandes efabulações da autocompreensão de uma nação através das suas narrativas fundadoras.

Retomo o fio de *Tempo e Narrativa*. No tomo II, confrontei-me com a questão da narrativa de ficção, indo de encontro ao problema da permanência das grandes estruturas narrativas. Uma vez mais, e de uma maneira que penso ser mais frutuosa, batalhei com o estruturalismo no terreno em que ele sempre funcionou melhor: o narrativo. As modalidades estruturalistas da teoria narrativa retiveram-me longamente e arrisquei-me, no final do livro, a três exercícios sobre três "romances do tempo". Um em inglês, *Mrs. Dalloway*, outro em alemão, *A Montanha Mágica;* o terceiro em francês, *O Tempo Reencontrado*. Tento pôr à prova desses exemplos a minha concepção da colocação em intriga simultânea da história narrada e da personagem.

O terceiro volume de *Tempo e Narrativa* é consagrado ao problema da refiguração. De que modo uma linguagem reestruturada pela colocação em intriga conduz a uma releitura da nossa

---

(⁹) "Philosophies critiques de l'histoire: recherche, explication, écriture", in P. Floistad (ed.), *Philosophical Problems Today*, Kluwer, 1994.

própria experiência, segundo as linhas de força do narrativo? Retomo aí, de uma maneira mais plausível e mais argumentada, uma tese já proposta, em *A Metáfora Viva*, como uma espécie de postulado a respeito da linguagem, a saber, que a relação entre a linguagem e a realidade, a experiência ou mundo, como se preferir, é uma relação dialéctica: porque o signo não é a coisa, está em retirada sobre ela, a linguagem constitui-se, de certo modo, marginalmente em relação à experiência e torna-se para si mesma um universo falado. Daí a legitimidade dos discursos dos linguistas que excluem do seu campo o extralinguístico, e se mantêm resolutamente no recinto da linguagem; a força da escola saussuriana é considerar que é de signo a signo, depois de livro a livro, numa grande relação de intertextualidade, que se institui o universo da linguagem. Isso é perfeitamente legítimo, a título de primeiro momento — momento de exílio — do funcionamento da linguagem, a qual, no limite, "se celebra a si mesma", para retomar uma expressão de Roland Barthes.

A contrapartida deste exílio é o momento em que, segundo uma notação de Benveniste, a linguagem está "virada para o universo". Tal momento podia ele formulá-lo como linguista na medida em que — ao contrário de Saussure, que construía toda a sua teoria sobre o signo e sobre as relações diferenciais de signo a signo — partia da frase, a que chamava "a instância do discurso". Só a frase — e não o signo lexical — tem não apenas um *significado* mas também um *intentado,* quer dizer, um desígnio da realidade. A tese que defendo é a de que o poder de refiguração da linguagem é proporcional ao seu poder de distanciação no momento da sua autoconstituição em universo do significante. Eis a tese geral, a frente na qual sempre me bati: a linguagem, segundo penso, quer dizer ao mundo a razão por que, de início, o deixou; procede assim a uma espécie de movimento de reconquista do real perdido pela conquista primeira da significância em si mesma e por si mesma.

Sobre o fundo desta tese geral, defendo uma segunda tese: se é assim que funciona de algum modo directamente a linguagem científica, em contrapartida, a linguagem literária e poética funciona de maneira mais subtil, mais indirecta, na medida em que o abismo entre a linguagem e a realidade foi cavado muito mais profundamente, e justamente em virtude da parte de *muthos* peculiar à linguagem. Não foi por acaso que Aristóteles escolheu o termo *muthos* para designar simultaneamente o facto de que se trata de uma fábula, mas também que essa narrativa é ordenada; é a ideia de uma fábula ordenada e ordenada enquanto fábula. Eis o momento da configuração, ou momento de exílio da linguagem. Quanto ao momento de regresso em direcção à realidade, é o da refiguração, que me parece ter tratado melhor, na medida em que situei o mediador entre estes dois momentos, o passador: por outras palavras, o leitor. Pois embora o leitor viva no mundo irreal da fábula, é ao mesmo tempo um ser de carne, que é mudado pelo acto de leitura. Como dizia Proust no final de *O Tempo Reencontrado,* graças ao livro que lhe serve de aparelho óptico, o leitor pode ler a sua própria vida([10]).

Devo o reconhecimento da função de passador, típica do leitor, a Hans-Robert Jauss([11]) e à chamada escola da "recepção", que é, aliás — diga-se de passagem —, um ramo derivado, mais ou menos herético, da hermenêutica de Dilthey e de Gadamer. Espanto-me depois por não ter estado mais cedo atento a este papel do leitor enquanto mediador entre a linguagem e o mundo, uma vez que toda a exegese bíblica, mas também toda a filologia clássica, assenta numa história das leituras, digamos dos "actos de leitura", para retomar o título do livro de Wolfgang Iser([12]).

([10]) Proust, *Le temps retrouvé*, La Pléiade, vol. III, p. 1033: "Mas para voltar a mim mesmo, pensava mais modestamente no meu livro, e seria mesmo inexacto dizer que estava a pensar naqueles que o leriam, nos meus leitores. Porque eles não seriam, segundo penso, meus leitores, mas os próprios leitores de si mesmos, não sendo o meu livro senão uma espécie dessas lentes de aumentar como aquelas que o óptico de Combray apresentava a um comprador; o meu livro, graças ao qual lhes forneceria o meio de lerem em si mesmos."

([11]) De Hans-Robert Jauss, podemos ler em francês: *Pour une esthétique de la réception,* prefácio de J. Starobinski, Gallimard, Paris, 1978; *Pour une herméneutique littéraire*, Gallimard, Paris, 1988. Ele consagrou uma obra a Proust sob o título: *Zeit und Erinnerung in Marcel Proust "À la recherche du temps perdu"*, Heidelberg, 1955.

([12]) Wolfgang Iser, *L'Acte de lecture. Théorie de l'effet esthétique*, trad. fr., Mardaga, Bruxelas, 1985.

Após ter instituído este operador, que garante a transição da configuração à refiguração, regresso ao que fora o meu problema inicial: o tempo. Em que é que o tempo, como estrutura fundamental da experiência humana, é refigurado graças à passagem pelo narrativo? É aí que instauro a grande confrontação final do livro entre o narrativo e o temporal, com base nas três grandes teorias do tempo: as de Santo Agostinho, de Husserl e de Heidegger. O argumento central é que cada uma sai reforçada através da sua passagem pela grelha do narrativo. Reforçada em que sentido? No sentido em que reler Agostinho, Husserl e Heidegger sob o ângulo da narração me pareceu ser, não uma recusa das suas filosofias mas um reforço das suas posições respectivas perante o tempo cósmico, que não é um tempo narrado. Ele é apenas, como dissera Aristóteles, um apêndice do movimento. Com efeito, se não há ninguém para contar a história do universo depois do *Big Bang*, se não existe uma narração dos grandes acontecimentos cosmológicos, não há tempo. Faço assim da narração o critério distintivo entre o tempo psíquico e o tempo cosmológico. É por aí que o tempo se subtrai à física.

■ *Os três volumes de* Tempo e Narrativa *formam um texto de quase mil páginas. Como se passou a redacção desse conjunto?*

Redigi o essencial num centro de investigação americano, o *National Humanity Center*, em Chapel Hill, na Carolina do Norte, onde passei um ano completo e mais outro longo semestre, tendo à minha disposição uma biblioteca imensa e a tranquilidade para escrever.

Só a conclusão foi escrita noutro lugar; tinha-me sido pedida pelo meu editor, François Wahl, a quem quero aqui prestar homenagem, porque foi sempre para mim um leitor muito exigente e ao qual muito devo. Esta conclusão é em parte autocrítica. Reli-me, levantando a questão: onde reside o limite do empreendimento? Em que é que o tempo, finalmente, se subtrai à narrativa? Eu partira de uma espécie de homologação mútua entre um tempo estruturado e uma narrativa temporal, era-me, pois, necessário fazer, no final, o balanço da razão por que o tempo regressa a si mesmo, escapa ao empreendimento da narrativa. Se, no meu discurso, tivesse conseguido manter o tempo cativo nas redes do narrativo, teria voltado a posições idealistas, contra as quais não deixei de lutar: a saber, que o sujeito dominaria o sentido, que ele manteria na narrativa todas as significações de que o tempo é susceptível. Ora, o tempo do mundo, o tempo cósmico, é estruturado segundo a própria produção do mundo, e não segundo a produção da narrativa. Fazer esta confissão era talvez uma espécie de homenagem final a Heidegger.

Continuo a pensar que existirão sempre duas leituras do tempo: uma leitura cosmológica e uma leitura psicológica, um tempo do mundo e um tempo da alma. E que o tempo escapa à pretensão da unificação. O que me conduz directamente ao tema kantiano da imperscrutabilidade do tempo: o tempo avança, corre, e até o facto de dele se falar só através de metáforas mostra que não temos domínio sobre ele, não apenas prático, evidentemente, ou instrumental, como também conceptual.

■ *O senhor diz: uma homenagem final a Heidegger. Mas tal poderia ser uma homenagem final a Bergson... Nunca fala dele. Como se deve interpretar esse silêncio?*

Toca aí no que constitui o meu grande remorso. Mas quando tento reparar esse silêncio na minha cabeça, em vez de o reparar nos meus escritos, penso que não teria podido fazer-lhe justiça como creio ter feito justiça, talvez a Heidegger, em todo o caso a Agostinho e a Husserl. Por duas razões, que me põem a seu respeito numa relação irremediavelmente crítica. Em primeiro lugar, por causa da ideia segundo a qual, se o tempo é estruturado, será em virtude da contaminação pelo espaço. Em seguida, se o tempo é fragmentado, será sob o efeito das necessidades da acção. Eu já fora afastado da concepção de uma corrente temporal indistinta, ao abrigo das estruturações, pelo livro de Bachelard sobre o instante[13]. Defende aí uma espécie de tempo musculado, com começos, rupturas e acabamentos; e defende a ideia de que, para

---

[13] Gaston Bachelard, *L'intuition de l'instant*, Stock, Paris, 1932.

o tempo, não é um defeito ser estruturado. Senti-me imediatamente muito afastado da problemática da duração. Mas resta-me, apesar de tudo, uma dúvida e um remorso, porque as minhas críticas só valem contra *Os Dados Imediatos da Consciência* e não contra *Matéria e Memória*, ao qual gostaria de voltar agora pelo problema da memória. *Matéria e Memória* é verdadeiramente o grande livro de Bergson; com este começo tão enigmático: "Vamos fingir por um instante que não conhecemos nada das teorias da matéria e das teorias do espírito, nada das discussões sobre a realidade ou a idealidade do mundo exterior. Eis-me, pois, na presença de imagens..." É como um mito inaugural. É em todo o caso o que há de mais berkeleyano em Bergson.

■ *De* Tempo e Narrativa *a* Si mesmo como um Outro *é, segundo diz, o tema da identidade narrativa que constitui o laço. Onde é que ele aparece?*

A noção só foi conceptualizada por mim aquando da minha releitura, quando escrevi para François Wahl a conclusão de *Tempo e Narrativa;* é nessa altura que aparece formalmente a expressão, como representando, a meu ver, a principal aquisição do trabalho. É absolutamente curioso que a fórmula só tenha aparecido numa espécie de reflexão sobre o trabalho feito quando, na realidade, já estava no centro do livro, com a noção de "colocação em intriga da personagem". Mas deixemos agora *Tempo e Narrativa*.

Permita-me tomar *Si mesmo como um Outro* um pouco mais longe, a partir da temática do "homem capaz", que actualmente muito prezo. Os seis capítulos do livro, antes da parte ética, respondem à questão do "eu posso": posso falar, posso agir, posso narrar-me, etc. Esta questão suscita uma série de figuras do *quem?* Pois a questão do homem capaz é sucessivamente a questão de saber *quem* pode falar, *quem* pode agir, *quem* pode narrar-se, *quem* pode imputar-se os seus próprios actos. A questão do narrativo encontra aqui o seu lugar, mas somente como terceira questão, suscitada pela relação ao tempo; tanto o do sujeito que fala como o do sujeito activo, mas cuja temporalidade é tematizada através da narrativa. É aí que tomo plena posse da noção de "identidade narrativa", que apenas fora esboçada na conclusão de *Tempo e Narrativa*. Aqui, mergulhei no coração do problema da identidade pessoal, num campo de investigação extremamente rico por parte da literatura anglo-saxónica. Arrisquei uma distinção, que não me parece ser simplesmente de linguagem mas de estruturação profunda, entre duas figuras da identidade: aquela a que chamo a identidade *idem,* a "mesmidade", ou *sameness,* e a identidade *ipse,* a "ipseidade", *selfhood.* Dou imediatamente um exemplo concreto: a mesmidade é a permanência das impressões digitais de um homem, ou da sua fórmula genética, o que se manifesta ao nível psicológico sob a forma do carácter: a palavra "carácter" é aliás interessante, é a que empregamos em tipografia para designar uma forma invariável. Ao passo que o paradigma da identidade *ipse* é para mim a promessa. Persistirei, apesar de ter mudado; é uma identidade determinada, mantida, que se promulga apesar da mudança. Neste sentido, a noção de identidade narrativa só é explicitada filosoficamente com a grelha desta distinção, da qual não tinha ideia na época em que a entrevi pela primeira vez.

Interessei-me muito por experiências-limites, a saber, aquelas em que a identidade *ipse* está, por assim dizer, embaraçada na sua própria forma interrogativa: *quem sou eu?*, sem a resposta que poderia fornecer-lhe a identidade como mesmidade. O modelo para mim é *O Homem sem Qualidades* de Musil, *ohne Eigenschaften*, o que seria melhor traduzir por *sem propriedades*. Quer dizer, sem mesmidade.

▪ *No plano da crítica, ou seja da filosofia, o senhor arraga-se à questão Quem sou eu?, contra todas as filosofias redutoras e objectivantes. Mas, no plano da convicção, ou da espiritualidade, não será necessário renunciar à identidade?*

Talvez exista, efectivamente, um nível de meditação onde é preciso renunciar à própria preocupação que se exprime na questão 'Quem sou eu'? Se permaneço na linha de uma filosofia reflexiva, a força dessa questão implica a força de resistir à objectivação, ao naturalismo. Devo, portanto, bater-me até ao fim em filosofia pela identidade, admitindo a possibilidade de a ela renunciar — no sentido próprio da palavra — noutro estádio; voltaremos a isso, quando falarmos da religião. Tal é provavelmente, aliás, o fundo das críticas que Derek Parfit([14]) faz à identidade quando diz: "*Identity is what doesn't matter*", "a identidade é o que não importa"; já quase não é um discurso de filosofia.

■ *Inicialmente, os três últimos capítulos de* Si-mesmo como um Outro, *consagrados à ética, não faziam parte do livro.*

O livro cresceu, com efeito, após as *Gifford Lectures*, onde era construído de maneira completamente diferente. O percurso que acabo de referir cobre os primeiros capítulos do livro, que terminava com uma discussão sobre aquilo a que chamava o "cogito exaltado", com Descartes, e o "cogito humilhado", com Hume e Nietzsche, e com um apêndice, imposto pelo fundador das *Gifford Lectures*, sob o título que era o seu, de "teologia natural". Para satisfazer o melhor possível, como todos os meus predecessores, esta regra do jogo — que se nos tornou muito estranha —, tinha escrito dois capítulos, um sobre as narrativas de vocação dos profetas, em que abordava os problemas da identidade na construção da identidade profética, e outro sobre a apropriação dos escritos bíblicos por um sujeito eclesial. Que é um sujeito que se situa na recepção do "Grande Código", para retomar a expressão de Northrop Frye([15])? Não retive esses dois estudos na versão francesa definitiva e publiquei-os noutro lugar([16]), para manter a promessa que fizera de não misturar o filosófico e o teológico. Além disso, libertei-me do peso da discussão que opunha o "cogito exaltado", segundo Descartes, e o "cogito humilhado", segundo Hume e Nietzsche, e que terminava na atestação

---

([14]) Derek Parfit, *Reasons and Persons*, Oxford University Press, 1986.

([15]) Northrop Frye, *Le grand code. La Bible et la littérature*, prefácio de T. Todorov, trad. fr., Le Seuil, Paris, 1984.

([16]) "Le sujet convoqué. À l'école des récits de vocation prophétique", *Révue de l'Institut Catholique de Paris*, 1988, n° 28. "Phénoménologie de la religion", *ibid.*, 1993, retomado em *Lecturas 3*, Le Seuil, Paris, 1994.

por si mesmo do "cogito ferido". Eu notava a tal propósito que com o *cogito* se passa o mesmo que com o pai: ora, há de mais ora não há suficiente. Não sabia, na altura, que esse juízo iria em breve recair sobre mim. Mas o que é certo é que transferi essa discussão para a introdução da obra, de maneira a deixar o campo livre para a investigação das figuras do homem capaz (*Quem* fala? *Quem,* etc.?), investigação essa que podia efectivamente pôr-se sob a égide do "cogito ferido".

Mas não posso deixar de dizer algo acerca das circunstâncias trágicas em que se fez o arranjo mais importante do texto original das *Gifford Lectures*, tal como foram pronunciadas em Fevereiro de 1986.

Algumas semanas após o nosso regresso de Edimburgo, o nosso segundo filho, Olivier, o filho do regresso do cativeiro, filho da paz, suicidava-se, no próprio dia em que eu estava em Praga junto dos nossos amigos do grupo Patochka. Esta catástrofe deixaria uma ferida aberta que o interminável trabalho de luto ainda não cicatrizou. Ainda agora, estou sujeito a duas censuras alternadas: uma por no momento oportuno não ter sabido dizer não a certas derivas, a outra por não ter discernido nem ouvido o apelo de socorro lançado do fundo da angústia. Juntava-me assim ao lote imenso de tantos pais e descobria a fraternidade silenciosa que nasce da igualdade no sofrimento. Poucas semanas após este desastre, acompanhava até ao limiar da morte em Chicago, onde me refugiara, o meu velho amigo Mircea Eliade, e encontrava-me oprimido, de certa maneira, pelo contraste — aparente mas insistente — entre dois destinos, dos quais apenas um terá deixado o vestígio de uma obra, e o outro, nada desta ordem, pelo menos a vistas humanas. O que direi talvez um pouco mais tarde, aqui, sobre a memória de Deus — confissão de fé comum ou mito pessoal — tem qualquer coisa a ver com este contraste demasiado humano, que se distingue da igualização misericordiosa pela morte e pelo sofrimento.

Foi no regresso dos meus cursos de Primavera, em Chicago, que me apliquei à tarefa de estender o campo coberto pelas *Gifford Lectures* e de esclarecer as implicações para a ética das minhas considerações sobre o homem capaz e sobre a identidade pessoal. Foi o objecto de um seminário dado em Roma no quadro da universidade *Sapienza,* devido à hospitalidade generosa do professor Franco Bianco.

Essa parte do que se tornou assim *Si-mesmo como um Outro,* e que chamo, com ironia e modéstia — dissimulada ou não, não sei —, a minha "pequena ética", está estruturada em três capítulos que se reduzem um pouco rapidamente a um debate entre uma ética teleológica, neo-aristotélica, em torno da ideia de vida boa, e uma abordagem deontológica, mais kantiana, centrada em torno do dever e da obrigação. Mas gosto quase mais do terceiro capítulo, consagrado à sabedoria prática, à criação de decisões novas em face de casos difíceis: os *hard cases* do direito, da medicina ou da vida quotidiana[17]. Gosto muito do avanço a partir de um primeiro nível, em que se responde à questão aristotélica — Que significa a procura da vida boa? — em direcção a um segundo nível, em que se responde à questão kantiana — Que é obedecer a um dever? — para chegar a um terceiro nível em que nos questionamos — Que é resolver um problema ético-prático inédito? — é o problema da sabedoria prática, que associo à hermenêutica da "aplicação", sob a égide da *phronesis* aristotélica.

Estes três capítulos têm uma estruturação dupla: vertical e horizontal. Acabo de falar da estruturação vertical, em três níveis. Mas cada um dos níveis é constituído por três termos: o mesmo, o outro portador de um rosto, e o outro, que é o terceiro, sujeito da justiça. O meu problema é transportar esta tríade de um nível para o outro. E, antes de mais, constituí-la no primeiro nível, dizendo que a vida ética é o desejo de uma realização pessoal com e para os outros, sob a virtude da amizade e, em relação com um terceiro, sob a virtude da justiça, o que me faz dizer que a justiça é já componente estruturante desde o nível mais baixo. Parece-me importante insistir nesta primeira característica do justo como uma figura do bom, é o bom com e para outro, para outro que não é portador de um rosto, mas que é o *socius* que encontro através das instituições, é o outro das instituições, e não

---

[17] Para uma discussão mais detalhada dos *hard cases,* ver o capítulo "Dever de memória, dever de justiça".

o outro das relações interpessoais. No segundo nível, prossigo o destino desta tríade, reformulada nos termos do respeito de si, do respeito do outro e de todas as formas regradas da justiça através das estruturas processuais. O terceiro nível nasce do encontro de situações trágicas, é aí que enfrento todas as perplexidades: o si sem o apoio de uma constituição de mesmidade, com a questão: "Como decifrar a própria vida nas situações de incerteza, de conflito, ou de risco?" A parte forte, a meu ver, é a que se liga àquilo em que se torna a justiça quando uma palavra de direito deve ser dita numa situação singular. Prossigo actualmente uma investigação sobre o justo e a justiça, que tem em conta a dupla quadriculagem da problemática do próprio, do próximo e do longínquo, quadriculagem horizontal e vertical.

■ *Evocou várias vezes a intenção de trabalhar agora sobre o problema da memória. Através de que desvio pensa abordá-lo?*

Através da relação entre memória e história. Este par parece-me escapar ao enquadramento, ao curto-circuito tempo/narrativa, que me levara a escamoteá-lo.

No tocante à história, só me tinha interessado pela questão de saber até que ponto a história explicativa é ainda narrativa; mas há muitos outros aspectos da problemática da história. Gostaria de me esquivar ao exclusivismo da questão do narrativo.

Quanto ao tempo, no final da minha conclusão, esboçava a ideia de que há outras maneiras de falar dele, além do narrativo, em particular o lírico. Creio, hoje, que a conflitualidade profunda do tempo do mundo e do tempo da alma só se diz poeticamente, tanto na poesia mais popular — em que se repete que a vida é breve e a morte certa — como na mais elaborada. Ou seja, de Baudelaire a Yves Bonnefoy. Ter apostado tudo só no narrativo prejudicava, finalmente, outras maneiras de falar do tempo, de cantá-lo, de deplorá-lo, de louvá-lo, como se vê pelo exemplo dos *Salmos* e do *Eclesiastes*.

Gostaria de retomar essas questões através da autoconstituição da memória nas sínteses passivas, à maneira de Husserl, e colocando as reflexões sob o signo do *Zusammenhang des*

Lebens, da coesão de uma vida. Como é que uma vida se segue a si própria? Insisto no facto de se tratar de uma vida, e não de uma consciência. Estou neste momento a reflectir sobre o tema da vida, a que sempre tinha fugido; na sequência do primeiro Husserl, desconfiava muito da *Lebensphilosophie*, da ideia de uma filosofia da vida.

■ *Abordou-a, mesmo assim, com* O Voluntário e o Involuntário.

Sim, mas a título do involuntário absoluto. Não quis nessa altura deixar-me esmagar pelo problema da morte; quis, sim, dar o seu direito ao tema do nascimento.

O nível da vida, como vida humana, é também o do desejo e, portanto, é o primeiro nível da ética. Em *Si-mesmo como um Outro*, defendo a ideia de que, antes da moral das normas, existe a ética do desejo de viver bem. Portanto, encontro a palavra *vida* no nível mais elementar da ética; ora, é também o nível em que a memória se constitui, sob os discursos, antes do estádio do predicativo. Com a narrativa, já entrámos no discurso do predicativo. Entre o tempo e a narrativa, faltava o entalhe principal que é a memória.

A memória interessa-me também enquanto *memória colectiva*, pelo desvio dos acontecimentos contemporâneos: as comemorações dos cinquentenários, que vivemos em 1994 e 1995, levam-nos ao tempo a que chamo o tempo de atrito da memória e da história; os últimos sobreviventes dessa época, dos quais faço parte, vão ceder o lugar só aos historiadores. Existe um momento em que a história cruza a memória: é o momento dos cinquentenários. Os cinquentenários são os lugares da última confrontação da memória dos sobreviventes e do trabalho dos historiadores.

Filosoficamente, o problema em que tropeço é o da memória colectiva; foi tratado por Halbwachs[18] por preterição ou por

---

[18] Maurice Halbwachs (1877-1945), eleito professor no Collège de France algumas semanas antes de ser deportado para Buchenwald, onde morreu. Para ele, a consciência social manifesta-se através de uma "memória colectiva", encarnada em vestígios materiais, ritos, tradições, etc. É nomeadamente autor de

evidência adquirida com demasiada facilidade. *Quem* se lembra, quando falamos de memória colectiva? É um abuso de linguagem ou uma metáfora? Ou antes, poderia recuperar — se filosoficamente a noção de memória colectiva, utilizando as categorias de Husserl na quinta das *Meditações Cartesianas*, a saber, a constituição daquilo a que ele chama as "personalidades de ordem superior([19])", como a nação, o Estado. Então, a memória colectiva seria nessas personalidades de ordem superior o que a memória individual é para as pessoas. Pois parece-me que a memória em sentido estrito, no sentido primeiro, é incomunicável. Como pode ela ser colectiva se é, em primeiro lugar, *minha*? "Minhidade" da memória, as *minhas* recordações não podem ser as *vossas* recordações, não existe transferência de uma memória para outra. Se segurarmos, de facto, estes dois fios, a saber, o carácter possessivo da memória e a contribuição da memória para a continuidade pessoal, então surge, em toda a força do seu enigma, a questão do *Zusammenhang* da memória colectiva. É nesse problema que hoje tropeço.

Cadres sociaux de la mémoire, Alcan, Paris, 1925, e *La mémoire collective*, PUF, Paris, 1968.
([19]) Husserl, *Meditações Cartesianas,* § 58.

POLÍTICA E TOTALITARISMO

■ *Evocou aqui, várias vezes, aquilo a que dá o nome de "o labirinto do político". De facto, antes de ter feito pessoalmente a experiência em Nanterre, escreveu um artigo fundador, intitulado "O paradoxo político". Depois, as coisas mudaram muito, mais que não fosse no plano da política, com a implosão do bloco comunista.*

Foi desse primeiro texto que, sem dúvida, procedeu a sequência das minhas reflexões de filosofia política. O seu contexto não é indiferente: escrevera-o logo após a invasão de Budapeste pelos soviéticos, e surgiu num número da *Esprit* que se intitulava *As Chamas de Budapeste*([1]). Na ocasião desse terrível acontecimento, perguntava-me como era possível que os comunistas — e havia muitos entre os nossos amigos, sobretudo nesse momento — sancionem tão facilmente a violência política.

De certa maneira, a interpretação que eu esboçava na altura era mais benevolente a respeito de Marx, pois consistia em dizer que não há pensamento do político como tal na obra escrita de Marx, que o político é nele uma página branca. No marxismo de Marx, apercebia-me da lacuna que me parecia responsável pelo desenvolvimento maquiavélico da política leninista e, em seguida, estalinista: o facto de não ter reconhecido como específica a dimensão política. Sublinhando até ao excesso o papel da dimensão económico-social, Marx fez como se houvesse apenas uma única fonte do mal: a opressão dos trabalhadores pelo capital, o dinheiro que teria sido coisificado pelo capitalismo e que teria,

---

([1]) "Le paradoxe politique", in *Esprit*, 1957, n.º 5.

assim, esquecido a sua própria filiação a partir do trabalho vivo. Nesta perspectiva, o único mal a erradicar era a exploração; e tornava-se relativamente indiferente saber com que instrumentos políticos convinha proceder. E não é por acaso que Lenine, em *Que fazer?* e em *O Estado e o Comunismo*, pratica em matéria de filosofia política uma espécie de sincretismo, combinando diversas doutrinas heterogéneas: o essencial não existe para ele; pode, por isso, beber igualmente tanto na tradição libertária dos comunistas do século XIX como na tradição democrática da Comuna ou *das* comunas — flamengas, hanseáticas, lombardas, etc. É notável, porém, que nunca fale da democracia britânica, apesar da sua muito antiga prática parlamentar, e se dela se lembra é quando se trata de alfinetar o exemplo de Manchester... Poderia sempre dizer-se que, se Marx tivesse desenvolvido toda a sua obra, teria tratado o político como as outras pretensas "superstruturas"; mas o simples facto de o situar entre as "superstruturas" só podia operar como um obturador a respeito de uma reflexão política autónoma.

O que me ocupava, portanto, sob o choque de Budapeste, era o problema da especificidade do político, em relação ao económico-social.

Hoje em dia, é mais o problema da sua relação com o jurídico e com o plano da moralidade.

Fui lançado nesta direcção da especificidade do político pelo interesse que tenho pela dimensão jurídica. E em particular por uma série de trabalhos a que já antes aludi: os de Michael Walzer, com a questão da pluralidade dos centros de direito, os de Thevenot-Boltanski com a questão da modalidade da justificação, e os de Jean-Marc Ferry, com a ideia das ordens do reconhecimento. Estes trabalhos impugnam de novo a unidade institucional do político que eles tornam difícil de situar na grande constelação das instituições. Será o político verdadeiramente uma das "esferas", para falar como Walzer, uma das "cidades", e até um dos "mundos", para falar como Thevenot-Boltanski, ou será antes um englobante irredutível, caracterizado por um rasgo que nenhuma das outras instituições possui, a saber, a soberania? Com o que ela comporta de exigências, mas também de dificuldades e de paradoxos. Foi justamente a questão do pluralismo jurídico que me remeteu para o problema do paradoxo político, que eu me propusera nos anos cinquenta.

Não que o pluralismo jurídico deixe o problema político no estado de lacuna; é mais de equivocidade que ele sofre em Walzer ou nos nossos compatriotas, pelo facto de se tratar a "cidade cívica" como uma das cidades, como um lugar de pertença entre outros. É verdade que, numa perspectiva que podemos chamar distribucionista, segundo a qual a sociedade é representada como uma grande operação de distribuição — distribuição de bens mercantis, mas também de bens não mercantis, como a segurança, a saúde, a educação —, o poder é uma das coisas que se pode distribuir; uma eleição é uma distribuição de poder. Mas o que se distribui neste último exemplo é heterogéneo em relação a todos os outros bens a distribuir: porque é, no fim de contas, a soberania, quer dizer, o que é supremo na ordem última da decisão.

■ *Porque é que diz que o elemento de autoridade é heterogéneo em relação aos outros bens distribuídos?*

Fui sempre muito impressionado — chamei a tal o paradoxo político — pelo carácter de dupla face do poder político.

Por um lado, a sua racionalidade. Eis a dimensão que Hegel magnificou, porque fez dela a figura do espírito que se pensa a si mesmo, o espírito *objectivo,* na medida em que ele representa mais do que os interesses em presença; Hegel lembra, em *Os Princípios da Filosofia do Direito,* que o político se insere na ordem económico-social (que hoje chamaríamos a "sociedade civil"), por ele designada com o nome de "Estado exterior". O político é assim de outro nível e de outra estrutura. É, entre outras razões, o que o faz dizer que não podemos extrair o político de um contrato, porque tal seria utilizar categorias da sociedade civil, na qual um contrato é uma relação de confronto e de negociação, ao passo que não negociamos a sua pertença ao político; pertencemos-lhe de um modo diferente do da escolha. Hegel dava ao político um carácter orgânico, apesar dos perigos inerentes ao organicismo; mas preferia esses perigos aos do individualismo da tradição contratualista.

A racionalidade do político exprime-se essencialmente pelo facto de um Estado ser regido por uma constituição. É impressionante a esse respeito verificar que o fracasso da Revolução Francesa foi nunca ter conseguido estabilizar a violência numa constituição; as numerosas constituições abortadas que produziu são também o cemitério do racional; e o terror tem algo a ver com isso. Semelhante racionalidade tem numerosas implicações. Em primeiro lugar, o facto de garantir uma unidade territorial, por outras palavras, a unidade geográfica de jurisdição do aparelho das leis. A seguir, assegurar uma duração mais vasta do que a existência efémera de um ser humano ou, como dizia Hannah Arendt, remeter para mais tarde a mortalidade; permitir, como mostrou admiravelmente Dilthey, a integração intergeracional, ou seja a integração de uma tradição recebida e de projecto que compromete o futuro da comunidade histórica considerada como um todo. A racionalidade do Estado deve-se a essa função de permutador entre heranças e projectos, projectos sempre ameaçados pela ausência de memória característica da racionalidade puramente instrumental; porque a técnica é privada de passado, apaga os seus vestígios à medida que avança e só tem em vista a ferramenta futura, mais apta que a precedente. O Estado é precisamente o que resiste ao empreendimento do tecnológico sem memória, compondo a herança das gerações com os projectos de modernidade moldados pelos mercados, portanto pela produção, pelo consumo e pelo lazer.

Mas o Estado tem outra face, a racionalidade tem um avesso: o resíduo de violência fundadora. Também ela se deve em parte a uma herança, mas a uma herança singular, cuja natureza é para mim cada vez mais enigmática. O político é quase sem origem: quero dizer que sempre houve político antes do político; antes de César existe um outro César; antes de Alexandre houve potentados... Como se, de certa maneira, fosse a tradição da autoridade, bem mais que a autoridade da tradição, que constituía o ponto cego da soberania. Não sabemos de onde ela vem. Hannah Arendt gostava de citar esta fórmula latina: *Potestas in populo, auctoritas in senatu*, "o poder vem do povo, a autoridade do Senado". E, no termo "Senado" não se deve incluir apenas os anciãos que se reúnem e que, apesar de anciãos, são ainda contemporâneos do resto do povo; é, se quisermos, a ancianidade dos anciãos. Aqui, segundo penso, existe qualquer coisa de outra natureza, que é o vestígio da violência dos fundadores; porque, no fundo, não existe provavelmente Estado que não tenha nascido de uma violência, quer se trate de uma conquista, de uma usurpação, de um casamento forçado ou de proezas guerreiras de qualquer grande acumulador de terras. Poderia pensar-se que se trata então de uma herança que vai ser progressivamente eliminada, reduzida ao *minimum* pela racionalidade constitucional, mas a própria constituição restitui esse irracional sob a forma da capacidade de decisão do príncipe. Em Hegel, poderíamos crer que tal elemento se deve ao facto de ele ter em vista uma monarquia; mas penso que fala para todos os regimes, incluindo os nossos. Existe, finalmente, alguém que decide no topo, quer se trate de uma ameaça de guerra, da réplica a uma situação extrema qualquer, ou muito simplesmente da imposição pela força de uma decisão de justiça. Encontramos aí a violência residual que Max Weber tinha em vista quando dizia que o Estado é o recurso à força legítima em última instância. É nisso ainda que vemos se existe ou não um Estado. Lembremo-nos de Kennedy no momento da crise dos foguetões; é preciso existir *alguém* que disponha absolutamente do código secreto para desencadear o poder nuclear. Existe nos Estados Unidos da América um poder de decisão, uma capacidade de querer, um arbitrário, que é de natureza diferente do querer viver em conjunto da sociedade civil. Foi em torno deste problema que muito girei, porque creio que não podemos esquivar-nos a ele, se queremos pensar filosoficamente o político, ou seja uma forma avançada da racionalidade, mas que comporta também uma força arcaica de irracionalidade. Não podemos deixar de contar com ela, e ela impõe ao cidadão um dever de vigilância, vigilância a respeito das irrupções de violência que permanecem inscritas na própria estrutura do político.

■ *Não está essa ideia do político presente em Hannah Arendt?*

É verdade que tentei também apresentar esse paradoxo a partir das análises de Hannah Arendt, para não girar sempre em torno das categorias racional/irracional, sensato/insensato. Fui muito impressionado por uma das suas ideias, que reformulo dizendo que o político se apresenta segundo uma estrutura ortogonal, com um plano horizontal e um plano vertical. Por um lado, o laço horizontal do querer viver em conjunto: é o que ela chama o *poder*, que só decorre enquanto as pessoas querem coexistir; esse querer viver em conjunto é silencioso, geralmente não notado, dissimulado; só nos apercebemos da sua existência quando se decompõe, ou quando está ameaçado: é a experiência da pátria em perigo, das grandes *des*-feitas, que são também períodos em que o laço político se *des*-faz. Além disso, o lado vertical, hierárquico, em que pensava Max Weber quando introduzia o político no social, no início de *Wirtschaft und Gesellschaft*([2]), pela diferenciação vertical dos governantes e dos governados; é a esta verticalidade que ele associava, evidentemente, a utilização legítima e última da violência.

Talvez o carácter enigmático do político derive dessa estrutura em desequilíbrio; temos, sem dúvida, o desejo de que todo o poder possa emanar do querer viver em conjunto, que a relação vertical seja inteiramente reabsorvida na relação horizontal — é de certa maneira o desejo de autogestão —, mas talvez isso fosse também o fim do político, incluindo o fim dos benefícios na ordem da reunião das gerações e da conciliação entre tradições e projectos. É possível, afinal de contas, que a função rectriz do político só se possa exercer quando se encontra e gere um compromisso entre a relação hierárquica e a relação consensual. Prosseguindo nesta linha, definiríamos então o projecto democrático como o conjunto das disposições que são tomadas para que o racional prevaleça sobre o irracional, mas simultaneamente para que o laço horizontal do querer viver em conjunto prevaleça de modo habitual sobre a relação irredutivelmente hierárquica de comando e de autoridade.

Regressei a este mesmo problema por outra via, no interior da reflexão moral, a partir da noção de "autoridade". A autoridade é uma coisa muito perturbadora, na medida em que faz refe-

---

([2]) Tradução francesa sob o título: *Économie et société*, Plon, Paris, 1971.

rência, por contraste, à autonomia. No fundo, o contratualismo político não será, no corpo político, uma transposição da autonomia do indivíduo em sentido moral? Como definir a autonomia? Dizendo que a liberdade é origem da sua própria lei e que a lei moral é aqui a da liberdade; em termos kantianos, temos aqui um "facto da razão", uma relação sintética *a priori*. Mas, mesmo com esta noção de autonomia, embatemos a partir do plano moral, aquém, portanto, do facto político, em algo que resiste à inteira reabsorção na definição de liberdade como dando a si a sua própria lei. Tal resistência manifesta-se, em primeiro lugar, na figura da exterioridade: é a dimensão que Levinas tão bem explorou, a exterioridade de outrem que me chama à minha responsabilidade, que me constitui sujeito responsável. A seguir, no facto da superioridade, que poderia ser ilustrada pela relação mestre/discípulo, quer se trate da tradição socrática quer da tradição judaica do mestre de justiça — as duas tradições parecem-me reunidas no admirável *De Magistro* de Santo Agostinho. Enfim, após a exterioridade e a superioridade, deparamos com o enigma da anterioridade: antes da lei moral existe sempre uma lei moral, como antes de César existe outro César; antes da lei moisaica existem leis mesopotâmicas e antes destas existem outras ainda, etc. Estamos em presença de uma espécie de sempre-já-lá, que faz com que a investigação de um começo datado fracasse perante a perspectiva da origem. É como se houvesse uma dialéctica da origem e do começo: o começo, gostaríamos de poder datá-lo numa cronologia, mas a origem foge sempre para trás, ao mesmo tempo que surgiu no presente sob o enigma do sempre-já-lá.

▎ *É uma dialéctica de que há, aliás, outros exemplos.*

Sim, encontramos uma curiosa manifestação sua no plano que se pode dizer, em sentido lato, "literário", sob a forma enigmática da incessante rescrita das leis e dos mitos. Tomemos o caso dos mitos de origem. Aqui também, antes de tal mito de origem, existe sempre outro. Antes do Dilúvio bíblico, antes de Noé, encontrará um dilúvio mesopotâmico. Tudo se passa como se a fuga para trás da origem engendrasse um processo interminável de rescrita. Na ordem dos mitos, como na ordem moral e política, encontramos essa espécie de deiscência entre o começo idealmente datado e a origem fugaz que tentamos agarrar através do processo da rescrita.

Mas verifica-se o mesmo fenómeno na ordem do que poderíamos chamar as rescritas institucionais: todos os que pensaram começar do zero foram obrigados a conceber um paradigma anterior e a autorizar-se por ele. O exemplo mais impressionante é o da Revolução Francesa: os revolucionários fabricam um novo calendário, com um ano zero, um dia zero; mas tudo isso se faz em referência ao modelo romano que, por seu turno, se autorizava com um modelo anterior para a fundação de Roma; recorde-se de Tito Lívio.

É verdadeiramente perturbador, creio eu, que o político repita ao seu nível o enigma do cósmico e do ético. Um pode, aliás, servir perfeitamente de modelo para o outro; e admito, de facto, que alguém diga: porque existe, antes de mais, o enigma do político é que a origem é também um começo, e tal começo reveste a figura do mandamento: e, aliás, o começo-tipo não será o mandamento do rei ou do mestre? Era este, no fundo, o raciocínio da escola de exegese bíblica escandinava, dita da "ideologia real", para quem todas as grandezas ética, política, cósmica, do antigo Israel eram reconstruídas em torno da figura do rei. Mas considero que tal é apenas uma das entradas possíveis, porque, inversamente, podemos dizer que a figura do criador e a do mestre de justiça surgem imediatamente fora da esfera do poder político. Creio, portanto, que é necessário admitir a heterogeneidade das problemáticas cósmica, moral e política, e a sua contaminação mútua.

■ *Mas, finalmente, se o político encontra sempre algo que ele pressupõe, não quererá isso dizer que a questão não é inteiramente da competência do filósofo?*

O serviço do filósofo, nesta questão, é mostrar, por um lado, que *a* política, como intriga do poder, não esgota *o* político como estrutura da realidade humana, e, por outro, que o político não esgota todo o campo antropológico, já que encontramos noutros registos — moral e religioso — a problemática da interioridade, da superioridade e da exterioridade, que podíamos ter considerado específica do político. Problemática pela qual não devemos, aliás, deixar-nos fascinar. Lembremo-nos do que dizia Gadamer: só existe superioridade *reconhecida*. O interesse do tema do reconhecimento é que ele reintroduz reciprocidade numa relação essencialmente dissimétrica. Mas é preciso acrescentar também, neste caso, que o reconhecimento permanece um reconhecimento de superioridade, reconhecer a superioridade, é o acto de um discípulo que aceita ser ensinado por um mestre. E penso que a relação de mestria é muito interessante, na medida em que não se trata da relação senhor/escravo, mas de outra coisa absolutamente específica.

■ *Ainda que, no reconhecimento de tipo político, entre o cidadão e o poder, seja preciso também que a crítica permaneça possível.*

No reconhecimento, incluo absolutamente essa dimensão. Pois ele nunca é algo de extorquido, nem sequer de concedido pelo medo, pela intimidação ou pela sedução, ou seja por meio da sofística. Quando é criticamente admitido é que é plenamente reconhecimento.

Talvez resida aí o problema da democracia: como educar, para a adesão crítica, cidadãos que nunca estão na situação de poderem engendrar a partir de si mesmos o político? Neste ponto de doutrina, separo-me de Claude Lefort, que, perante o enigma da origem do poder, insiste na ausência de fundamento peculiar à democracia. Para ele, a democracia é o primeiro regime que não se fundou sobre coisa alguma, mas sobre si mesmo, ou seja sobre o vazio[3]. Daí a sua extrema fragilidade. Tento dizer, pela minha

---

[3] Claude Lefort, nascido em 1924, escreveu nomeadamente *L'invention démocratique*, Fayard, Paris, 1981, e *À l'épreuve du politique*, Calmann-Lévy, Paris, 1991. Aluno de Merleau-Ponty, co-fundador com Cornelius Castoriadis da revista *Socialisme ou Barbarie* e, com Pierre Clastres, da revista *Libre*, é um dos primeiros em França a ter feito, à esquerda, a crítica da burocracia e do totalitarismo soviéticos.

parte, que ele assenta sempre na anterioridade de si mesmo em relação a si mesmo. Podemos chamar a tal uma fundação? Se sim, seria no sentido em que falamos de acontecimentos fundadores. Mas os acontecimentos fundadores presumidos não escapam ao enigma da origem fugaz ou, para dizer melhor, à dialéctica da origem imemorial e do começo datado.

Mas é verdade que com a palavra "democracia" se fica embaraçado pelo vocabulário; lembro-me muito bem do que dizia Aron, isso irritava-nos, mas ele tinha mil vezes razão: "Democracia = definição do bom governo. O adjectivo que se põe a seguir é que conta. Democracia popular, democracia liberal..."

■ *No mal-estar actual das democracias, a que fez alusão, o facto de os cidadãos se encontrarem na situação de nunca poderem engendrar a partir de si mesmos o político desempenhará um grande papel?*

Creio que é um dos aspectos. Este mal-estar, na fase presente, está muito menos ligado à violência residual da relação vertical, violência contra a qual o cidadão teria de se acautelar, do que a uma certa dificuldade do político em encontrar as suas balizas, ou, se preferir, do Estado contemporâneo em se situar relativamente à sociedade civil.

Em primeiro lugar, porque o Estado-nação se encontra ensanduichado no plano da soberania entre soberanias superiores — a Europa, os pactos internacionais, as Nações Unidas — e soberanias inferiores — os poderes regionais, os poderes municipais, etc. Por cima e por baixo, a soberania do Estado está cercada. É verdade que estados federais como os Estados Unidos da América ou a Alemanha têm a este respeito uma hierarquia melhor codificada do que a nossa.

Mas o mal-estar existe também entre eles, e deve-se essencialmente ao facto de que a soberania do Estado se tornou, no seu próprio seio, indecifrável em virtude da complexificação das esferas de pertença que governam a sociedade civil. Reencontramos aqui os autores que eu citava para começar, os que minoram a dimensão política, reduzindo-a a uma das esferas de pertença dos cidadãos. Semelhante leitura depende, claro está, de uma fenomenologia do laço social e das relações de interacção, e tal fenomenologia, enquanto descrição das aparências, é decerto aceitável; efectivamente, não funcionamos a todo o momento como cidadãos, comportamo-nos apenas de tempos em tempos como cidadãos — por exemplo, quando vamos votar —, mas muito mais frequentemente como produtores ou consumidores. Eis o que explica que possamos ter a impressão de que o político é apenas uma das nossas actividades entre outras. Mas isso é perder de vista, segundo penso, que, mesmo quando não nos ocupemos de política, o Estado permanece o englobante de todas as esferas de pertença às quais somos fiéis. Não temos perante o Estado uma fidelidade *como* a que temos a respeito da universidade ou de um clube de futebol; o laço de cidadania é sempre pressuposto por todos os outros. É simultaneamente o englobante e o englobado, e penso que reside aí a forma nova, mais sorrateira, menos violenta que nos anos cinquenta ou sessenta, que tomou o paradoxo político: no momento do estalinismo — para abreviar —, ele aparecia nitidamente sob a forma dramática de uma cisão entre o racional e o irracional do exercício arbitrário do poder; hoje, o risco está mais no desaparecimento, ou no carácter indecifrável, da pertença política. Se o Estado se perde...

■ *Poderia voltar a esse englobado/englobante do laço de cidadania?*

Quero dizer que a pertença ao corpo político não é da mesma natureza que a pertença a uma ou outra das esferas que definem os nossos papéis, os nossos direitos, as nossas obrigações, as nossas vantagens e as nossas obrigações. A "cidade" em sentido político não é redutível à soma das "cidades" a que pertencemos, à soma das "esferas" de fidelidade constitutivas da sociedade civil.

■ *Mas porque é que diz* englobado?

Porque a procura ou o exercício do poder é uma actividade competitiva que nos ocupa somente entre outras. Se vamos a uma reunião política, vamos a um lugar que difere daquele em que, por exemplo, fazemos as nossas compras. Eis porque se pode ter a impressão de que só funcionamos episodicamente como ser político, no mesmo sentido em que funcionamos esporadicamente como consumidores ou como produtores, ou como profissionais portadores de uma competência.

As regras pelas quais pertencemos ao corpo político são de uma natureza inteiramente diferente e estão diferentemente codificadas consoante os países. Por exemplo, a relação entre nacionalidade e cidadania pode ser função da lei do sangue ou da lei do solo. Na Alemanha, mesmo se você for residente de longa duração, nunca se tornará alemão; em compensação, pode votar em algumas eleições. Em França, um estrangeiro nunca pode votar. Portanto, a regra de pertença ao corpo político é absolutamente específica, mesmo em relação a decisões políticas secundárias. O direito de asilo, o direito das minorias, a privação ou a aquisição da naturalidade, a maneira como se é considerado membro de determinado corpo político, tudo isso obedece a regras que são as da cidade como englobante e não como uma das cidades, situada numa topografia das esferas de pertença.

Outro exemplo é fornecido pelos limites de jurisdição de um Estado, porque o território não constitui somente uma geografia, mas também um espaço de validade das leis, para lá do qual outras leis são válidas. O espaço de jurisdição de um Estado é aquilo que mostra que a pertença ao corpo político é verdadeiramente primeira.

Existe, portanto, uma relativa indeterminação naquilo que é da ordem do político e naquilo que não o é; temos dificuldade em situar o Estado que é, ao mesmo tempo, a instituição englobante e uma das instituições que funcionam de maneira intermitente, através de operações descontínuas como uma eleição, uma manifestação, etc. Penso que este é um aspecto novo, e talvez o aspecto actual mais marcante do que outrora chamei o paradoxo político.

■ *Não virá a dificuldade do facto de que, se nem tudo é político, tudo é susceptível de tal se tornar? Fumar pertencia, até há pouco, à esfera privada; mas é actualmente objecto de uma regulamentação com que o Estado se preocupa.*

Mas que sinal indica que é político? O facto de a proibição de fumar em certos lugares ser sancionada. Você pode ser punido, se fumar onde é proibido. É a única marca do seu carácter político, a par, além disso, do facto de semelhante medida ter saído do Estado enquanto legislador.

■ *É por isso que se requer um parlamento, para a regra não se poder fixar arbitrariamente.*

É um aspecto do político de que ainda não falámos, a divisão dos poderes, a relação entre os poderes e o poder. É, evidentemente, uma coisa considerável; em França, temos seguido uma orientação diferente da de Montesquieu, que foi adoptada pelos Estados Unidos da América; optámos por outra divisão, entre o executivo, o legislativo e o judicial, o qual não é, aliás, inteiramente um poder, mas uma esfera de competência, uma autoridade.

Retomando o esquema inicial, poderia dizer-se que o legislativo é o lugar da racionalidade, em via permanente de constituição e de revisão, ao passo que o executivo é o lugar da utilização última da força. Gosto muito da definição de Estado de Éric Weil: é a organização, dizia ele, de uma comunidade histórica que lhe permite tomar decisões[4]. Em primeiro lugar, há nesta definição a ideia de comunidade histórica: não é o Estado que a cria, mas enquadra-a. Em seguida, a de uma organização dos poderes que tem em vista a tomada de decisões: é a dimensão voluntária do Estado, com o extremo do que eu chamava "violência residual".

Aliás, residual mais do que constitutiva; porque a violência não é o todo do político, mas a sua parte de sombra. Implica uma ameaça permanente de ressurgência, mas não é, segundo penso, constituinte do Estado.

---

[4] Éric Weil (1904-1977), autor nomeadamente de *Hegel et l'État*, Vrin, Paris, 1950, e de *Philosophie politique*, Vrin, Paris, 1956. O problema da violência está no centro da sua reflexão.

■ *Não diria, então, que a novidade da democracia reside aí, nas medidas que toma contra a violência residual do poder?*

É assim que vejo, efectivamente, a especificidade dos regimes democráticos, mais do que à maneira de Claude Lefort, para quem ela consiste na sua capacidade de autofundação ou de fundação sobre o vazio. Para ele, é uma maneira de valorizar a originalidade e a novidade da democracia. Mas, pela minha parte, penso que, no tocante à sua fundação, as democracias são herdeiras. Herdeiras justamente dos regimes de estrutura hierárquica, por outras palavras, de um teológico-político. Continua a ser verdade que o teológico-político clássico é algo de passado; a pretensão de fundar o político numa teologia ou, para retomar o nosso esquema, apenas no eixo vertical da autoridade, dependente também ela de uma autoridade divina — tal pretensão terminou e sofro-lhe o luto. Mas daí não se segue que todo o teológico-político tenha perdido o seu sentido: se dele algo permanece é no lado do querer viver em conjunto que importa procurá-lo, e já não no lado da estrutura vertical. Quero simplesmente dizer no lado do querer viver em conjunto como prática da fraternidade. Estou persuadido de que existem a este respeito, na noção de "povo de Deus" e na sua componente de perfeita reciprocidade eclesial, verdadeiros recursos para pensar um modelo político.

Seria preciso para tal observar a história do Israel bíblico, que é absolutamente singular. Releia o segundo Isaías[5]: "Consolai, consolai o meu povo, diz o vosso Deus. Animai Jerusalém e gritai-lhe que a sua servidão terminou..." Em que poder se apoiam estas esperanças? Em Ciro! Ciro é referido duas vezes no segundo Isaías[6]: "Digo a Ciro: 'És o meu pastor, cumprirás em tudo a minha vontade'. Digo a Jerusalém: 'Serás reedificada!' E ao templo: 'Serás reconstruído!'" E também: "Eis o que diz Javé a Ciro, seu ungido..." Lidamos aqui com um teológico-político *externo*. Ciro conduziu uma política que poderíamos chamar multicultural e, por isso, autorizou os exilados, as gentes da *gola*, a reen-

---

[5] Isaías, 40 e 55.
[6] Em 44, 28 e 45, 1.

trar em Jerusalém; agiu em benefício de um político que não é o seu, e foi assim que os hebreus se puderam dedicar à reconstituição do templo. Houve, sem dúvida, na história de Israel, momentos de autonomia, sobretudo com Esdras e Neemias, e a elaboração de uma espécie de teocracia, mas sem poder político. O poder político eram os persas, depois os impérios helenísticos, e finalmente os romanos que o detinham. Tendes, portanto, aqui o exemplo singular de um religioso que não produziu teológico--político de tipo autoritário. Toda a história da morte e da ressurreição de um povo através da experiência do exílio, a problemática da fundação das tradições patriarcais, por outras palavras, o grande trabalho do que se chama hoje a escola do segundo Isaías, consistiu em repensar e em reconciliar duas tradições absolutamente diferentes: a de Abraão e a de Jacob — a tradição dos pais —, e a de Moisés, ou seja do primeiro exílio fora do Egipto. Fundir de certa maneira Abraão e Moisés. Esta reconciliação das tradições diferentes só foi possível porque constituía ao mesmo tempo uma reconciliação com o passado, através da rememoração da destruição. Parece-me possível revisitar actualmente, após a morte do teológico-político de tendência teocrática, o esquema bíblico — e é, aliás, provavelmente o esquema crístico fundamental, o da morte e da ressurreição. Deparamos aqui com a possibilidade de um teológico-político absolutamente original, capaz de subsistir após o desaparecimento do teológico-político autoritário, ou seja daquele em que o eclesial dava ao político a sua unção, ao passo que o político proporcionava ao eclesial a força do seu braço secular; a permuta do braço secular e do santo crisma, eis *o nosso* teológico-político, e é esse que está morto.

Historicamente, foi a este tipo de fundação teológica que a nossa democracia sucedeu. Neste sentido, não podemos dizer, como Claude Lefort, que ela é doravante sem fundamento, a não ser que o teológico de tipo autoritário seja o único possível. Penso que ele consistia de facto numa forma ideologizada, e que só esta ideologia teológica é que morreu. Mas a democracia, na medida em que permanece sob o signo do paradoxo, continua a beneficiar da realidade da transmissão do poder e da tradição da autoridade. A originalidade democrática situar-se-ia então nas medidas tomadas para gerar o político de um modo diferente da referência da autoridade a uma unção religiosa.

Não devemos encerrar-nos demasiado estreitamente no que foi o esquema *romano* do teológico-político, romano no duplo sentido da Roma imperial e da Roma do Vaticano. Falei da história de Israel. Mas podemos também pensar no exemplo do puritanismo do século XVII, onde encontramos uma maneira de reunir o religioso e o político que é de uma natureza inteiramente diferente da que aqui conhecemos, pela justificação divina da autoridade política. É uma coisa que Tocqueville tinha perfeitamente reconhecido e que constitui, segundo ele, a especificidade do caso americano.

■ *O senhor diz que a democracia sucedeu à forma autoritária do teológico-político, em relação ao qual ela constitui uma ruptura. Mas, actualmente, estamos habituados a pensá-la em relação com o totalitário.*

É preciso conservar esta dupla referência, pois é verdade que a ruptura democrática se fez numa dupla linha. Por um lado, tem razão, em relação ao totalitarismo, que é sob muitos aspectos sem precedente e, por outro, em relação à tradição autoritária, que importa não confundir com o totalitarismo, já que ela teve as suas cartas de nobreza: a tentativa de fundar a autoridade política na autoridade divina, na autoridade presumida de um legislador supremo, senhor do cosmos, é algo que é preciso considerar na sua verdadeira grandeza. A democracia constituiu-se, em primeiro lugar, em ruptura com esta tradição autoritária, e afirmou-se, em seguida, em oposição ao totalitarismo, oposição essa que obrigou a uma redefinição da própria democracia.

■ *Como interpreta o advento do totalitarismo no século XX, se é verdade, como acaba de dizer, que ele não tem precedente?*

Existe no totalitarismo algo que constitui, pelo menos em larga medida, uma grande inovação: o projecto de produzir um homem novo, a pretensão de partir do zero. A este respeito, sou habitado pela mesma perturbação que Hannah Arendt conheceu toda a sua vida: como é que tal foi possível?

Seria necessário conseguir pensar conjuntamente e coordenar duas abordagens opostas, que são um pouco como as duas extremidades de uma mesma cadeia: por um lado, o que eu chamaria de boa vontade uma entrada pelo mal absoluto e, por outro, uma entrada pela explicação histórica. Não sei se alguém alguma vez tentou combinar as duas abordagens.

Lembre-se da frase de Malraux, colocada por Jorge Semprun em epígrafe do seu admirável livro, *L'écriture ou la vie*: "Busco a região crucial da alma onde o mal absoluto se opõe à fraternidade." Mesmo se não queremos caminhar demasiado depressa para uma teologia às avessas, falando imediatamente do mal absoluto, como evitar de todo imputar-lhe o princípio do totalitarismo? Em que é que o reconhecemos? Qual a sua tendência natural? É, antes de mais, a de totalizar as relações humanas, dissolvendo todos os outros laços sociais; é produzir uma humanidade-massa tal que já não obedeça a nenhum outro princípio organizador a não ser o Estado, encarnado na pessoa do chefe. Não foi, portanto, por acaso que o totalitarismo produziu a exterminação, ou seja a morte infligida em massa: pela destruição dos laços inter-humanos, a humanidade torna-se uma *massa perdida*, onde os moribundos e os mortos são quase indiscerníveis. É o caso dos judeus, em primeiro lugar, mas também é preciso pensar nos outros exterminados, em todos os outros; não esqueça que Buchenwald foi, primeiro, aberto para internar os comunistas alemães e todos os que eram considerados como desviantes em relação às normas do Estado nazi; e alguns, como Margarete Buber-Neumann, fizeram mesmo a experiência de duas deportações: a soviética e a nazi[7]. Esses foram como que duas vezes exterminados.

---

[7] Margarete Buber-Neumann foi em primeiro lugar deportada para a Sibéria, a seguir foi entregue à Gestapo e deportada para Ravensbrück. Contou a sua vida em dois livros: *Déportée en Sibérie*, Le Seuil, Paris, 1986; *Déportée à Ravensbrück*, Le Seuil, Paris, 1988. É neste último campo que conheceu Milena Jesenska, a "noiva" de Kafka: cf. Margarete Buber-Neumann, *Milena*, Le Seuil, Paris, 1990.

Não será aí que importa ver a essência do totalitarismo, na exterminação *institucional* tornada possível pela eliminação de tudo o que fazia organicamente o tecido social? Os *mortos em massa* são o sinal ou o indício do carácter exterminador próprio do regime totalitário; atestam o facto de que a morte não é aí um acidente, mas contaminação, gradualmente, dos que já estão mortos em direcção aos moribundos; existe, no princípio do totalitarismo, uma experiência proliferante da morte. Se não se chegar à ideia de uma *massa perdida*, a diferença real entre regime autoritário e regime totalitário não aparece. Nem nas cruzadas, por exemplo, nem sequer na Inquisição, se depara com a ideia de morte institucional; observamos aí, decerto, actos de exterminação, mas não a morte em massa. É ela que é reveladora do totalitarismo e que assinala o seu advento.

■ *No oposto desta entrada pelo mal absoluto, existe, como dizia, a explicação histórica.*

A análise histórica procede passo a passo; procura colmatar todos os intervalos, e os intervalos entre os intervalos, explicando gradualmente a entrada no totalitarismo. Saül Friedländer mostrou-o bem no caso da Alemanha de Hitler([8]). A história do nazismo é a história de um regime autoritário que se faz aceitar como tal pelos alemães, mascarando durante o máximo tempo possível a sua natureza totalitária. Ao votarem maciçamente no Partido Nacional-Socialista nas eleições de 1932, os alemães manifestavam a sua adesão a um regime somente autoritário; o totalitarismo propriamente dito só foi instituído após Hitler ter sido nomeado chanceler, e degrau a degrau: Hitler soube esconder o totalitário para o qual ele tendia atrás de um biombo autoritário. Foi, aliás, assim que a "solução final" se impôs: progressivamente, degrau por degrau; em primeiro lugar, o projecto de

---

([8]) De Saül Friedländer, ver nomeadamente: *L'antisémitisme nazi: histoire d'une psychose collective,* Le Seuil, Paris, 1971, e *Reflets du nazisme*, Le Seuil, Paris, 1982. Ver também a sua contribuição para o conjunto intitulado *L'Allemagne nazie et le génocide juif*, Gallimard-Le Seuil, Paris, 1985.

deslocamento dos hudeus para o Leste, depois para Madagáscar, e só à medida que os seus projectos se revelaram inaplicáveis ou que foram considerados insuficientes é que Hitler veio a realizar a exterminação generalizada.

■ *Dá, portanto, razão aos funcionalistas, contra os intencionalistas, que consideram que Hitler teve sempre o projecto da destruição em massa dos judeus, desde* Mein Kampf.

Tenho tendência para pensar que ambos têm razão... Poderia dizer-se de certa maneira que Hitler, no momento em que a decisão da "solução final" foi formalmente tomada, reconheceu o que sempre quisera, mas sem nunca o expressar por uma vontade estritamente política; eu estaria tentado a dizer que ele o tinha querido *patologicamente* — já desde o *Mein Kampf* —, mas não *politicamente*.

■ *Afirmou antes que não se deve caminhar demasiado rapidamente para uma explicação pelo mal absoluto; mas a explicação histórica não anda com demasiada lentidão?*

Eis porque é preciso tentar segurar conjuntamente os dois extremos da análise. Explicar o surgimento do mal não é absolvê-lo? A discussão alemã da *Historikerstreit* é, deste ponto de vista, muito interessante[9]. Ao mostrar que existem causas para o advento do nazismo, a responsabilidade dos actores teria tendência a diluir-se e até mesmo a desaparecer: aquilo tinha de acontecer, portanto ninguém seria culpado. Para evitar semelhante risco, não se deveria explicar nada e deixar ao mal o seu carácter absoluto de irrupção. Mas este ponto de vista é muito difícil de articular com uma análise histórica, ou com uma reflexão de filosofia política, que, por exemplo, tenta pensar conjuntamente

---

[9] Ela foi desencadeada na Alemanha na sequência da "revisão" da historiografia do nazismo proposta pelo historiador Nolte. Os documentos foram publicados em França sob o título: *Devant l'histoire. Les documents de la controverse sur la question de la singularité de l'extermination des juifs par le régime nazi*, Le Cerf, Paris, 1988.

as duas formas de totalitarismo — a soviética e a nazi —, e que tenta iluminar o que os dois regimes têm em comum. Mas, por outro lado, quando chegamos à exterminação em massa, estamos efectivamente perante o dissemelhante em estado puro, do mal como essencial dissimilitude. É impossível comparar as formas do mal, totalizá-las, precisamente porque o mal é por natureza dissemelhante, diabólico, ou seja dispersão, divisão. Não há sistema do mal; o mal é sempre o unicamente único.

Como manter simultaneamente a unidade estrutural dos totalitarismos como projecto político e a dissemelhança radical das figuras em que o mal encarna? Talvez fosse necessário procurar do lado da noção de "encarnação"..., ou antes da anti-encarnação, da encarnação invertida..., ou do anti-acontecimento, do acontecimento invertido, onde o horrível, o abominável, toma o lugar do admirável, do venerável... Aqui, o pensamento balbucia perante aquilo que me aconteceu chamar o *tremendum horrendum*.

▪ *De um lado, portanto, o mal absoluto como irrupção; do outro, a mutação gradual do autoritário em totalitário, através de operações propriamente políticas.*

Até ao ponto onde existe como que uma passagem ao limite. O gradualismo da explicação histórica ou política reconstitui o decurso progressivo que envolve a irrupção do horrível, a qual, pelo contrário, não é gradual. Mas, na realidade, é sempre assim que o mal progride: irrompe progredindo, se assim se pode falar. Kierkegaard e Kafka, que seria necessário reler conjuntamente, não cessaram de girar em torno deste mistério da passagem ao limite. Em *O Processo*, tal como em *O Castelo*, o mal é de certa maneira rastejante; as fases da sua progressão são inumeráveis, e de súbito aí está ele. O seu carácter inclassificável dissimula-se no gradualismo da sua progressão. E foi, sem dúvida, o que aconteceu na Alemanha.

▪ *No caso da Alemanha, não terá a democracia contribuído grandemente, pelas suas fraquezas, pela inépcia do cálculo político de uns e de outros, para o advento do nazismo?*

Haveria, decerto, muito a dizer sobre esse capítulo. Que uma democracia tenha feito a cama ao totalitarismo, é uma ironia da história, um ardil, não da razão, mas da des-razão.

Pois também é verdade que a progressão da humanidade-massa se fez através de um regime democrático mal estruturado, ou fracamente estruturado, como era a República de Weimar. Paradoxalmente, ao destruir as estruturas hierárquicas próprias da tradição autoritária da Alemanha de Guilherme II, a democracia dos anos vinte suprimiu todos os factores de resistência ao totalitário, abateu aquilo a que eu chamaria as "estruturas estruturantes" da sociedade.

Lembro-me muito bem de ter encontrado em 1933, num congresso dos socialistas cristãos que se realizou na ilha de Fanö, um dos representantes dessa tradição autoritária, o herdeiro de um dos grandes fidalgos prussianos, o teólogo Bonhöffer. Hitler acabava de tomar o poder. Mas Bonhöffer sabia já que, até ao fim, seria contra ele. Ele encarnava o autoritário, o sentido das hierarquias claras; no seu mundo, havia de um lado os que comandam e, do outro, os que obedecem. Tal nada tinha a ver com a massificação do totalitarismo, nem sequer com o esboço de humanidade-massa próprio da democracia sem estruturas que era a República de Weimar. E sabe até onde a "resistência" de Bonhöffer o conduziu? Até ao tiranicídio. Bonhöffer foi, de facto, um dos artesãos do *conluio* falhado contra Hitler e terminou com a cabeça sobre o cepo da execução com machado.

Mas a democracia encerra esse risco: ao abater as estruturas estruturantes, os corpos intermédios e todas as corporações, ela isola o cidadão em face da vontade geral. É o universo rousseauista, com as possibilidades novas que ele implica. Karl Popper via em todos os inimigos da sociedade aberta[10], de Platão a Rousseau, artesãos involuntários do totalitarismo.

■ *Quer isso dizer que faz do totalitarismo uma patologia da democracia?*

([10]) Karl Popper, *A Sociedade Aberta e os seus Inimigos*.

Não queria deixar-me arrastar para aí. Falo apenas das democracias do século XX e da fraca resistência que opuseram aos totalitarismos. A democracia alemã capitulou, talvez sob o empreendimento do socialismo antimilitarista — ao qual eu aderia! —, talvez também pelo facto de que, ao destruir as estruturas hierárquicas, deixava uma espécie de lugar vazio que o totalitarismo ia poder invadir. O pacifismo desarmou o Estado, mas o próprio Estado alemão, em virtude do seu mau funcionamento, era o Estado de uma sociedade "desarmadora". A este respeito, a comparação com a III República francesa não é despropositada, pois esta também foi "desarmadora" face à irrupção do totalitário.

Talvez seja, finalmente, em termos de facilitação que importa pensar o advento do totalitarismo: o que é que facilitou a chegada gradual de Hitler ao poder, a marcha passo a passo em direcção ao autoritário e, em seguida, o salto camuflado do autoritário para o totalitário, através de uma espécie de passagem ao limite?

Mas tropeço sempre na mesma dificuldade: como preservar intacta a dimensão do *tremendum horrendum,* e também o gradualismo da explicação?

■ *Quando fala do totalitarismo, faz exclusivamente referência ao nazismo. Diria a mesma coisa do comunismo?*

Provavelmente. Mas com uma dupla reserva a respeito da comparação. Em primeiro lugar, como já lhe disse, penso que não se pode comparar as formas do mal. Mas também por uma razão mais pessoal: a comunidade a que pertenço, a comunidade cristã e ocidental, tem muito pouco a ver com a história do Gulag; em compensação, esteve totalmente implicada na história da Shoah. Um certo anti-semitismo teológico, sob a forma da acusação de deicídio, é incontestavelmente uma das componentes do que chamei factor de facilitação do advento do totalitarismo. Esta implicação — tão indirecta quanto se pretender — permanece para os cristãos uma forma de culpabilidade, da qual se devem arrepender verdadeiramente e sem reserva, muito mais, por fim, do que dos "silêncios" (alguns) das Igrejas.

Os "silêncios" dos corpos eclesiásticos não são, aliás, os únicos a incriminar. Onde e quando se ouviu a voz da universidade enquanto corpo social, enquanto dimensão da sociedade civil? O facto é que os universitários alemães não fizeram nada para proteger os seus colegas judeus. Eles contribuíram até para pôr fim à extraordinária tentativa de integração dos judeus vindos da Lituânia, da Polónia, da Rússia, após terem sido expulsos dos seus guetos pelos *pogroms*. Essa tentativa estava quase a ser bem sucedida; a síntese da judaidade e da germanidade — síntese que o próprio Hermann Cohen tinha pensado ([11]), antes de desenvolver a sua própria concepção do judaísmo — foi destruída no momento em que alcançava a maturidade. Isso faz parte integrante do Ocidente, da história complicada de amor e de ódio, de integração e de rejeição, de que estão tingidas desde sempre as relações entre judeus e não judeus.

■ *A categoria de "crime contra a humanidade" parece-lhe uma boa realização jurídica do que chama* tremendum horrendum*?*

É provavelmente uma tentativa indispensável — mas discutível — para dar uma inscrição jurídica à descontinuidade entre os crimes de guerra e o extermínio em massa. Quando países fazem a guerra entre si, funcionam como regimes autoritários uns em relação aos outros, de acordo com as categorias schmittianas ([12]) do amigo-inimigo; cometem actos que correspondem a esse tipo de relações, e são actos de morte; o que se chama *crime de guerra* corresponde a um excesso ligado ao funcionamento dos regimes autoritários.

Mas os crimes de guerra não são actos de extermínio de massas. Neste último caso, o facto de ter nascido tal ou tal é que é visado, o facto de que o extermínio seja o inverso de um nascimento; ter nascido é que é o crime. O filho de um resistente não é um resistente; mas o filho de um judeu é um judeu.

([11]) Hermann Cohen (1842-1918), figura de proa da escola neo-kantiana de Marburgo, desenvolveu no final da sua vida uma filosofia sistemática da religião inspirada pelo judaísmo. Cf. *Pardès*, "Germanité et judaïté", n.º 5, 1987.

([12]) Cf. Carl Schmitt, *La notion de politique*, trad. fr., Calmann-Lévi, Paris, 1972.

Então, a que caso convém a designação de "crime contra a humanidade"? Ela é muito apropriada no caso da Shoah, se não exclusivamente, pelo menos de modo exemplar. Porque foi aí que, de maneira muito específica, a designação da vítima se fez pelo nascimento. Mas, então, que acontece com outros genocídios? É verdade que o termo "genocídio" dá, por vezes, lugar a um abuso; existe uma inflação na sua utilização. Mas é verdade também que aqueles que o sofrem têm o direito de o ver como um genocídio, pois são designados como vítimas por causa daquilo que são, e não por causa do que fizeram. É por eles, individualmente, que o crime passa. Encontramos aqui uma manifestação do que chamei, mais acima, a dispersão do mal, a sua irrupção descontínua, propriamente diabólica. O enigma do carácter não cumulativo das figuras que vivem os acontecimentos do mal não deixa de afectar a noção de genocídio, que participa talvez de uma dispersão não totalizável.

Como vê, estou muito hesitante acerca desta noção, que tem, incontestavelmente, uma grande força no quadro de um pensamento a que poderíamos chamar militante, mas menos nitidez para uma reflexão filosófica conceptualmente organizada.

Além disso, na categoria de crime contra a humanidade, no facto de ela ter sido aplicada retroactivamente, há uma certa violação da tradição do direito penal; foi posteriormente que se qualificaram actos cometidos antes da sua definição. Podemos decerto dizer que *já* eram crimes contra a humanidade; mas encontramo-nos então no plano da ontologia, apesar de tal não ser sem razão, pois esses próprios actos tinham ontologizado a vítima, designando-a pelo seu nascimento. Faz-se como que uma transferência ontológica da natureza da vítima para a qualificação do acto. Todavia, a tradição jurídica resiste.

■ *Poderá também procurar-se na direcção de uma categorização moral e invocar, à maneira de Jankélévitch, o imprescritível.*

Falando com propriedade, o imprescritível não é uma categoria moral, mas jurídica, no sentido daquilo que não é susceptível de prescrição. Ora, com a ideia de prescrição toca-se num ponto cego do direito, na medida em que fazemos intervir uma espécie de usura exercida pelo tempo sobre o direito de punir. Deixo de lado as outras utilizações do termo, fora da impunidade adquirida pelo tempo, em particular a prescrição que diz respeito ao direito de propriedade, aquilo a que os juristas chamam "prescrição aquisitiva" para a distinguir da prescrição criminal, penal. A prescrição é, neste sentido, um privilégio indevido, do qual o criminoso beneficia sob pretexto de que a sociedade não pode perseguir indefinidamente os delinquentes. Invocar o imprescritível é, em certo sentido, voltar à ideia de um direito sobre o qual o tempo não teria influência. Mas então o direito começaria a assemelhar-se ao seu contrário: a vingança, que é insaciável e sempiterna. Foi assim que a ideia de prescrição adquiriu uma espécie de honorabilidade, apesar do seu carácter intelectualmente escandaloso. A *Oresteia* e a *Ifigénia* de Goethe dão testemunho do paradoxo da usura da vingança e, por extensão, do paradoxo da conversão de uma justiça vingativa em justiça benevolente.

É sobre este fundo que importa recolocar o debate sobre o imprescritível. Este equivaleria a negar que o tempo possa fornecer a uma espécie de criminosos a impunidade, que a proibição de perseguir, de julgar e de condenar para lá de um prazo fixado pela lei representa. O que complica as coisas é a espécie de contaminação que se produz no espírito público entre a suspensão deliberada da prescrição (que tem o valor, em suma, de dupla negação, pois a prescrição é já uma negação da obrigação de perseguir para vingar o direito violado) e a asserção inteiramente positiva de que certos direitos considerados naturais têm um valor imutável, e são por essa razão inalienáveis e, portanto, declarados imprescritíveis. Todos lemos isso em Rousseau. Parece que o deslize de uma acepção para a outra é facilitado pelo gesto comum às duas espécies de imprescritibilidade, o de subtrair ao tempo a força do direito.

Se me permite, acrescentarei a este quadro já complicado uma outra fonte de confusão. No espírito público, não se distingue entre o imprescritível e o imperdoável. A noção de prescrição depende do jurídico tanto quanto o perdão daquilo a que chamo *economia do dom*, portanto do religioso, digamos, da graça no sentido lato do termo. Ora, se podemos legislar sobre o imprescritível, não podemos sobre o imperdoável. O perdão é aquilo que somente as vítimas podem conceder. É também o que apenas elas podem recusar. Ninguém pode decretar em seu lugar que determinado crime monstruoso deve um dia ser perdoado pelos parentes próximos das vítimas ou por aqueles que se salvaram do horror. Ninguém tem o controlo do tempo do sofrimento e do tempo do luto. Nada mais haverá a fazer excepto calar-se e esperar que o tempo tenha feito a sua obra de usura? Não acredito. Pedir perdão permanece uma *opção* aberta, inclusive no plano político, como foi atestado por gestos políticos recentes: penso no chanceler Willy Brandt, no rei Juan Carlos com a Inquisição e em outros chefes de Estado. Ao inscrever a exigência de perdão na esfera política, como exige Hannah Arendt, os autores destes gestos corajosos contribuíram talvez para abrir uma brecha no imprescritível e no imperdoável. Uma brecha que não se deveria à simples usura pelo tempo, não só do sofrimento, mas da própria justiça. Uma brecha que seria verdadeiramente a obra conjunta do *trabalho* da memória, do *trabalho* de luto e do *pedido* de perdão.

DEVER DE MEMÓRIA, DEVER DE JUSTIÇA

■ *Retomou a questão do "paradoxo político", como disse, em virtude de uma reflexão sobre o direito. Este interesse pelo jurídico é algo de bastante recente no seu itinerário intelectual. Como é que o justifica?*

Tenho a sensação de colmatar uma incrível lacuna na minha própria cultura filosófica: quer se trate do ensino que recebi quer daquele que dispensei durante décadas, a ausência de uma reflexão sobre o domínio jurídico parece-me retrospectivamente uma falta espantosa. Em filosofia só lhe dávamos muito pouco espaço; e, apesar de se falar facilmente de "Estado de direito", é habitual em França passar logo do moral ao político.

Pense, *a contrario*, no lugar ocupado pelo direito na escola dos jusnaturalistas([1]) — Grotius, Pufendorf, Burlamaqui —, mas também em Leibniz, em Kant, em Hegel, que redige uma obra inteira intitulada *Princípios da Filosofia do Direito*. Nesta grande tradição filosófica, o direito tem um lugar permanente, sem dúvida com a convicção forte de que ele constitui um lugar conceptual, normativo e especulativo simultaneamente irredutível ao moral e ao político.

Irredutível ao moral, porque o direito representa, relativamente à interioridade da obrigação, a exterioridade: o direito implica a conformidade a uma regra exterior e, além disso, supõe a legitimidade da coerção. São estes os dois critérios do direito, em relação à moral, definidos por Kant. Não punimos a mentira, mas punimos a difamação.

([1]) A chamada escola do direito natural consiste, em oposição à ideia de um direito divino, em conceder aos homens direitos que procedem unicamente da consideração da sua natureza, abstraindo-se da sua origem.

Irredutível ao político, na medida em que a questão da legitimidade nunca se deixa absorver pela do poder. O próprio poder está à procura de legitimidade e, portanto, está na situação de litigante relativamente ao jurídico, o que é expresso pela ideia de direito constitucional.

■ *Se tivesse de imaginar uma pedagogia do ensino filosófico do direito, de que modo a conceberia?*

Penso que seria necessário proceder através de círculos concêntricos. Mostraria que o primeiro encontro que temos com o direito, enquanto cidadãos, o primeiro círculo, se preferir, é o direito penal. A justiça encontra o seu primeiro contrário na sede de vingança, que é uma paixão forte: a justiça consiste em *não se* fazer vingança. Para retomar categorias conhecidas, entre o crime e o castigo existe a justiça e, por isso, a introdução de um terceiro. Ou seja: em primeiro lugar o Estado, evidentemente, pois não existe direito quando não há Estado; mas também a existência de um *corpus* de leis escritas. A seguir, uma instituição como o tribunal, formada por sua vez por homens recrutados pela sua competência e reputação de independência: os juízes. Estado, leis escritas, tribunais e juízes, eis o que constitui a exterioridade do primeiro círculo do jurídico. Além disso, entre o crime e o castigo, a operação de justiça interpõe uma justa distância através da deliberação; é no processo que se leva a cabo a distanciação da vítima e do agressor, os quais não são ainda qualificados juridicamente enquanto não se tornarem partes implicadas no mesmo processo. Tornam-se então queixoso e réu; mudaram de estatuto pelo próprio facto de serem mediatizados pela instância jurídica.

Filosoficamente, é muito interessante ver que o modo de discurso desenvolvido nesse lugar é a argumentação. Interessei-me recentemente pela relação entre argumentação e interpretação: como se encontra a lei sob a qual convém colocar o caso novo? O problema surge sobretudo nas "causas difíceis", nos *hard cases*, para retomar a terminologia de Ronald Dworkin[2]: temos disso

---

[2] De Ronald Dworkin, ver nomeadamente *Taking Rights Seriously*, Harvard University Press, 1977; *A Matter of Principle*, Oxford U.P., 1985.

um exemplo actual no caso do sangue contaminado. Originalmente, dispúnhamos de uma lei demasiado fraca, a relativa à venda de produtos estragados, mas agora é claro que se caminhou para uma qualificação muito forte: a de envenenamento. Será então necessário proceder a ajustamentos, e falar-se-á, por exemplo, de envenenamento involuntário.

A qualificação do delito, em matéria jurídica, supõe um trabalho considerável de interpretação. Como é que se vai denominar esse acto delituoso? Homicídio por imprudência? Homicídio sem intenção de matar? É preciso encontrar a pequena divisória jurídica que corresponde à enumeração das características do delito e, muitas vezes, é necessário inventar a regra na qual se subsume o caso.

Se observarmos de perto, vemos que há aí, de facto, três momentos interpretativos. Em primeiro lugar, o que chamamos um *caso* é, na realidade, a interpretação de uma história: alguém conta o que se passou. Ora, sabemos que há sempre várias maneiras de contar as mesmas coisas. Em segundo lugar, para saber sob que lei convém colocar o caso, é preciso ver na panóplia das leis qual a que possui uma espécie de afinidade presumida com o caso. Por isso, há aqui um trabalho de interpretação da lei em função do caso, mas também um trabalho de apresentação do caso em função da sua adequação à lei. Em terceiro lugar, o ajustamento de ambos — o ajustamento mútuo do processo de interpretação da lei e do processo de interpretação do facto —, resumindo, a conveniência recíproca de ambas as interpretações.

O caso do processo é também filosoficamente interessante de outro ponto de vista, porque permite levantar o problema habermasiano muito actual da "discussão aberta": até que ponto é que o jurídico se aproxima do modelo de discussão aberta, sem limites nem obstáculos? Vemos imediatamente que existe uma distância intransponível entre esse modelo e a realidade do processo. Num tribunal nunca ninguém está na situação de uma discussão infinita e aberta. Divisto pelo menos três constrangimentos: em primeiro lugar, o facto de o queixoso não estar lá de livre vontade; a seguir, o facto de não se tomar a palavra quando se deseja, mas cada um na sua vez; e, finalmente, o facto de a decisão ser tomada em tempo limitado e de os juízes terem a obrigação de concluir.

Temos aqui a ver com um funcionamento muito específico da racionalidade, que é, para abreviar, o da retórica. Com a condição, todavia, de tomar a palavra *retórica* no seu sentido forte, ou seja como o que mais nitidamente se opõe à sofística, como o que implica a utilização de raciocínios prováveis e de natureza controvertível. É disso que se trata num processo, com o assalto de palavras e a competição entre os argumentos. Em modelo reduzido, e balizado por regras de procedimento, dispomos ali de um exemplo paradigmático de categorias que são discutidas em filosofia: a deliberação e a tomada de decisão. É verdadeiramente espantoso que nos privemos deste recurso no ensino da filosofia.

Entre a racionalidade moral e a racionalidade do Estado, de tal modo misturada com a violência, este primeiro círculo jurídico constitui uma região de racionalidade intermédia, onde o pressuposto é justamente a ruptura entre o discurso e a violência, para retomar a famosa oposição de Éric Weil no início de *Lógica da Filosofia;* o processo é, a este respeito, o lugar privilegiado de uma discussão ordenada e ritualizada.

O segundo círculo jurídico é muito mais amplo. O processo e, em particular, o processo penal constituem, na realidade, apenas um segmento do direito; podemos dizer, se quisermos, que é o judicial do direito. Mas o jurídico é muito mais vasto; demasiadas vezes, em virtude de uma excessiva dramatização, procedemos como se tudo se jogasse na imposição de uma punição. Já o direito civil é irredutível ao direito penal; a obrigação de reparar os prejuízos não se limita à obrigação de cumprir uma pena; do penal ao civil, temos já um alargamento notável.

A noção de "dano" deve, de facto, situar-se no segundo círculo, que é o dos *contratos*. A sociedade não vive apenas à base de conflitos, mas também de palavras dadas, de trocas de palavras. E há conflito quando há ruptura da palavra, quando uma parte considera que a outra não respeitou o seu compromisso. Estamos aqui no domínio imenso das obrigações mútuas, que nos ligam uns aos outros.

■ *Em que é que isso é filosoficamente instrutivo?*

Por termos aqui uma espécie de encenação e dramatização de um núcleo ético importante, que, a meu ver, permite corrigir uma visão puramente conflituosa das relações humanas: a da promessa. Os laços de promessa tocam em qualquer coisa de fundamental, mais que não fosse ao nível da linguagem: a própria linguagem é toda ela uma instituição fiduciária. Quando alguém me dirige a palavra, creio que quer dizer o que diz, ou, como dizem os teóricos anglo-saxónicos dos actos de linguagem, *you mean what you say*. Creio que há adequação entre a palavra e a significação. É a opção de "caridade", o primeiro núcleo fiduciário na enorme massa de contratos que fazemos uns com os outros. Alcançamos assim o âmago de uma das convicções mais fundamentais e, provavelmente, das mais irredutíveis a toda a mudança dos costumes: é preciso manter a sua palavra. *Pacta sunt servanda*, os pactos devem ser respeitados.

Esta relação fiduciária toca gradualmente os contratos e as obrigações no interior de um espaço de jurisdição, mas também as relações entre Estados, com o problema dos tratados no plano internacional. E não é por acaso que o direito internacional saiu de uma reflexão deste tipo, sobre a alternativa que o contrato oferece ao conflito. Uma vez mais, a dialéctica do conflito e do contrato poderia constituir um lugar de ensino filosófico extremamente forte.

Por aqui, podemos chegar ao terceiro círculo do jurídico, mais amplo ainda do que o segundo, onde se compreenderia que a sociedade é, no seu conjunto, um sistema de distribuição de papéis, de tarefas e de obrigações. Não no sentido em que distribuição se opõe a produção, mas no sentido em que se distribuem partes, quer sob a forma de bens mercantis, de remunerações, de patrimónios, de recursos financeiros, quer sob a de bens não mercantis, como a segurança, a saúde ou a educação. Mas tal inclui também a cidadania: uma sociedade distribui cidadania, elaborando regras de acolhimento, leis a respeito dos emigrantes, procedimentos de nacionalização. Isto inclui, enfim — e é o mais difícil —, a distribuição de posições de autoridade e de comando.

■ *Porquê o mais difícil?*

Porque tocamos aqui no problema da definição da justiça e na impossibilidade de uma concepção meramente aritmética da justiça distributiva. Uma concepção puramente aritmética da justiça não funciona em toda a parte, não cobre todo o campo social porque, embora possamos dizer com Rawls que o primeiro princípio de justiça é a igualdade perante a lei, contudo, os problemas sociais e políticos consistem, em larga medida, na necessidade de distribuições desiguais. Por exemplo, uma instituição como a universidade: não podem todos fazer parte do conselho de administração, nem toda a gente pode exercer o poder. Não se trata apenas, pelo menos não necessariamente, do poder no sentido político da soberania, mas do exercício da autoridade numa instituição: a autoridade não pode ser repartida de maneira igualitária. Por isso, o problema consiste sempre em saber se existem distribuições mais justas, ou menos injustas, que outras. Faço notar, aliás, de passagem, que em Platão ou Aristóteles, a palavra *adikos* ("injusto") vem sempre antes da palavra *dikaiosyne* ("justiça"): com efeito, talvez seja por aí que entramos primeiro no problema da justiça, através do sentimento da *in*justiça, através do sentimento de que existem partilhas injustas. A indignação é, então, perante aquilo que sentimos como injusto — o grito: "É injusto!" —, a primeira expressão do nosso sentido de justiça. Mas a indignação tem os seus limites e, sobretudo, fixa-se numa reivindicação de igualdade aritmética.

Todos passámos pelo sonho de partilhas iguais, mas muito poucos problemas sociais se podem resolver através da igualdade das partilhas, pois um igualitarismo generalizado caracterizaria uma sociedade violenta, onde seria necessário um poder extremamente forte para reconduzir a cada instante todas as pessoas a posições de igualdade. Uma sociedade igualitária não pode ser uma sociedade livre. Descobrimos aqui uma dialéctica, à primeira vista muito surpreendente, entre liberdade e igualdade.

Portanto, quando se alarga o círculo da justiça às dimensões de uma dinâmica das partilhas, engloba-se o primeiro núcleo — que é o do conflito, com a sua resolução penal — numa reflexão mais vasta acerca das trocas, para aceder por fim a uma visão ainda mais vasta das partilhas. Conflitos, trocas, partilhas; representando o conflito o núcleo mais cerrado, o mais visível, e a partilha — no sentido de fazer partes — o mais vasto, o mais englobante.

■ *No primeiro círculo, evocava o exemplo do sangue contaminado e os problemas específicos, que ele levanta, de ajustamento do caso à regra e da regra ao caso. Mas não porá igualmente o problema não menos difícil da responsabilidade. Até onde é que ela vai?*

Toca-se aqui num termo delicado, no qual se incluem pelo menos duas coisas diferentes. Em primeiro lugar, o facto de ser a causa directa de actos cujas consequências pudemos prever e que levam quer a reparar os prejuízos no direito civil quer a cumprir a pena no penal. O esquema supõe que possamos seguir de maneira quase linear o fio que vai da intenção às consequências, passando pelo acto. As coisas complicam-se logo que há diversos processos de acções, diversos protagonistas, como geralmente acontece. Complicam-se ainda no caso de uma instituição, com o fenómeno de hierarquia que ela supõe: já não tem a ver simplesmente com cadeias ligadas de responsabilidades, mas ainda com relações encaixadas de hierarquias.

Chegamos assim a outro sentido da palavra "responsabilidade". Somos aí levados a partir do sentido de que acabamos de falar. Da ideia de causa verdadeira de uma acção passa-se ao facto de poder ser considerado imputável pelos seus actos, de poder prestar contas. Interessei-me pela metáfora da *conta, contar*, que temos na imputação. Em latim, *putare*, em alemão *Rechnung*, em inglês *accountability*, em francês *rendre des comptes* [prestar contas]. Ser responsável é ser capaz de prestar contas a quem no-las exige. Creio que nos enganamos quando procuramos a responsabilidade do lado da capacidade de *responder*; mais exactamente, ser responsável é responder não a uma questão mas à exigência de prestar contas.

Toda a questão é então saber em que se transforma a capacidade de prestar contas, no caso de uma estrutura hierárquica.

O ministro é responsável, neste sentido, pelo último acto do último dos seus subordinados? Pode dizer-se que a seriedade de uma função de autoridade consiste em ser capaz de assumir as consequências dos actos dos seus subordinados. Com esta questão, estamos no segundo significado da ideia de responsabilidade. Existe a esse respeito uma expectativa da parte do público, a expectativa de uma prudência, não no sentido de precaução, mas de vigilância. Para dar seriedade à função directiva, talvez seja preciso ir até esse ponto, talvez seja esse o preço a pagar, para poder estar à frente de uma estrutura de comando: poder ser considerado imputável pelos actos dos seus subordinados. Isso toca, aliás, no que eu dizia acerca das dificuldades da justiça distributiva, porque uma sociedade distribui também, juntamente com as posições de autoridade, posições de responsabilidade.

■ *Mas não se torna, então, muito difícil definir uma responsabilidade penal, uma responsabilidade criminal?*

É o problema que Jaspers discutira outrora a propósito da questão da culpabilidade alemã[3]. Deverá distinguir-se a responsabilidade criminal — que implica sempre pessoas — da responsabilidade política, que compromete um sistema e governantes, mesmo quando eles próprios não foram criminosos no sentido em que não cometeram directamente actos contrários à lei? Creio que é preciso permanecer fiel a esta distinção e agarrar-se a ela com firmeza. A responsabilidade criminal é sempre individual; e se, por exemplo, se chegar um dia a julgar os que cometeram crimes na Bósnia, terão de ser indivíduos. Essa responsabilidade é diferente da responsabilidade política, de um Estado, enquanto conjunto das instituições que tornaram possíveis, por vezes autorizadas, em todo o caso deixado fazer, acções criminosas. Semelhante Estado tem um dever de reparação. Foi o que o Estado alemão compreendeu muito bem face aos sobreviventes do extermínio: considerando-se política e civicamente responsável

---

[3] Karl Jaspers, *Die Schuldfrage*, Zurique, 1946, *La question da la culpabilité*, trad. fr., Paris, 1948.

pelos crimes do Estado nazi, em nome da continuidade da nação, não há lugar para o considerar criminoso, nem também aos cidadãos da actual Alemanha, salvo os que cometeram crimes. A individualização da pena é uma aquisição fundamental. E, aliás, creio lembrar-me de que em Nuremberga se levantou vivamente o problema de se saber se, colectivamente, o partido nazi podia ser declarado criminoso. De uma maneira geral, a ideia de uma imputação colectiva foi recusada; e parece-me que os juízes tiveram de proceder enumerativamente, qualificando de cada vez o crime, para cada malfeitor.

■ *Que pensa, a esse respeito, do argumento que François Mitterrand invocava para estabelecer que o Estado francês não tinha de pedir perdão pelos crimes cometidos durante o governo de Vichy?*

Sou muito céptico acerca da consistência do argumento que invoca a ruptura das instituições. Menos devido à eleição regular de Pétain do que pelo facto da continuidade da mesma comunidade histórica. Não é por ter havido uma ruptura institucional que deixou de haver continuidade da nação, justamente enquanto comunidade histórica, encarnada na vasta rede das instituições da sociedade civil que o Estado enquadra. Tenho, por isso, a sensação de que sobre o Estado impende a obrigação de tomar a responsabilidade pela totalidade da nossa história. O mesmo acontece com a revolução, segundo Clemenceau: é preciso tomá-la em bloco. É preciso tomar em bloco a nossa história; e nesta existe o corte constituído por Vichy. Seríamos não só mais honestos, como também mais livres, se nos julgássemos a nós mesmos. Ninguém faria a respeito da sua história pessoal o que exigimos que se faça pela nossa história nacional: ninguém diria "Eu não era o mesmo, era outro." Contrariamente ao que se pretende, a continuidade é indiscutível, em particular na função pública. Se abrir o anuário dos altos funcionários de 1948, verificará que dois terços deles já se encontravam em funções em 1942... Viu a placa que foi colocada no Vel'd'Hiv'? Para designar o governo de Vichy, encontraram a seguinte perífrase: "A autoridade de facto denominada Estado francês". Dizem-nos que o Estado francês de Vichy não tem relação com a república que somos. Mas a república não é uma entidade, é apenas a forma do Estado.

■ *Se recusa a ideia de falta colectiva, a acusação que pesou sobre a Alemanha torna-se muito discutível.*

O problema não tem, em todo o caso, uma clareza de cristal, mais que não fosse por causa do que antes disse a propósito da responsabilidade: por dever de vigilância, e em virtude da cadeia dos comandos, um superior é responsável pelos actos dos seus subordinados. Talvez fosse preciso introduzir aqui de novo a noção husserliana de "pessoa moral", de sujeito colectivo, ou seja de "personalidade de nível superior", saída das relações intersubjectivas através de uma espécie de objectivação. Sem chegar a um verdadeiro nominalismo, hostil a toda a reificação de entidades colectivas — e utilizando as análises de Max Weber no início de *Wirtschaft und Gesellschaft* —, parece-me que podemos defender, a título de analogia legítima, a ideia de "pessoa moral". Neste caso, uma vez que a pessoa moral é um sujeito de direito, não se poderia tentar dar uma definição penal da falta de que ela é susceptível? Pode uma pessoa moral cometer uma falta? Se sim, poderíamos falar de falta colectiva, mas não de crime colectivo, devendo o crime ser sempre imputado a um indivíduo singular.

Esta questão toca noutra que me perturba muito, e que antes aflorámos: é a da memória colectiva. Encontrei-a a propósito de duas ordens diferentes de motivações.

Em primeiro lugar, como lhe disse, porque pertenço a essa geração que desaparece e que foi a última a ter sido testemunha dos horrores cometidos entre 1933 e 1945. Ora, não se trata de recordações de ordem privada. A memória colectiva é o verdadeiro lugar da humilhação, da reivindicação, da culpabilidade, das celebrações, portanto, tanto da veneração como da execração. Aqui, temos necessidade do conceito de memória colectiva, porque é ela que o historiador reelabora criticamente; precisamos do conceito de memória colectiva para termos um ponto de aplicação à operação crítica da história. Reciprocamente, a memória colectiva pode contrariar a tendência da história para oficializar um *certo* estado de memória, uma memória ideológica. Por exemplo, uma grande parte da história do século XIX foi a história do poder político; a história foi então pensada como estando ao serviço da grandeza nacional, ao serviço de uma certa memória colectiva, em reforço da qual ela vinha sem exercer a tal respeito a sua função de vigilância crítica. A história oficial é, se se quiser, uma memória colectiva oficializada em vez de criticada. Parece-me que essa dialéctica da história e da memória colectiva é muito interessante, ambas conduzem o jogo cada uma por sua vez.

A memória exerce duas funções: assegura a continuidade temporal, permitindo deslocar-nos sobre o eixo do tempo; permite reconhecer-se e dizer *eu, meu*. A história, por seu turno, fornece algo diferente do sentimento de pertencer ao mesmo campo de consciência temporal, em virtude do recurso que faz a documentos conservados num suporte material; é isso que lhe permite contar de outro modo, contar a partir do ponto de vista dos outros.

■ *Mas quando a história está feita, quando a memória colectiva sofreu o trabalho crítico que refere, é preciso ainda que ela se reintegre na memória colectiva, que seja por ela reapropriada.*

Trata-se talvez então do outro sentido da palavra *história*, não já da história das coisas feitas, mas da história em curso, a dos actores; por outras palavras, da que tem um futuro. É muito importante substituir a história no sentido da historiografia — que só conhece a parte passada do tempo — pela história que vivemos, que se faz, e que tem futuro. Penso no que Raymond Aron dizia na sua tese de 1938 sobre os limites da objectividade histórica[4], quando propunha como tarefa ao historiador "desfatalizar" o passado; por outras palavras, recolocar-se na situação dos protagonistas que tinham um futuro; voltar a colocar-se na situação de incerteza em que eles se encontravam quando esperavam,

---

[4] Raymond Aron, *Introduction à la philosophie de l'histoire* (1938), Gallimard, Paris, 1986.

temiam, tinham esperança e, em todo o caso, ignoravam o que viria a seguir.

É possível que a memória retome assim o passo sobre a história dos historiadores, pois ela é sempre a memória de alguém que tem projectos. Ou, noutros termos que são de Koselleck([5]), é na relação entre um horizonte de expectativa e um espaço de experiência que é preciso repor a memória e a história. Falta ainda dizer que é a memória que tem futuro, ao passo que a história interpreta uma parte do passado, a cujo respeito esquece que teve um futuro.

Por isso, à ideia de uma desfatalização do passado acrescentaria, pela minha parte, a ideia de libertação de uma promessa não cumprida. Porque as pessoas do passado tinham esperanças e projectos, acerca dos quais muitas foram decepcionadas; muitas das nossas utopias seriam vazias, se não pudéssemos preenchê-las com as promessas não cumpridas, impedidas ou destruídas, das pessoas do passado. No fundo, cada período tem à sua volta uma aura de esperanças que não terá preenchido, e é essa aura que permite retomá-las no futuro. Talvez seja assim que a utopia se poderá curar da sua doença congénita, que é acreditar na possibilidade de começar do zero: a utopia é muito mais um re-nascimento.

■ *Falava de duas ordens de motivações que o levaram a reflectir sobre o problema da memória colectiva. Qual é a segunda?*

Os acontecimentos recentes na Europa, após o fim do comunismo: depara-se com as pessoas como eram há setenta e cinco anos; é um pouco como se as tivessem tirado de um frigorífico. Dão mostras quer de excesso quer de falta de memória. Considero este caso perturbador, e pergunto-me se é verdadeiramente da mesma memória que há excesso ou falta. Penso, por exemplo, nos povos que só sonham com a época em que eram gloriosos: a grande Sérvia, a grande Hungria... A sua memória está acabru-

---

([5]) Reinhart Koselleck, nascido em 1923, professor na universidade de Bielefeld, é sobretudo conhecido em França pelo seu livro *Kritik und Krise* (1959); trad. fr. *Le règne de la critique*, Éd. de Minuit, Paris, 1979.

nhada pela recordação das humilhações sofridas na perda das suas grandes esperanças; em suma, é uma memória que obedece ao que Freud chamava a "compulsão de repetição" e que ele identificava muito bem como uma passagem ao acto, quando falta o trabalho da recordação. Existe uma forma de esquecimento que resulta desta falta, à qual se opõe um esquecimento activo que implica, pelo contrário, o trabalho de elaboração. Este último esquecimento é selectivo e é ele que permite construir uma história inteligível. Permite também o perdão, que não é o contrário do esquecimento — como muitas vezes se julga —, mas supõe-no. Que esquecimento supõe ele? O esquecimento da dívida e não o esquecimento dos factos. Muito pelo contrário, é preciso guardar um vestígio dos factos para poder entrar numa terapia da memória; o que importa curar é a capacidade destrutiva das recordações.

Sejamos, porém, muito prudentes na utilização da categoria do perdão, que não se deve transformar numa exigência ou numa pretensão: "Mas como? Não me quer perdoar?" Aqui, a primeira noção é a de pedido, e todo o pedido de perdão deve poder enfrentar a recusa, quer dizer, o imperdoável. Sem isso, não tem sentido. Quando ele é concedido tem efectivamente um imenso valor curativo, não só para o culpado mas também para as vítimas. Permite reconstruir uma memória à maneira como, na cura analítica, o paciente reconstrói uma memória inteligível e aceitável. O perdão quebra a dívida, mas não o esquecimento.

A sua caricatura, na nossa legislação, é a amnistia, porque ela pretende ser um apagamento da dívida *e* do facto. A amnistia, como notámos, é uma forma institucionalizada da amnésia. Hoje, por exemplo, você não tem o direito de dizer que tal general em serviço na Argélia foi um criminoso: pode ser perseguido por difamação, por ter havido amnistia. É verdade que aqui não estamos na ordem religiosa da regeneração mas na ordem política; nesta ordem, a amnistia contribui para a paz pública, que é uma das responsabilidades do Estado. É por isso que, em certos casos, a paz pública pode implicar a amnistia; passa-se então uma esponja. Mas com todos os perigos que apresenta o esquecimento, o esquecimento duradouro, a amnésia. A amnistia é uma disposição constitucional, da qual se deve fazer o mínimo uso possível.

EDUCAÇÃO E LAICIDADE

■ *A sua experiência universitária nos dois lados do Atlântico permitiu-lhe ver até que ponto a separação do religioso e do político se faz de modo diferente, em função das tradições nacionais. O que chamamos* laicidade *cobre de facto coisas muito diferentes.*

É muito difícil separar, na problemática da laicidade, o que é da ordem de uma especificidade francesa e o que é da ordem de uma pretensão universal. Não esqueçamos que a nossa concepção da laicidade está directamente ligada à história das relações da Igreja católica e do Estado. Em França, o político conquistou a sua autonomia em oposição ao que chamámos o teológico-político dos regimes autoritários, onde a Igreja assegura ao Estado a sua legitimidade. Encontrou-se, assim, na esfera pública, um equivalente da autonomia que Kant reservava à dimensão moral.

Mas é preciso acrescentar logo que a França, neste domínio, só é parcialmente específica, porque não podemos deixar de ligar a situação francesa a uma problemática europeia mais vasta, acerca da qual é preciso dizer que nem sempre está presente aos espíritos hexagonais. É preciso partir da resolução das guerras religiosas na Europa central, com a paz de Augsburgo em 1648; foi aí que, pela primeira vez, se definiu um Estado federal — ainda fraco, ainda extremamente fraco —, o Santo Império romano germânico, mas que admite todavia várias religiões no seu espaço de soberania. Para a Europa, isso teve uma grande importância, mas acontece que esse facto não foi verdadeiramente integrado na história francesa, tal como não se integrou na nossa consciência histórica a fundação dos Estados Unidos por dissidentes de Igrejas instituídas, as quais abriram, por isso, um espaço completamente diferente do nosso, em que o político e o religioso se encontram numa relação não conflituosa. Nunca tal se deve perder de vista, para não sermos tentados a considerar melhores as nossas soluções, que devem ser repostas num espaço cosmopolítico em que existem outras. É preciso lembrarnos sempre de que a nossa intenção universalizante é em parte uma pretensão, e que ela exige reconhecimento pelas outras para ser confirmada na sua intenção.

Dito isto, parece-me que há na discussão pública um desconhecimento das diferenças entre duas utilizações do termo *laicidade*. Com efeito, sob a mesma palavra designam-se duas práticas muito diferentes: a laicidade do Estado, por um lado, e a da sociedade civil, por outro.

A primeira define-se pela abstenção. É um dos artigos da Constituição francesa: o Estado não reconhece nem subvenciona nenhum culto. Trata-se aqui do negativo da liberdade religiosa, cujo preço é o Estado não ter religião. Isso vai mesmo mais longe, quer dizer que o Estado não "pensa", que não é religioso nem ateu; estamos em presença de um agnosticismo institucional.

Esta laicidade de abstenção implica, em todo o rigor, que exista uma gestão nacional dos cultos, como existe um ministério dos Correios e das Telecomunicações. O Estado tem uma obrigação de manutenção a respeito dos edifícios religiosos que são, desde a separação da Igreja e do Estado, propriedade deste último. Esse dever que o Estado tem faz com que a separação das duas instâncias não se faça na ignorância recíproca, mas através da delimitação rigorosa dos seus papéis respectivos: uma comunidade religiosa deve tomar a forma de uma associação cultural, cujo estatuto é público, que obedece a certas leis quanto à segurança, quanto à ordem, quanto ao respeito pelos outros, etc.

Do outro lado existe uma laicidade dinâmica, activa, polémica, cujo espírito está ligado ao de discussão pública. Numa sociedade pluralista, como a nossa, as opiniões, as convicções, as profissões de fé, exprimem-se e publicam-se livremente. Aqui, a laicidade parece-me ser definida pela qualidade da discussão pública, quer dizer, pelo reconhecimento mútuo do direito de se exprimir; mas, mais ainda, através da aceitabilidade dos argumentos do outro. Eu ligaria de bom grado isso a uma noção desenvolvida recentemente por Rawls: a de "desacordo razoável". Penso que uma sociedade pluralista se baseia não só no "consenso por comparação", que é necessário à coesão social, mas na aceitação do facto de existirem diferendos insolúveis. Existe uma maneira de tratá-los, através do reconhecimento do carácter razoável dos partidos em presença, da dignidade e do respeito dos pontos de vista opostos, da plausibilidade dos argumentos invocados por ambas as partes. Nesta perspectiva, o máximo que tenho a pedir a outrem não é que adira ao que julgo verdadeiro, mas que forneça os seus melhores argumentos. É aqui que se aplica plenamente a ética comunicacional de Habermas.

Se ainda não falei da escola é porque chegamos sempre demasiado depressa a esta questão, sem antes ter tomado a precaução de distinguir as duas formas de laicidade: a negativa, de abstenção, que é a do Estado; a positiva, de confrontação, que é a da sociedade civil. Ora, o que torna muito difícil o problema da escola é que esta se encontra numa posição intermédia, entre o Estado, do qual ela é uma expressão enquanto serviço público — a tal respeito ela deve comportar o elemento de abstenção que lhe é próprio —, e a sociedade civil, que a investe com uma das suas funções mais importantes: a educação. A educação é um dos bens sociais — para retomar, uma vez mais, uma categoria de Rawls — primários, cuja distribuição é preciso assegurar. Esta tarefa não pertence ao Estado enquanto tal. A educação é uma das coisas que uma sociedade distribui na sua função de repartição dos papéis, dos direitos, das obrigações, das vantagens e dos encargos; distribuir educação é da competência da sociedade civil. É tão verdade que fomos obrigados a inscrever, ao lado da laicidade do Estado, a liberdade de ensino. Que significa tal expressão: *liberdade de ensino?* Que é uma das funções da sociedade civil efectuar o ensino, mas sob certas condições, que encontramos noutros domínios, como o direito ou a medicina; nomeadamente, a de satisfazer provas de qualificação. Por outras palavras, o próprio facto de se reconhecer na Constituição a liberdade de ensino mostra bem que este não é inteiramente definido pela função pública.

Parece-me, pois, que existe para a sociedade civil, no próprio interior do ensino público — e neste caso é um problema de sabedoria —, uma obrigação de se conciliar com a pluralidade das opiniões próprias às sociedades modernas. Eu distinguiria dois tipos dessa necessária composição. Um aspecto de informação, em primeiro lugar. Considero absolutamente incrível que no ensino público, sob pretexto da laicidade de abstenção peculiar ao Estado, nunca se apresentem verdadeiramente, em toda a profundidade do seu significado, as grandes figuras do judaísmo e do cristianismo. Chegamos ao paradoxo de as crianças conhecerem muito melhor o panteão grego, romano ou egípcio, do que os profetas de Israel ou as parábolas de Jesus; conhecem todos os amores de Zeus, as aventuras de Ulisses, mas nunca ouviram falar da Epístola aos Romanos, nem dos Salmos. Ora estes textos fundaram a nossa cultura, muito mais, de facto, do que a mitologia grega. É verdade que estamos aqui perante um problema difícil de resolver. Quem ensinaria tais matérias? Historiadores? Pessoas religiosas? É, indubitavelmente, um verdadeiro problema; mas o facto de que nunca se tenha levantado não é normal. Tal como não é normal, uma vez mais, que os alunos não tenham acesso ao seu próprio passado, ao seu próprio património cultural, o qual comporta, além da herança grega, as origens judaica e cristã. Falamos-lhes em história das guerras religiosas, mas alguma vez lhes mostrámos claramente em torno de que causas se desenrolaram, o que significa, por exemplo, a predestinação para Lutero, a eucaristia para os católicos, aquilo que implica o debate em torno da ordenação dos padres?

Ao lado deste aspecto de informação, que a escola devia assegurar, há um aspecto de educação para a discussão. Se a laicidade da sociedade civil é uma laicidade de confrontação entre convicções bem pensadas, então é preciso preparar as crianças para serem bons discutidores; é preciso iniciá-las na problemática pluralista das sociedades contemporâneas, talvez ouvindo argumentações contrárias conduzidas por pessoas competentes. Seria, decerto, preciso determinar em que idade isso se deveria iniciar, em que doses semelhante ensino se deveria ministrar. Mas é certo, em todo o caso, que não se poderá iludir indefinidamente este problema. Um exemplo entre outros desta carência cultural: temos hoje crianças que vão ao museu, mas são perfeitamente incapazes de compreender o que é uma colocação no sepulcro, o que é uma Virgem com o menino, ou mesmo uma crucificação. Ora a temática religiosa atravessa toda a pintura ocidental, desde os mosaicos bizantinos e os frescos românicos, até ao Cristo amarelo de Gauguin e à crucificação de Dali. Eis uma incrível amputação da cultura.

Por outras palavras, a posição instável e difícil da escola deve ser objecto de um reconhecimento como tal e deve, a este título, justificar a abertura de uma negociação. Tal como temos comissões consultivas de ética, para discutir casos limites colocados pela biologia, deveríamos ter uma instância para discutir problemas do ensino religioso na escola, instância onde encontraríamos tanto representantes do Estado como da sociedade civil.

Aliás, seria errado pensar que a laicidade de abstenção se basta a si mesma; entre as duas formas de laicidade, de abstenção e de confrontação, existe uma circularidade, ou mais exactamente a primeira só vive graças à segunda. Porque é à laicidade de confrontação que incumbe a tarefa de produzir num determinado momento da história um querer viver em conjunto, quer dizer, uma certa convergência de convicções. O Estado laico nunca pratica inteiramente a laicidade de abstenção, assenta naquilo que Rawls chama "consenso por coincidência". Segundo ele, os Estados democráticos só funcionam bem em circunstâncias históricas determinadas, quando estão presentes três componentes: uma concepção liberal da religião — quer dizer, religiões que aceitem que a verdade de que são depositárias não satura o espaço total da verdade; que não sejam liberais por condescendência, ou por constrangimento, mas por convicção de que existe verdade noutros lugares além delas; uma tradição das Luzes que admita que o religioso tem uma significação admissível, plausível, que não se reduz à categoria voltairiana do "infame"; e, finalmente, uma componente romântica, com os seus valores originais de amor pela natureza, pela vida, pela criação, valores que não se esgotam de modo algum nos movimentos ecologistas, mas que formam uma componente vitalista, um elemento de entusiasmo, ao lado do elemento de convicção religiosa e do elemento de racionalidade das Luzes.

■ *Tem a sensação de que caminhamos hoje na direcção que deseja, ou seja, para uma redefinição da laicidade e para uma reintrodução do religioso no recinto da escola?*

Ainda não claramente. Mas abandonámos, quase silenciosamente, a maioria das posições extremas. As autoridades eclesiásticas, pelo menos as católicas, renunciaram à pretensão de serem as únicas a ensinar o que é, segundo elas, a verdade do cristianismo; durante muito tempo, o temor de que outros, além dos padres, falassem da religião foi decerto uma das causas da retirada, que evoquei. Neste plano, penso que há profundas mudanças de atitude. Além disso, do lado laico, verificamos também uma abertura: surge a ideia de que haveria algo a fazer no ensino, ainda que não se saiba exactamente o quê. Seria preciso que os franceses começassem por fazer um pouco de comparatismo, neste e noutros domínios, e que se questionassem de que modo tais problemas foram resolvidos noutros lugares.

Quando percorremos as diversas soluções adoptadas nos países ocidentais, o que impressiona é a sua enorme variedade, que contrasta com a igualização das sociedades no plano do trabalho e da produção, por um lado, e do lazer, por outro. Talvez seja em reacção contra este nivelamento que verificamos uma espécie de retracção, não só no plano das ideologias étnicas como no plano cultural da defesa dos sistemas educativos. É espantoso verificar a que ponto, na Europa, estamos atrasados para estabelecer qualquer coisa como uma circulação entre os diferentes sistemas de educação. Penso que é através de um desvio deste tipo que surgirão as mudanças, quando mais docentes e alunos tiverem em França uma prática pessoal dos sistemas anglo-saxónico e alemão. Todas as soluções possíveis e imagináveis existem: catecismo na escola ou não, ensino ministrado por professores especializados ou não, a proporção do ensino público e privado, consoante os países, é eminentemente variável. Na medida em que os sistemas educativos são produto da história, e de histórias muito diferentes consoante os países, na medida em que estão ligados à lenta produção do Estado moderno, a favor ou contra as autoridades eclesiásticas, com ou sem o suporte do que existe de heréticos e de dissidentes nas Igrejas, compreendemos que a sua diversidade seja extrema. Trata-se aqui de uma história muito complexa, que esquematizámos muito neste país, ao pensarmos que esse esquematismo era universal.

É aqui que a República, neste caso a III, se constituiu no e pelo seu confronto com a Igreja. Aliás, é provável que, nesta história, a guerra de 1914-1918 tenha sido uma das viragens importantes, pois aproximou numa mesma contribuição patriótica os que tinham sido violentamente opostos no decurso dos anos de 1900-1904. E, depois, não podemos esquecer o reconhecimento, ainda que tardio, da democracia pelo Vaticano, após as condenações pronunciadas contra ela durante todo o século XIX. Tudo isto explica que os países católicos, ou tradicionalmente católicos, tenham dificuldades particulares que os países protestantes não conhecem, embora não seja preciso imaginar que eles levem sempre a melhor. Certos países têm atrasos institucionais consideráveis: por exemplo, na Suécia, o luteranismo continua a ser uma religião de Estado. Vemos aqui em que medida o religioso e o político estão ligados a uma história. Cada uma destas histórias é já complexa, mas as suas intersecções são-no ainda mais. Creio que é preciso ter mais sentido histórico e menos sentido ideológico, para abordar os problemas ligados à laicidade.

Por exemplo, uma das dificuldades do problema francês — e talvez dos países latinos em geral — deve-se ao facto de a Igreja católica ter sido, e continuar a ser, de estrutura monárquica e constituir, assim, um modelo de política autoritária. Além disso, seria uma ilusão crer que o político está definitivamente livre de toda a referência ao teológico: na raiz do político, no seu fundamento, existe o enigma da origem da autoridade. De onde vem ela? É uma coisa que continua não resolvida, e que faz com que a sombra ou o fantasma do teológico continue a girar em torno do político. Por isso, para fabricar a laicidade tal como existe em França, foi preciso compor o conjunto, num diálogo construtivo, um modelo que deixou de ser monárquico no político e um modelo que permaneceu tal no eclesiástico. O debate em torno da escola pública e privada ganharia em clareza, se lhe restituíssemos as suas referências históricas.

Aliás, o próprio termo *privado* é fonte de confusões. Tem dois sentidos: *privado* pode querer dizer não-público; é neste sentido que a escola é chamada privada. Mas *privado* pode também significar o que é da ordem das convicções individuais. Compreendo muito bem que nenhuma Igreja aceite ser repelida para o privado, no sentido da interioridade das almas: toda a Igreja pensa ter um lado público, segundo a outra acepção do termo, como querendo dizer não-individual. E o próprio *privado* tem dois sentidos: o que não é da competência do Estado e o que não é da competência da colectividade. Todas estas palavras são difíceis de utilizar e, como sempre, uma das tarefas da reflexão filosófica é esclarecer os conceitos. Os anglo-saxónicos não cessam de nos dizer: esclareçam, primeiro, a vossa linguagem, distingam as utilizações das palavras...

■ *Os problemas da laicidade escolar reapareceram na cena francesa com o caso do véu islâmico. Qual é a este respeito a sua posição?*

Em primeiro lugar, é preciso dizer que a religião muçulmana se tornou a segunda em França, a seguir ao catolicismo, e que temos, na linha do dever de hospitalidade, um dever de compreensão. Tendemos demasiado a encarar os muçulmanos apenas sob o ângulo da ameaça integrista e esquecemos a ameaça inversa que sobre eles pesa, quer dizer, a desintegração — é pelo menos o que me dizem os meus melhores amigos muçulmanos: não nos olham como antigos colonizadores, quer dizer, numa relação de submissão e de subjugação, mas como uma ameaça de desintegração. Consideram que as nossas sociedades se encontram na via da desagregação e recusam ser igualmente vítimas suas. A questão do islamismo é *também* isso: uma espécie de protecção, sob certos aspectos pânico, perante a ameaça de uma decomposição. Eu diria mesmo que, nos nossos subúrbios, a capacidade de resistência própria das famílias muçulmanas, cuja estrutura comunitária permanece viva graças à religião, pode ser uma oportunidade para a franja desintegrada da nossa própria cultura. Pode muito bem ser que, na proximidade com o que chamamos o islão moderado, essa presença maciça possa representar efectivamente uma oportunidade feliz para a nossa sociedade, contra os elementos de decomposição que a minam. O que para eles permanece intacto poderia ser um elemento prometedor para nós.

A dificuldade do problema que evoca, e de todos os que com ele se relacionam, deve-se à novidade da situação em que nos encontramos. Temos de lidar com o islão na irrupção, no espaço político francês, de uma religião nova, que não participou na nossa história, que não fez parte das fontes religiosas que estiveram na origem da constituição da nossa nação, nem durante a Antiguidade, nem durante a Idade Média, nem sequer durante o Renascimento. Impressionante aqui é o facto da novidade do parceiro e, além disso, de um parceiro que não produziu o que a cristandade produziu, a bem ou a mal: a integração da dimensão crítica nas suas próprias convicções. É muito característico do judaísmo e do cristianismo que eles tenham, por fim, operado o difícil casamento da convicção e da crítica; mas o islão não pode, de repente, entrar na nossa maneira de distinguir o teológico e o político, pois assenta na ideia da sua unidade orgânica. Poderá ele um dia fazer a distinção crítica do político e do religioso? Terá ele obrigatoriamente de passar pelo mesmo processo de secularização que o nosso, processo apesar do qual as comunidades eclesiais cristãs tentam sobreviver? Eu hesitaria em tomar por modelo único a nossa própria grelha de secularização e a aplicá-la imediatamente ao islão. Um amigo islamólogo dizia-me que um islamista na linha de uma ortodoxia média — por outras palavras, não um extremista — verá sempre o Ocidente como cristão, apesar de ele estar descristianizado, quer dizer, como um território onde se desenrola uma religião *falsa*. A base essencial do ensino religioso islamista consiste em dizer que houve, decerto, uma verdade no judaísmo e no cristianismo, mas que foi falsificada pelas suas escrituras e que, portanto, só poderia ser integrada no islão introduzindo nele as suas falsificações. A nossa laicidade só pode ser percebida pelos muçulmanos como uma ideia louca saída de uma religião falsa; quando um imã ouve dizer que as leis da República são superiores às da religião, ouve qualquer coisa que para ele é muito simplesmente inconcebível.

Não menosprezemos também, quando reflectirmos sobre o futuro das relações entre comunidades, o facto de que a economia de mercado atravessa doravante o islão, como nos atravessou a nós; o islão está, por isso, igualmente confrontado com o universalismo da economia mercantil, que é um produto da modernidade próprio da cristandade. Ao longo do seu processo de decomposição, a cristandade produziu a ideologia da economia de mercado, que toma às avessas, ou pela parte de baixo, as sociedades islâmicas — mais que não seja pelo desvio do petróleo; elas estão assim na economia mundial e também na comunidade política internacional, pelas guerras, pelo direito internacional, portanto pelo mínimo ideológico que comporta a coexistência dos Estados.

Seja como for, temos doravante um problema muito difícil de colocar, porque é absolutamente insólito para nós. O Ocidente teve, decerto, no passado, relações com o islão; mas quando elas não eram hostis, situavam-se num nível intelectual muito elevado, entre médicos, advogados, teólogos ou filósofos; houve uma idade de ouro judeo-islamo-cristã, mas foi na Idade Média.

Agora que os muçulmanos se encontram entre nós, com o duplo estatuto de estrangeiros sedentários com direitos e uma carta de residência, ou então, em nome da lei do solo, com o de cidadãos franceses de religião muçulmana, será preciso aceitá-los na escola com os nossos próprios critérios, sem concessão, ou negociar antes, a partir da ideia de que a escola é o lugar de uma laicidade intermédia entre a da abstenção e a da confrontação, o lugar de uma laicidade que eu diria terceira? Porque não elaboramos o conceito de "laicidade terceira" é que nos encontramos, creio eu, bastante desarmados, e só temos soluções repressivas — o que me parece muito lamentável. E confesso estar chocado pelo facto de, no tocante ao véu, não se propor outra solução às raparigas muçulmanas. Quando se trata do judaísmo ou do cristianismo, pensa-se que podemos falar de sinais discretos e de sinais ostentatórios; oferecemos uma escolha. Onde está a alternativa para o véu? E, aliás, qual seria a forma ostentatória de um sinal católico? Alguém que chegasse à escola com uma cruz às costas?

Não posso coibir-me de pensar que há algo de ridículo no facto de uma rapariga cristã poder mostrar na escola o seu rosto, ao passo que uma rapariga muçulmana não tem o direito de esconder a sua cabeça. Uma vez mais, comecemos por olhar o que os outros fazem. Como é que os ingleses se arranjaram? Aceitam, recomendando véus discretos. Por outro lado, a questão das férias escolares. Em França, elas foram reguladas, em grande parte, sobre as festas religiosas do cristianismo. Mas nos Estados Unidos da América, no Yom Kippur e no Roch ha-Shana, não há aulas.

■ *Por causa da importância da comunidade judaica?*

Sim, mas também porque os americanos têm o hábito de uma negociação flexível. Nós ainda não aprendemos, em França, a resolver amigavelmente tais problemas.

Espontaneamente, eu teria sido favorável à aceitação do véu. Se o tivéssemos aceitado, talvez não se tivesse multiplicado; a recusa vai favorecer o seu desenvolvimento à porta das escolas. E chegaremos ao paradoxo de privar do ensino raparigas para quem a escola teria sido um meio de promoção social e até de libertação a respeito da família. É o efeito perverso da decisão de proibição. Ou então vamos remeter estes alunos para um ensino privado, mas que não apresentará nem as mesmas garantias nem as mesmas estruturas que o ensino privado confessional, que é também produto de uma longa história de negociações. Por exemplo, irá dar-se às escolas muçulmanas o equivalente dos contratos de associação que têm as outras escolas privadas? Inclusive no ensino confessional, há regras muito precisas de pluralismo religioso. Serão elas respeitadas nas escolas islâmicas?

Outro ponto complica ainda a situação do Estado francês quanto aos seus elementos muçulmanos: a influência de países estrangeiros sobre os mais integristas de entre eles. Actualmente, os países ocidentais estão numa relação conflituosa com o fundamentalismo do islão. Poderá, neste contexto, imaginar-se um islão francês que não seja de modo algum o ferro de lança de potências que são simultaneamente políticas e religiosas? Não deve esquecer-se, por exemplo, que o rei Hassan II é também instrutor da fé, e que o rei Hussein da Jordânia é descendente do profeta. Então, quando os seus emissários são imãs e esses imãs disserem às raparigas: "Vamos; não cedam!", já não sabemos o que pensar, excepto que todo este assunto é extremamente enviesado: por um lado, temos de lidar com um Estado laico um pouco inflexível nos seus critérios e, por outro, com uma arremetida islamista que põe à prova as capacidades de resistência do dito Estado e o leva ao disparate.

Desde Napoleão que a República se dispôs a tratar com as diversas religiões, não nas suas estruturas eclesiais de doutrina e de autoridade mas nas formas jurídicas particulares que são as sociedades cultuais; foi assim, por exemplo, que se criou o consistório para os judeus. O que se terá de criar em França para o islão é o equivalente do que os protestantes e os judeus obtiveram de Napoleão.

■ *Os católicos não resistiram a tal com menos força, até ao início do século XX. Quando a lei Combe foi aplicada, a República, com polícias, foi buscar os alunos às quintas...*

O próprio facto de evocar esses acontecimentos mostra o carácter regressivo da situação em que, neste momento, nos encontramos. Desde a época que refere, muito caminho já se andou.

Uma vez mais, toda a dificuldade reside no carácter inédito da situação. Todas as grandes imigrações que a França conheceu nos século XIX e XX vinham da Europa cristã ou judaica: as grandes massas de imigrados foram constituídas por polacos, italianos ou espanhóis, que não levantavam nenhum problema de maior. A imigração muçulmana vem intercalar-se numa história que teve o seu próprio curso e atingiu um certo equilíbrio, uma espécie de consenso conflituoso que representa justamente o tipo do bom consenso nas sociedades pluralistas.

■ *No fundo, não pensa que existe na laicidade dos nossos países ocidentais a ilusão de uma evacuação total do religioso?*

Todos os povos europeus são, como dissemos, bárbaros latinizados e cristianizados. Quer isto dizer que o religioso teve não só uma função de educação dos indivíduos mas também uma função de institucionalização.

Concordo plenamente neste ponto com Marcel Gauchet[1] para dizer que o religioso produziu o institucional fora, inclusive, do eclesiástico. A história da Idade Média mostra perfeitamente que as nossas grandes instituições foram, na sua maioria, engendradas segundo o modelo eclesiástico, quer se trate da universidade, do poder municipal, dos mercados ou das sociedades de pensamento. Por isso, não é possível imaginar uma situação limite em que o religioso fosse totalmente eliminado da autocompreensão das culturas e dos modernos Estados-nações; tal faz integralmente parte da sua formação, da sua *Bildung*. Neste sentido, podemos dizer que a laicidade é uma laicização, e que ela está ligada ao processo de secularização.

Mas também é possível que, como eu há pouco subentendia, exista qualquer coisa no próprio político que o impede de ir até ao fim do seu próprio projecto. Há nele uma espécie de fundo, ou de resíduo, que não brota simplesmente da sua origem histórica, quer dizer, da sua derivação a partir do religioso, mas que é o facto da sua constituição, da sua arqueologia, no duplo sentido do termo: cronológico e fundacional.

Não é, pois, incompreensível que se possa refazer uma conjunção do político e do religioso, em certas circunstâncias históricas particulares, sobretudo em períodos de decomposição do laço social. É o caso da Sérvia; mas poderia ser também, num futuro próximo, o caso da Rússia, onde vemos, de novo, as Igrejas a funcionar como instâncias de legitimação, como autorizações — no sentido próprio de *dar autoridade* — a respeito do político. Estamos em presença de um regresso à unção do polí-

---

[1] Marcel Gauchet, *Le désenchantement du monde. Une histoire politique de la religion*, Gallimard, Paris, 1985.

tico pelo religioso. Não é isso, afinal de contas, o que Estaline concebera, quando apelava à Igreja ortodoxa para levar ao que ele chamava "a grande guerra patriótica"? É, de facto, terrificante porque nas religiões também se aprende a morrer; trata-se então de uma espécie de extorsão de motivações fundadoras, de que o político, cuja história consistira, no entanto, em abandoná-las para ganhar a sua própria autonomia, se reapropria.

É verdade que, no caso presente, esta deriva se explica também pela incapacidade que o político tem de encontrar uma solução estável para outro problema: o da relação entre as fronteiras do Estado e as delimitações étnicas. É neste contexto que o religioso vem em terceiro, a fim de dar peso ao étnico para redesenhar os contornos do político.

▪ *A situação na ex-Jugoslávia e na Rússia não é única; no Médio-Oriente, entre Israel e os países árabes limítrofes, encontramos essa situação, onde o político é sobreinvestido pelo religioso e pelo étnico.*

Este caso é infinitamente mais complicado na medida em que *israelita* designa agora, em primeiro lugar, um tipo de cidadania. Mas até que ponto essa cidadania se define em referência, por um lado, a uma herança religiosa bíblica e, por outro, à história dos judeus da Europa, vítimas das perseguições em países cristãos? Eis o que é muito difícil de dizer. Além disso, também não há que identificar de todo os palestinianos com o islão: uma boa proporção deles são cristãos. Do mesmo modo, não se deve identificar *israelita* e *religioso judeu*, pois este último também pode ser ortodoxo ou liberal: não esqueçamos que Israel se encontra hoje, guardadas todas as proporções, na situação em que a França se encontrava no início do século XX, com uma guerra entre religiosos e laicos.

Religioso ou político, o que é que no Médio-Oriente é mais importante? Houve, sem dúvida, um fundo religioso na guerra que os dilacerou, no sentido de que a relação com a terra é sacralizada para ambas as partes. Para os judeus, a terra de Israel não é um lugar qualquer; e o nosso espírito arrepia-se com a ideia de que eles poderiam ter sido expulsos para Madagáscar ou para outro lado; de certa maneira, há uma relação histórica, se não de apropriação pelo menos de conveniência mútua entre este povo e esta terra. Mas também é verdade que o povo judeu se define não pela sua terra mas por uma palavra fundadora. Como é igualmente verdade que a mesquita al-Aksa de Jerusalém é considerada por todo o mundo muçulmano como um dos lugares santos do islão.

Às vezes, nos momentos de desespero, penso que existe, apesar de tudo, uma espécie de ironia teológica, ou antiteológica, na ideia de uma Terra duas vezes prometida, duas vezes dada...

LEITURAS E MEDITAÇÕES BÍBLICAS

■ *O senhor é um dos raros filósofos que realiza ao mesmo tempo um trabalho filosófico e um trabalho de reflexão de ordem religiosa. Como é que concilia as duas diligências?*

Parece-me que, tanto quanto recuo no passado, sempre andei sobre duas pernas. Não é só por precaução metodológica que não misturo os géneros, é porque gosto de afirmar uma referência dupla, absolutamente primeira para mim.

Dei a isso, na sequência das minhas reflexões, uma série de formulações, das quais talvez a mais exacta, aquela que hoje privilegio, é expressa pela relação entre convicção e crítica — coisa a que confiro, aliás, um sentido político muito acentuado, na perspectiva da vida democrática: formamos uma cultura que teve sempre convicções fortes, entrecruzadas em certos momentos críticos.

Mas trata-se apenas de uma maneira de exprimir a polaridade da convicção e da crítica, porque a filosofia não é simplesmente crítica, é também da ordem da convicção. E a própria convicção religiosa possui uma dimensão crítica interna.

■ *A convicção religiosa parece-lhe ser da ordem da experiência?*

Resisti muito à palavra "experiência" no meu trajecto, por desconfiança a respeito da imediatidade, da efusão, do intuicionismo; sempre favoreci, pelo contrário, a mediação da linguagem e da escrita; é mesmo nesse plano que as minhas duas filiações se confrontam.

Diria quase brutalmente que não é com base nos mesmos textos que faço filosofia e que sinto pertencer a uma comunidade e a uma tradição cristãs. Seria quase de textualidade em textualidade que estabeleceria o equilíbrio. No tocante à textualidade filosófica, apesar de divergirmos sobre a lista longa, temos todos a mesma lista minimal: Platão, Aristóteles, Kant, provavelmente Hegel e, entre os modernos, hesitaremos entre Nietzsche, Bergson, Husserl, Heidegger, Nabert, Jaspers, etc. A lista dos textos fundamentais em filosofia não é a lista dos textos que formam o *corpus* religioso. Insisto muito na mediação das escritas que, de um registo para o outro, são diferentes, mesmo se a actividade de leitura se aproxima. Quanto às escrituras bíblicas, entendo por tal a Bíblia hebraica, o Novo Testamento da Igreja primitiva e aquilo que é mais directamente teológico e exegético nos padres. Agostinho sempre foi para mim uma espécie de referência. Isso não exclui que existam trocas entre estes dois *corpus* de textos, no próprio sentido topológico, e que se possa colocar Agostinho do lado filosófico — o que fiz quando me servi das suas análises sobre o tempo no Livro XI das *Confissões*. Inversamente, Homero, Hesíodo e os trágicos gregos pareceram-me sempre situar-se numa espécie de regime intermédio entre os profetas de Israel, por um lado, e os filósofos pré-socráticos e Sócrates, por outro.

É indispensável, quando penetramos no universo da interpretação bíblica, distinguir bem os diferentes tipos de leitura e de abordagem, sem o que temos a impressão de um constante diálogo de surdos. Cada tipo de leitura e, portanto, de interpretação, serve objectivos diferentes e parte de pressupostos que são não só distintos mas frequentemente opostos. Uma leitura de ordem histórica não se embaraça com preconceitos dogmáticos, e a leitura oficial da Igreja também não pode contentar-se com ignorar soberanamente o que é revelado por um trabalho arqueológico, como a decifração dos manuscritos do Mar Morto. A leitura filosófica dos textos bíblicos não poderia, por sua vez, ignorar a vertente confessional, nem as investigações histórico-filológicas.

Entre textos gregos e fontes bíblicas, a diferença deve todavia ser modulada. Descobri isso recentemente, por ocasião da revolução exegética dos últimos anos, no domínio dos estudos do Antigo Testamento. Estes assentaram, durante perto de um século, na hipótese das quatro fontes — javista, eloísta, deuteronómica, sacerdotal —, que supostamente se estendiam ao longo de sete ou oito séculos de escrita. Ora, esta teoria, que foi durante muito tempo a vinheta do método histórico-crítico, e dos exegetas-teólogos, permitira edificar uma visão coerente da teologia do Antigo Testamento, fundada na acumulação de uma série de proclamações, de querigmas, unificados no querigma final do judaísmo. Em prol desta coerência presumida, parecia justificada uma oposição maciça entre judaísmo e helenismo. Actualmente, este edifício está em pleno desmantelamento. A crise do exílio na Babilónia torna-se a referência primeira para a reunião das tradições múltiplas de antes do exílio. Parece, hoje, que as suas escrituras e as suas rescritas tiveram lugar num tempo muito mais curto, e a sua unificação parece ter sido mais ou menos imposta pelas autoridades persas no regresso dos prisioneiros. À visão lentamente progressiva, convergente e unificada das escrituras judaicas substituir-se-ia uma visão mais contrastada, até mesmo mais polémica, da Bíblia hebraica, que convida igualmente a uma leitura plural. A leitura mais interessante parece ser uma leitura às avessas; partir-se-ia do Deuteronómio, cuja estranheza Espinosa foi um dos primeiros a sublinhar, bem como das histórias de Judá e de Israel compreendidas entre a monarquia de David e o Exílio — histórias culpabilizantes, marcadas pelo sinete deuteronómico —; em seguida, remontar-se-ia em direcção ao maciço mosaico da doação da Lei e, mais aquém ainda, em direcção às lendas dos patriarcas, colocadas sob o signo da bênção e da promessa em vez do mandamento e da acusação; a leitura terminaria pela visão sacerdotal de uma criação boa, arruinada pelo homem, tal como a lemos no primeiro capítulo do Génesis.

Trata-se, evidentemente, de uma hipótese de composição dos diferentes livros.

■ *Em que é que esse "movimento" imposto à leitura tem para si um grande significado?*

Tem-no a vários respeitos. Em primeiro lugar, porque tal indica que temos de lidar com teologias concorrentes, muito ligadas ao problema levantado pela catástrofe do exílio e pelo programa de reconstrução no regresso da Babilónia. Entrar nesta polémica judaica é pôr em movimento uma leitura inteligente, estimulada por conivências alternativas, por exemplo, entre herança deuteronómica e herança sacerdotal, ou entre a teologia da Lei sob o signo de Moisés e a teologia da bênção e da promessa sob o signo de Abraão, porque é a marca das tensões e das polémicas onde Israel é confrontado com o seu outro: outro mais ou menos externo (o baalismo), outro mais francamente externo — a cultura persa —, e um outro completamente externo: a cultura helenística.

Este último ponto de fricção é, para nós filósofos, da maior importância. Com efeito, os escritos que aqui estão em causa são aqueles que os escribas do judaísmo classificaram numa categoria diferente da da Torá e dos profetas — os *nebiim*: os Provérbios, os Salmos, o Eclesiaste, Job. Interessa-me a ideia de que estes escritos deveriam ser lidos em concorrência com os escritos fundadores da cultura helenística, Homero, Hesíodo, os poetas trágicos, os pré-socráticos. Se o javismo ortodoxo depende de uma polémica interna ao judaísmo confrontado com o desafio do exílio, estes escritos devem pôr-se numa relação de frente a frente com os textos gregos que acabámos de citar. Alguns exegetas queriam mesmo remontar mais alto e colocar os "historiadores" deuteronomistas em paralelo com Heródoto. Parece que me afasto aqui da visão de dois mundos separados, Jerusalém frente a Atenas!

■ *Diria, então, que temos de lidar com duas maneiras de pensar diferentes, mas talvez compatíveis?*

Sim, sem dúvida, enquanto se trata de leitura compreensiva ou, como dizem alguns, de teologia *descritiva*. Insisto no facto de que temos o direito de falar de um *pensamento* bíblico, na origem do imenso labor teológico que se desenvolve através das escrituras do antigo Israel, e tal por falta de uma linguagem especulativa, pois o dito pensamento bíblico só dispõe, para se exprimir, dos géneros narrativo, legislativo, profético, hímnico e sapiencial. No entanto, um "dizer Deus" variado abre-se, pelo seu giro polémico, à crítica interna e externa.

Mas eu também não gostaria de me deter aqui, porque o pensamento filosófico, tal como foi articulado na Grécia, não se opõe frontalmente à leitura compreensiva que acabo de evocar; opõe-se apenas às interpretações querigmáticas que dela são propostas pela teologia *confessional*, em acção no interior das escrituras bíblicas e sobretudo pelo desvio das grandes tradições históricas da Sinagoga e da Igreja. O reconhecimento de uma palavra que seria a de outro não é evidente, porque o método histórico-crítico leva a leitura compreensiva a revelar-se múltipla. A história das comunidades judaicas e cristãs mostra bem que nem sempre o mesmo centro organizador e a mesma linha directriz se consideraram normativos. Assim, a Igreja cristã dos primeiros tempos leu as escrituras judaicas de modo diferente da escola rabínica, que modelou o judaísmo propriamente dito, à custa de outras escolas rivais de outros lados. Em particular, as que estavam ligadas ao movimento apocalíptico que prolongam em grande medida as teologias, também elas múltiplas, da Igreja primitiva. Discernir uma palavra de Deus para hoje depende de uma hermenêutica da aplicação centrada na pregação, no sentido lato do termo. A este respeito, Karl Barth[1] continua a convencer-me de que aquilo que os teólogos chamam "dogmática" consiste numa ordenação, conceptual e discursiva, que relaciona uma palavra considerada fundadora com um juízo circunstanciado sobre o presente e o futuro das comunidades confessionais.

Será então preciso resignar-se a deixar um abismo aberto entre leitura descritiva e escuta confessional? Não creio. Não disse ainda nada sobre o meio-termo representado pela leitura canónica, quer dizer, a leitura aplicada à espécie de inteligibilidade engendrada pela última redacção, a última composição do

---

[1] Karl Barth (1886-1968), teólogo calvinista natural da Basileia, marcou uma reviravolta na teologia protestante, até então dominada pela hermenêutica de Schleiermacher (cf. o seu novo *Comentário da Epístola aos Romanos*), rompendo com a visão antropocêntrica do seu tempo em favor de uma concepção "dialéctica", que insiste na negação, na distância infinita que separa o homem de Deus, onde a única mediação possível não é nem a experiência nem a história, mas a cruz, recusando qualquer ideia de síntese entre o mundo e a Igreja, o homem e Deus.

texto tal como foi transmitido, uma vez codificado e sancionado pelas autoridades das comunidades que estão na origem da história particular da Sinagoga e da Igreja. A leitura canónica está aí para advertir que o próprio método histórico-crítico não passa de uma espécie de leitura que alinha os textos bíblicos com os outros textos de todas as outras religiões e de todas as outras culturas. A leitura canónica tem as suas regras próprias que lhe permitem tomar em conta a mensagem que os últimos redactores das últimas composições da Bíblia quiseram transmitir. Afinal de contas, é este último texto que, historicamente, foi eficaz. Assim acontece com o conjunto que chamamos Pentateuco, que se tornou Hexatêutico, se acrescentarmos Josué aos cinco primeiros livros da Bíblia hebraica. E se as correspondências, as analogias e as reinterpretações cumulativas aí predominam, não se deveria reduzir a inteligência canónica apenas a estas modalidades de interpretação.

Gostaria de citar aqui, na proximidade da leitura canónica, a obra considerável do padre Beauchamp[2] que, sem ignorar o método histórico-crítico, adopta a estrutura em três "escrituras" propostas pelos rabinos, não sem incorporar esta leitura na hermenêutica cristã dos padres e dos medievais, para quem o "outro" Testamento era a reinterpretação do primeiro. Justifica a sua abordagem pelo facto de que, numa leitura canónica limitada ao Antigo Testamento, as interpretações, reinterpretações, reformulações cumulativas das mesmas promessas e das mesmas alianças abundam, fazendo assim da hermenêutica cristã o real prolongamento de uma hermenêutica já a funcionar no cânone hebraico.

É, segundo penso, ao nível desta exegese canónica que começam a cindir-se o teológico e o filosófico. O encerramento do cânone torna-se o fenómeno maior que separa dos outros textos os que são *autoridade* para as comunidades, as quais, em compensação, se compreendem a si mesmas à luz destes textos fun-

---

[2] De Paul Beauchamp, ver sobretudo, *L'un et l'autre Testament: essai de lecture*, Le Seuil, Paris, 1977, e *Le récit, la lettre et le corps: essais bibliques*, Le Cerf, Paris, 1992.

dadores, distinguidos de todos os outros textos, inclusive dos comentários mais fiéis. O momento não-filosófico reside no reconhecimento da autoridade de textos canónicos dignos de guiar as interpretações querigmáticas das teologias confessionais. Estou de acordo com os teólogos exegetas que dizem que estes textos foram tidos por inspirados porque são autoridade, e não o inverso. Além disso, a própria ideia de "inspiração" é uma interpretação psicologizante da autoridade canónica; em todo o caso, ela em rigor só convém aos textos proféticos, onde efectivamente uma voz humana declara falar em nome de uma voz diferente, a de Javé. Foi apenas na medida em que o título de profeta se estendeu aos narradores, aos legisladores, aos sábios e aos escribas que a Bíblia foi considerada inspirada, com todas as aporias ligadas a esta ideia de uma palavra desdobrada. A ideia de autoridade tem, decerto, as suas dificuldades próprias, mas importa justamente enfrentá-las numa discussão que ponha frente a frente o mundo bíblico e o mundo helénico. E é no quadro de uma leitura canónica que teologias querigmáticas se vão diferenciar, e que se oporão então à leitura livre dos textos filosóficos. A partir daí, duas atitudes de leitura se distinguem e se enfrentam.

Mas é preciso ir ainda um pouco mais além neste confronto. É com as leituras querigmáticas ou, se quisermos, as teologias confessionais, que a oposição Jerusalém/Atenas é mais acentuada. Ora, é preciso compreender bem que as interpretações querigmáticas são igualmente múltiplas, sempre parciais e unilaterais, variando consoante as expectativas de um público, ele próprio modelado por um meio cultural que tem a marca da época. No seio do judaísmo, como antes afirmei, parece efectivamente ter havido uma escola rabínica dominante que impôs a sua visão da história e a sua concepção da Lei, sem chegar a apagar completamente da sua leitura o lado deuteronómico e o lado sacerdotal. Quanto à Igreja cristã, há apenas necessidade de insistir na diferença das teologias implícitas aos quatro Evangelhos, que a Igreja primitiva teve a sabedoria de deixar lado a lado, e na diferença entre as teologias de Paulo e de João. Mais tarde, veremos Lutero fazer da Epístola aos Romanos o cânone, à custa de outras interpretações possíveis. E quem não tem na memória as tentativas de

Martin Luther King para fazer da saída do Egipto e do Êxodo o paradigma supremo? O trabalho interno nas interpretações, sucessivamente divergentes e cumulativas, prossegue através dos séculos e até nós.

Gostaria, portanto, de finalmente reconduzir a diferença dos textos a uma diferença de atitude de leitura: a atitude crítica será mais do lado filosófico, ao passo que o momento religioso enquanto tal não é um momento crítico; é um momento de adesão a uma palavra que se considera vir de mais longe e de mais alto do que eu, e isso numa leitura querigmática, confessional. Encontramos, portanto, a este nível a ideia de uma dependência ou submissão a uma palavra anterior; na esfera filosófica, porém, e isso até numa perspectiva platónica, mesmo se o mundo das ideias nos precede, é por um acto crítico que nos apropriamos da reminiscência que toma o sentido de uma preexistência. O que me parece constitutivo do religioso é, portanto, o facto de dar crédito a uma palavra, segundo um certo código, nos limites de um certo cânone. Proporia de bom grado, para desenvolver este ponto, a ideia de uma série de "círculos" hermenêuticos: conheço esta palavra porque está escrita, e está escrita porque é recebida e lida; e esta leitura é aceite por uma comunidade que, por isso, aceita ser decifrada pelos seus textos fundadores; ora, é esta comunidade que os lê. Portanto, de certa maneira, ser um sujeito religioso é aceitar entrar ou ter já entrado nesta grande circulação entre uma palavra fundadora, textos mediadores e tradições de interpretação; digo tradições porque sempre estive convencido de que havia uma multiplicidade de interpretações no próprio interior do domínio judeo-cristão e, portanto, um certo pluralismo, uma certa competição entre tradições de escuta e de interpretação.

Quanto a entrar nesse círculo, sucedeu-me dizer que era um acaso transformado em destino por uma escolha contínua. Um acaso, porque sempre se poderia dizer-me que, se tivesse nascido noutro lugar, as coisas não teriam certamente seguido o mesmo curso. Mas semelhante argumento nunca me impressionou muito, porque imaginar-me nascido noutro lugar é imaginar-me não ser eu. Aceitarei, no limite, dizer que uma religião é como uma língua em que nascemos ou para a qual fomos transferidos por exílio ou por hospitalidade; em todo o caso, estamos nela em casa, o que implica também reconhecer que existem outras línguas faladas por outros homens.

■ *Pensa que há circunstâncias particulares em que seria dado aperceber algo desse além da língua, em cujo seio diz habitar?*

Nos últimos tempos, ao reflectir sobre a experiência da morte e sobre o que me disseram médicos especializados das experiências de fim de vida nos doentes com SIDA ou cancerosos, tive a impressão de que se pode verificar, nesse momento, que o apelo a recursos de coragem e de confiança vem de mais longe do que esta ou aquela língua; é aí que eu reintroduziria hoje a ideia de experiência: ninguém é moribundo quando vai morrer; está vivo, e existe talvez mesmo um momento — espero-o para mim mesmo — em que, em face da morte, os véus desta língua, as suas limitações e as suas codificações se apagam, para deixar exprimir-se qualquer coisa de *fundamental*, que é talvez então da ordem da experiência. A vida perante a morte obtém um V grande, eis a coragem de estar vivo até à morte. Penso todavia que são experiências raras, talvez semelhantes às vividas pelos místicos. Não tenho experiência nesse sentido. Fui mais sensível à interpretação dos textos, ao convite ético, embora, para lá do dever e até do desejo de "viver bem", confesse de bom grado que se dá a ouvir um apelo a amar vindo de mais longe e de mais alto.

■ *Voltaremos em breve àquilo que parece ser uma experiência limite, que o senhor associa ao acto de morrer. Mas gostaríamos primeiro de saber mais sobre aquilo que acabou de chamar o "fundamental" na sua relação com as religiões históricas e, mais precisamente, com o cristianismo, do qual ainda não falámos. Pois foi ainda necessário que, por fim, aceitasse essa língua que herdou à medida que começou a falá-la. Muitas pessoas que vivem a mesma dualidade ou a mesma polaridade que a sua servem-se frequentemente de um dos pólos para neutralizar o outro ou para o abandonar.*

É verdade. Mas não tenho nenhuma razão para censurar esse comportamento de pensamento. Disse há pouco que se tratava de um "acaso transformado em destino por uma escolha contínua". E aí deparo com as instâncias críticas, de Lucrécio a Nietzsche, passando por Espinosa, Hume, Voltaire. Mas sempre tive confiança num fundo de interpelação mais resistente, mais profundo e que vem de mais longe do que a própria crítica. A crítica é sempre articulada a partir de poderes que domino, ao passo que essa doação de sentido me parece justamente constituir-me quer como sujeito receptor quer como sujeito crítico. A própria polaridade da adesão e da crítica está sob o signo dessa doação anterior. Estou, pois, pronto a reconhecer o carácter historicamente limitado da minha situação e, para retomar a minha comparação com as línguas, diria que não existe maneira de falar que esteja fora de uma língua natural. O único recurso que temos a respeito da pluralidade das línguas é a tradução. Talvez o nosso problema consista hoje em saber se estamos ainda nessa relação de tradução entre uma herança judaica e cristã e as outras religiões ditas monoteístas, embora tenha as maiores dúvidas sobre a natureza, a identidade, que se poderia colocar fora das Escrituras, desse Deus que seria Alá e Javé noutro lado; penso que a própria denominação de Deus está implicada na constituição de cada uma das "línguas" evocadas, embora a palavra "Deus" seja uma espécie de palavra em suspenso e que designa talvez qualquer coisa que outros não chamariam Deus. Talvez, no budismo, isso fosse qualquer coisa da ordem da iluminação; há talvez línguas em que a palavra Deus não funciona. Mas reconheço-as como religiosas se nelas encontrar três critérios: a anterioridade de uma palavra constituinte, a mediação da escrita e a história de uma interpretação.

■ *Será que o próprio facto da Revelação na herança mosaica não se constitui como uma dualidade? Por um lado, a palavra anterior é pronunciada, mas, por outro, não pode ser directamente transmitida. É precisa a mediação não só de um homem, que é Moisés, mas ainda da escrita nas tábuas, as quais não podem ser imediatamente compreendidas: é preciso quebrá-las.*

Sim, insisto muito no facto de que a relação de interpretação é consubstancial à origem judaica. As tábuas foram escritas e quebradas; nunca ninguém tentou *mostrar* essas tábuas. E falamos delas numa escrita que também é uma escrita sobre tábuas. Voltamos assim à mediação da escrita. Ela impõe-se tanto mais se, como acima evoquei, é inevitável uma leitura plural do corpo bíblico, em que o maciço do Sinai não é o todo da Bíblia hebraica. Por exemplo, a tradição dos patriarcas, com a sua teologia da bênção e da promessa, diz talvez uma coisa completamente diferente da injunção e do mandamento.

Mas gostaria de me demorar na ideia de "origem" ligada ao que correntemente chamamos revelação. A própria noção de origem deve libertar-se do que seria uma obsessão, bem desmantelada pelos psicanalistas; deve ser dissociada de um começo que poderíamos tentar datar. Parece-me que remontar no tempo em direcção a algo de primeiro é apresentá-lo como um anterior cronológico, um primeiro que poderíamos perseguir. Encontramo-nos inevitavelmente presos nas antinomias kantianas. A origem, segundo penso, não funciona como um primeiro, primeiro de uma série como um começo de que poderíamos datar, mas como aquilo que está sempre já lá no seio de uma palavra actual. Trata-se, portanto, de um anterior que é mais da ordem do fundamental que do cronológico. Tem decerto o seu vestígio cronológico: Moisés precede-nos no tempo. Mas o próprio Moisés é precedido não só por tradições (que efectivamente podemos referir aos Mesopotâmicos), por todos os códigos milenares — na época de Moisés já existem dois mil anos pelo menos de especulações e de meditações —, mas sobretudo por uma anterioridade que não está na ordem cronológica do precedente temporal. E Moisés é precedido, na redacção final do Pentateuco, pelas tradições dos patriarcas às quais se apôs um grande prefácio, Génesis 1-11, que diz respeito a uma humanidade anterior à eleição de Abraão. Esta fuga para trás numa leitura às avessas é absolutamente surpreendente. É como uma retirada da origem à procura de um começo consignado: chegamos assim à magnífica narração sacerdotal da criação, que inicia simultaneamente a escrita e a leitura para uma génese canónica. O que o filósofo pode reter é a ideia de uma anterioridade que não é da ordem cronológica.

Uma maneira de mostrar que a ideia de origem não coincide com a de começo no tempo é sublinhar o lugar do sapiencial nas escrituras bíblicas. Sou dos que pensam que o género sapiencial se estende muito para além dos escritos incluídos nesta categoria. Em particular, o sapiencial dissimula-se facilmente sob o narrativo. Considero sapiencial narrativizado os relatos da queda, que são meditações de sábio mediatizadas pelo único veículo disponível que é o narrativo. Conta-se uma história: havia um homem que era bom, depois tornou-se mau por ocasião de um determinado acontecimento — o que é uma maneira de expor narrativamente o que está em sobreimpressão, como Kant compreendeu bem, quer dizer, o facto de a bondade originária do homem ser mais profunda do que a radicalidade do mal, radicalidade que afecta e infecta um *pendor*, para falar ainda como Kant, sem poder igualar-se à *disposição* fundamental para o bem. Esta sobreimpressão, que se situa na profundidade existencial, é exposta pela narrativa de maneira cronológica. São textos sapienciais que funcionam no narrativo, por assim dizer. Mas há também os textos proféticos, em que encontramos personagens históricas, como Ezequiel, Isaías, Jeremias, os quais enfrentam o acontecimento de uma ameaça de destruição através de uma palavra que é simultaneamente palavra de luto e palavra de esperança na reconstrução. Este ritmo de destruição e de reconstrução, de morte e de ressurreição, é um grande modelo que encontraremos no esquema da Paixão — a cruz, a morte, a ressurreição —, mas do qual podemos dizer que já se encontra no Antigo Testamento, no ritmo da grande tradição profética: o anúncio da destruição, o exílio efectivo e a promessa de restauração. Podemos incluir esta espécie de ritmo na categoria de "revelação" no sentido de que, quando tal leio, sou instituído segundo esse ritmo de asserção--destruição-restituição; não o retiro de mim, encontro-o já inscrito anteriormente a mim. Volto uma vez mais a Kant — é sempre o meu autor privilegiado, para a filosofia da religião — que, ao falar da figura do Cristo como o homem agradável a Deus e dando a sua vida pelos seus amigos, declara que ele não teria podido tirar esta figura de si mesmo, e que a encontra inscrita numa espécie de imaginário ou de esquematismo constitutivo do religioso. Em vez de revelação, eu preferiria falar de uma situação em que se faz referência a um imaginário constituinte, pelos recursos da linguagem religiosa, sucessivamente narrativa, legislativa, hímnica e talvez, acima de tudo, sapiencial.

■ *De facto,* revelação *é um termo que não emprega facilmente. Porquê?*

Em primeiro lugar, parece-me que se reduz com demasiada frequência à inspiração, a qual, como há pouco demonstrei, só convinha a certa categoria de textos; quando se estende ao conjunto do *corpus* bíblico, introduz uma interpretação psicologizante da autoridade canónica, que é o verdadeiro conceito director com o qual o filósofo e, antes dele, o teólogo querigmático se devem explicar. Além disso, o termo revelação só convém a uma leitura querigmática e não à leitura histórico-crítica, nem sequer à leitura canónica, que não convida necessariamente o leitor a um "pôr em prática". E mesmo a leitura querigmática, fora das escolhas e das decisões de prioridade entre textos "falantes" que ela implica, é múltipla: ou seja, não se reduz a um apelo de obediência — mesmo se por tal entendermos a "obediência da fé" — mas apela também à reflexão, à meditação, a que os alemães chamam *Andenken* ("meditação e reflexão de ordem especulativa"), e inclusive ao estudo, como gostam de dizer os rabinos, lendo, discutindo, interpretando a Torá, considerada aliás uma instrução. É manifestamente este o caso dos escritos sapienciais, como de muitas narrativas.

■ *Existe um texto do Pentateuco — Êxodo, 3, 14 — que é quase uma passagem obrigatória, quando se reflecte sobre as relações entre filosofia e religião.*

Interessei-me já por esse "episódio" do Êxodo 3, 14, sobre o qual os filósofos têm escrito muito por causa da utilização particular que se faz do verbo *ser* — "Eu sou aquele que é", "Eu sou aquele que sou" ou "Tornar-me-ei o que me tornarei", para traduzir como Buber e Rosenzweig o fazem em alemão. Trata-se aqui de uma espécie de irrupção especulativa no meio narrativo, uma vez que afinal o Êxodo 3, 14, consiste numa narrativa de vocação, que se assemelha muito a outras narrativas de vocação, a começar pela de Gedeão, e das quais a mais sumptuosa é a de Ezequiel, introduzida pela grandiosa visão no templo, com os anjos com seis asas e o carvão ardente colocado nos seus lábios. No Êxodo 3, 14, portanto, o contexto narrativo do relato de vocação é dilacerado por uma espécie de irrupção especulativa, por uma espécie de cifra, onde a utilização do verbo *ser* hebraico foi assimilada ulteriormente ao verbo *ser* grego, não dispondo os Setenta de outro. Assim, é preciso dar lugar, na Bíblia, a um registo especulativo. O que leva a dizer — lembrando o dualismo dos dois sistemas da linguagem que são religião e filosofia — que existe efectivamente um pensamento bíblico. A tal respeito sou ainda kantiano, ao dizer que o *Denken* ("pensar") não se esgota no *Erkennen* ("conhecer") e que há aí uma maneira de pensar e de ser não filosófica. É, de facto, outro modo de pensar e de ser, um modo não-filosófico, que transmitem os profetas, os colectores das tradições mosaicas e das outras tradições, e que se manifesta no "dito" dos sábios e desse Oriente do qual os hebreus fazem parte.

Numa época da minha vida, há uma trintena de anos, sob a influência de Karl Barth, levei o dualismo muito longe, até promulgar uma espécie de proibição de estada relativamente a Deus na filosofia. Sempre desconfiei da especulação que chamamos ontoteológica, e reagi de maneira crítica a toda a tentativa de fusão entre o verbo *ser* grego e Deus, apesar do Êxodo 3, 14. A desconfiança a respeito das provas da existência de Deus levara-me a tratar sempre a filosofia como uma antropologia — é ainda a palavra que adoptei em *Si-mesmo como um Outro*, onde só abordo o religioso nas últimas páginas do capítulo sobre a voz da consciência, ao dizer que a consciência moral me fala de mais longe do que eu; não posso dizer então se é a voz dos meus antepassados, o testamento de um Deus morto ou o de um Deus vivo. Nesse caso, sou agnóstico no plano filosófico.

Tinha talvez também outras razões para me proteger das intrusões, das infiltrações demasiado directas, demasiado imediatas do religioso no filosófico; eram razões culturais, diria até institucionais: empenhava-me muito em ser reconhecido como um professor de filosofia, que ensina filosofia numa instituição pública e fala o discurso comum, portanto, com todas as reservas mentais, inteiramente assumidas, que isso supunha, pronto a deixar-me acusar periodicamente de ser um teólogo disfarçado que filosofa, ou um filósofo que faz pensar ou deixa pensar o religioso. Assumo todas as dificuldades desta situação, inclusivamente a suspeita de que, na realidade, não terei conseguido manter essa dualidade tão estanque. Propus, aliás, no início de *Si--mesmo como um Outro*, uma linguagem de transição, ou antes uma espécie de armistício, quando distingui entre a argumentação filosófica, no espaço público da discussão, e a motivação profunda do compromisso filosófico e da minha existência pessoal e comunitária. Por motivação, não entendo o sentido psicológico que significa ter motivos, os quais, afinal de contas, devem ser razões, mas o que Charles Taylor, em *Sources of The Self*([3]), chama as "fontes", divisando aí algo que não domino. A palavra "fonte" tem também conotações neoplatónicas e pertence à linguagem religiosa filosófica, que pode por vezes afigurar-se próxima do religioso específico, confessional, conotando a ideia de fonte viva. Não é de espantar encontrar nos dois registos analogias que podem definir afinidades, e assumo isso porque não creio ser o dono do jogo nem o dono do sentido. As minhas duas fidelidades escapam-me sempre, mesmo se por vezes elas acenam uma à outra.

■ *Na exegese ou hermenêutica bíblica, os métodos que acima descreve — desde o método histórico-crítico até às leituras querigmáticas — não incorporam ineluctavelmente conceitos ou argumentos de ordem filosófica?*

([3]) Charles Taylor, *Sources of the Self: the Making of the Modern Identity*, University Press, Harvard, 1989. Em francês, podemos ler de Charles Taylor *Le malaise de la modernité*, Le Cerf, Paris, 1994. Sobre a sua obra, cf. James Tully (ed.), *Philosophy in an Age of Pluralism. The Philosophy of Charles Taylor in Question*, Cambridge University Press, 1994.

Sim, isso é inevitável, sobretudo ao nível da teologia confessional, que recorre necessariamente à linguagem cultural disponível numa determinada época. Assim, o querigma bíblico foi transmitido nas "línguas" sucessivamente helenística, neoplatónica, kantiana, schellingiana, etc. Sobre a mediação da linguagem filosófica para utilização das teologias confessionais, expliquei-me nos textos que figuram no volume III das minhas *Leituras* ([4]), onde — eis um modo de funcionamento misto interessante — uma hermenêutica geral no sentido de Schleiermacher, quer dizer, uma reflexão sobre o que é o compreender, sobre o lugar do leitor, a historicidade do sentido, etc., serve de *organon* à hermenêutica bíblica. Por seu turno, um envolve o outro. Esta condição de englobamento mútuo não é rara, encontrei-a, como disse, num registo completamente diferente, no próprio interior do discurso filosófico: o filósofo poderá dizer que inclui um segmento semiótico na sua teoria da linguagem, e o semiótico poderá responder-lhe que, por sua vez, ele faz a semiótica do discurso do filósofo. Passa-se, de facto, qualquer coisa de semelhante entre o discurso teológico e o seu *organon* filosófico, inclusivamente o da filosofia hermenêutica.

▪ *Falemos agora da sua relação com o cristianismo, da qual ainda falámos pouco, por nos termos concentrado tanto na Bíblia hebraica. Não terá o filósofo, ainda assim, algumas dificuldades em admitir o mistério da Ressurreição?*

Não lamento a longa estada ao lado de Moisés, de Abraão, dos Salmos, de Job. É perante esses textos que se faz a partilha entre leitura histórico-crítica, leitura canónica e leitura querigmática, a qual é em última instância leitura de fé.

Venhamos agora ao Novo Testamento e ao seu núcleo, a prédica da ressurreição. Antes de falar da ressurreição, quero evocar um episódio do Evangelho em que ressoa a significação da Paixão, portanto da morte de Jesus; a Paixão é, de facto, o que primeiro se dá a compreender. O texto em que penso é uma passa-

---

([4]) Cf. P. Ricoeur, *Lectures III*, Le Seuil, Paris, 1994.

gem do Evangelho de Lucas (22, 31), a única em que Jesus trata alguém por Satã. O discurso dirige-se a Pedro, a quem faz referência primeira a tradição católica de leitura e de interpretação dos Evangelhos. Porquê essa "saída" de Jesus contra Pedro? Porque propõe este a Jesus uma espécie de contrato que é chegar à glória sem passar por Getsémani. Ora, o preço a pagar é justamente Getsémani. É aqui que uma primeira decisão se tem de tomar, a qual é de peso quanto à relação com a filosofia; diz respeito ao sentido a dar à Paixão e à morte de Jesus. Uma tradição maioritária, que se baseia no Novo Testamento, em particular em Paulo, compreendeu esta morte nos termos do sacrifício, da satisfação vicariante dada à cólera divina. Jesus punido em nosso lugar. Uma outra tradição minoritária, mas mais profunda, e verdadeiramente revolucionária em relação às religiões sacrificiais, como mostrou eloquentemente René Girard, põe o acento principal no dom gracioso que Jesus faz da sua vida: "Ninguém me rouba a vida, dou-a." Esta interpretação não sacrificial está de acordo com um dos ensinamentos de Jesus: "Não existe maior amor do que dar a sua vida pelos seus amigos." (João, 16, 13.) Prezo muito a libertação da teologia da cruz a respeito da interpretação sacrificial. Encontro neste ponto o acordo de tão bons exegetas como o padre Xavier-Léon Dufour, o autor de *Lecture de l'Évangile de Jean* ([5]) e de *Face à la mort. Jesus et Paul*.

Em que é que esta primeira decisão abre a via a uma reinterpretação das narrativas que conduzem à ressurreição? Aqui, confesso afastar-me não só da interpretação dominante mas do que continua a ser o consenso pelo menos tácito dos teólogos dogmáticos. Mas é talvez aqui que o filósofo que sou anima o aprendiz de teólogo que em mim se agita. Sempre me pareceu que a enorme carga narrativa dos relatos acerca da descoberta do túmulo vazio e das aparições do Cristo ressuscitado dissimula a significação teológica da ressurreição enquanto vitória sobre a morte. A proclamação — "O Senhor ressuscitou verdadeiramente" (Lucas, 24, 34) — parece-me ultrapassar em vigor afir-

---

([5]) Xavier-Léon Dufour, *Lécture de l'Évangile de Jean*, 3 vols., Le Seuil, Paris, 1988-1993; *Face à la mort. Jésus et Paul*, Le Seuil, Paris, 1979.

mativo o seu investimento no imaginário da fé. Não será na qualidade dessa morte que reside o começo do sentido da ressurreição? Encontro aqui um apoio em João, para quem a "elevação" do Cristo começa na Cruz. Parece-me que esta ideia de elevação — acima da morte — se encontrou mais tarde disseminada narrativamente entre os relatos de crucificação, de ressurreição, de ascensão, de Pentecostes, as quais deram lugar respectivamente a quatro festas cristãs distintas. É aqui que, talvez uma vez mais sob a pressão do filósofo em mim, sou tentado, na esteira de Hegel, a compreender a ressurreição como ressurreição na comunidade cristã, a qual se torna o corpo do Cristo vivo. A ressurreição consistiria em ter outro corpo que não o corpo físico, quer dizer, em adquirir um corpo histórico. Serei inteiramente heterodoxo? Parece-me prolongar aqui certas palavras de Jesus vivo: "Quem quiser salvar a sua vida perdê-la-á primeiro", palavra admirável que não anuncia nenhuma perspectiva sacrificial; e, além disso: "Vim para servir e não para ser servido." A aproximação entre estes dois textos sugere-me que a vitória sobre a morte no acto de morrer não é diferente do serviço dos outros, o qual se prolonga, sob a conduta do espírito de Cristo, na diaconia da comunidade. Esta interpretação, confesso-o, é a expressão do que Léon Brunschvicg teria decerto chamado um "cristianismo de filósofo", para o distinguir de uma filosofia cristã à Malebranche([6]).

■ *A ideia de que Cristo se poderia tornar verdadeiramente o rei do mundo se não aceitasse a cruz não será da mesma ordem que a perversão a que cede Pedro?*

Sim, aliás, o único lugar dos Evangelhos onde se trata do próprio Satã é a narrativa das três tentações. No fundo, seria preciso aproximar as três tentações — que nada têm a ver com a sexua-

---

([6]) Cf. Léon Brunschvicg, *La Raison et la religion*, Paris, 1939. Sobre a discussão em torno da questão: "Existe uma filosofia cristã?", desencadeada em 1927 por Émile Brehier no volume I da sua *Histoire de la philosophie*, cf. Henri Gouhier, *La philosophie et son histoire*, 2.ª ed., Paris, 1948.

lidade, como as inúteis discussões suscitadas pelas últimas encíclicas papais induziriam a fazer crer —, problemas de poder, quer seja o do dinheiro, o das autoridades políticas ou o das autoridades eclesiásticas. O que é muito mais grave que as questões sexuais: a sexualidade só é provavelmente perniciosa e perigosa na medida em que exerce um poder sobre outro, que ela transforma em objecto, por outras palavras, quando já não exprime um reconhecimento mútuo, o assentimento mútuo de uma carne a outra.

Mas volto à ideia de que a cruz e a ressurreição são a mesma coisa: não é espantoso que seja o centurião romano a dizer, designando Jesus quando ele acaba de morrer: "Verdadeiramente, este homem era filho de Deus" (Marcos, 15, 39)? Vem assim completar o grito de Jesus: "Meu Deus, meu Deus, porque me abandonaste?", que é também o início do Salmo 22. Há uma espécie de colusão, de coalescência entre os dois momentos de um mesmo salmo, o momento de lamentação, no limite da acusação, e o momento de louvor (não temos, aliás, nenhum meio de ultrapassar a relação entre o lamento e o louvor que, em conjunto, constituem os dois pilares da oração). Na narrativa da crucificação, Jesus diz o início do Salmo — "Meu Deus, porque me abandonaste?" — e o centurião pronuncia a outra metade, o louvor — "verdadeiramente, este homem era filho de Deus." A palavra dupla, no momento da morte de Jesus, antecipa o cumprimento pleno da ressurreição no outro do crucificado, a saber, na comunidade. A conjunção do lamento e do louvor contém o esboço de uma comunidade incoativa que entrará na história a partir do Pentecostes. É admirável que Marcos veja Jesus deter-se no lamento, ao passo que Lucas lhe atribuirá igualmente a outra metade: "Pai, nas tuas mãos entrego o meu espírito." (Lucas, 23, 46.) Com Lucas a mesma personagem pronuncia simultaneamente o lamento e o louvor. A força de Marcos é ousar ou obedecer a outra lei diferente da de Lucas. No limite, Jesus não sabe que era o Cristo. E é a comunidade que o reconhece e o diz, uma vez que é instituída por esse não-saber. O que me leva a dizer que não sei, finalmente, o que se passou entre a Cruz e o Pentecostes. A este respeito, admito absolutamente que um sentido teológico seja veiculado pelo relato do túmulo vazio e pelo das aparições. Mas este sentido teológico está como que dissimulado no imaginário da narrativa. Não significará o túmulo vazio a passagem ao vazio entre a morte de Jesus como elevação e a sua ressurreição efectiva como Cristo na comunidade? E não consistirá o sentido teológico das aparições em ser o mesmo espírito de Jesus, que oferecia a sua vida pelos seus amigos, que agora põe em movimento o punhado de discípulos, transformados, de fugitivos que eram, numa *ecclesia?* Nada sei da ressurreição como acontecimento, como peripécia, como regresso. Aqui, todo o relato empírico me parece mais dissimular do que representar o seu sentido teológico, aliás ele próprio múltiplo, como testemunha a pluralidade dos Evangelhos e os relatos discordantes de Paulo e de João.

■ *Todo o problema seria então saber como fazer para que se entre na memória de uma comunidade futura sem que tal ocorra de modo apologético e hagiográfico, permanecendo todavia absolutamente exemplar.*

A ressurreição é afirmada por uma comunidade inelutavelmente histórica e, portanto, limitada pelo seu aparelho institucional — por mais reduzido que ele seja. É um debate essencial que foi muito importante para os românticos alemães: poderá dissociar-se a Igreja invisível da Igreja visível? Eu compararia esta questão à seguinte: poderá encontrar-se uma língua primitiva que não seja uma das línguas naturais? A resposta é negativa. A linguagem só existe nas línguas. E a Igreja invisível só existe nas igrejas visíveis. O problema é assumir sem violência este constrangimento histórico. Quando digo sem violência, olho do lado do budismo, porque a cristandade histórica assumiu muito mal essa relação, verteu-a muitas vezes na violência extrema — as cruzadas, a Inquisição, as guerras religiosas, os protestantes ingleses proibindo aos católicos irlandeses de formar os seus padres, etc. Não existe uma comunidade histórica que seja indemne. Outrora, ao reflectir sobre a violência, observei que ela cresce e culmina desde que nos aproximamos dos cumes, que são simultaneamente cumes de esperança e cumes de poder. O cúmulo da violência coincide com o cúmulo da esperança, quando esta pretende totalizar o sentido, quer político quer religioso. Embora a comunidade religiosa se constitua fora da esfera do político e vise reunir os homens em torno de um projecto de regeneração diferente de um projecto de poder político, passa por sua vez pelo "desfile" do poder e da violência. A Igreja apresenta-se como uma instituição da regeneração. A situação eminente do religioso e a sua própria transcendência em relação ao político não estão isentas de efeitos perversos.

■ *Transcendência em relação ao político, quando tal não é colusão com ele...*

Historicamente, foi o que aconteceu com maior frequência; o político reivindicou a unção do poder eclesiástico e este último solicitou ao político o reforço do braço secular. A este respeito, repenso o que dizia Hannah Arendt sobre o inferno, a saber, que é uma categoria política, uma noção forjada para governar os homens. Acho que sim. Trata-se de fazer medo. É um mecanismo que Jean Delumeau desmontou magnificamente ao longo da sua obra, em particular na sua história do medo no Ocidente[7]. Estou contente por a prédica do inferno ter quase desaparecido, talvez porque entre nós instaurámos o inferno. Os relatos sobre o inferno que se podem ler parecem agora risíveis, comparados com os horrores de Auschwitz. Pode dizer-se sem paradoxo que o inferno foi historicamente superado. Num determinado momento fui seduzido, talvez convencido, por aquilo que dizia Karl Barth, a saber, que não há inferno para ninguém: nem para o incrédulo, que lhe é indiferente, nem para o crente, pois dele foi libertado. É um paradoxo, talvez, que merece ainda que nele nos detenhamos...

■ *O que diz da "colocação entre parênteses" do problema da ressurreição carnal, num corpo glorioso, deveria ter como primeira consequência ética a não-preocupação/despreocupação pela própria salvação, e também, mais profundamente, a não preocupação pela simples salvação, no sentido de uma sobrevivência. Iria até esse ponto?*

---

[7] Jean Delumeau, *La peur en Occident*, Fayard, Paris, 1981.

Sim, decerto. Creio cada vez mais que é preciso exonerar-se dessa preocupação para levantar o problema da vida até à morte. Tudo o que tentei dizer sobre o si e a alteridade no si, continuarei a defendê-lo num plano filosófico; mas, na ordem religiosa, talvez pedisse para abandonar o si. Já citei a palavra tomada de empréstimo a Jesus e que é, sem dúvida, um dos *ipsissima verba*: "Quem quiser salvar a sua vida, perdê-la-á." É, de facto, possível que filosoficamente me deva agarrar à defesa do si contra pretensões redutoras a seu respeito. Permaneço filósofo reflexivo, portanto filósofo do si, do *ipse*. Mas a passagem à questão religiosa que, em termos kantianos, tem por termo exclusivo, diversamente da moral, a regeneração — traduzo: a restauração ou a instauração de um homem capaz, capaz de falar, de agir, de ser responsável moral, jurídica e politicamente —, semelhante passagem do moral ao religioso supõe uma renúncia de todas as respostas à questão "Quem sou eu?" e implica, talvez, renunciar à urgência da própria questão, em todo o caso renunciar à sua insistência e à sua obsessão.

Que esta cultura do "desapego" — para retomar o título magnífico de um escrito de mestre Eckhart e para se inscrever com ele na tradição da mística flamenga — implica pôr entre parênteses a preocupação de ressurreição pessoal parece-me cada vez mais evidente. Em todo o caso, parece-me que a forma "imaginária" da preocupação deve ser abandonada, quer dizer, a projecção do si para além da morte em termos de sobrevivência. A sobrevivência é uma representação que permanece prisioneira do tempo empírico, como um "após" que pertence ao mesmo tempo que o da vida. Este "após" intratemporal só pode dizer respeito aos sobreviventes. Estes não podem deixar de levantar a questão: Em que é que se tornaram os meus mortos? Onde estão agora? O que dá ao desejo de sobrevivência uma força tão difícil de superar é a antecipação e a interiorização, durante a minha própria vida, da questão que se porá aos meus sobreviventes; ora, não devo tratar-me como o morto de amanhã, enquanto estou em vida. Retomo aqui um ponto da nossa conversa onde evocava a esperança, no instante da morte, de uma abertura dos véus que dissimulam o fundamental escondido sob as revelações históricas.

Projecto, assim, não um após-a-morte, mas um morrer que seria uma última afirmação da vida. A minha experiência de um fim de vida alimenta-se do desejo mais profundo de fazer do acto de morrer um acto de vida. Esse desejo, estendo-o à própria mortalidade, como um morrer que permanece interno à vida. A própria mortalidade deve, pois, pensar-se *sub specie vitae*, e não *sub specie mortis*. Isso explica que não goste nada nem utilize o vocabulário heideggeriano do ser para a morte; diria antes: o ser até à morte. Importa estar vivo até à morte, levando o desprendimento até ao luto da preocupação de sobrevivência. Vejo aqui fundir-se o vocabulário de mestre Eckhart e o de Freud: "desprendimento" e "trabalho de luto". No fim de contas, a vida só avança à custa de abandonos e de renúncias. Desde o nascimento, foi preciso abandonar a segurança da vida intra-uterina; aos vinte e cinco anos, sabia que já não podia ser um corredor de fundo. De maneira mais pessoal, e mais difícil de confessar, tive de abandonar, em termos de carreira e de êxito social, o sonho de ser normalista e, depois, o de ser eleito para o *Collège de France*.

Ao dizer isto, não me sinto atingido pela acusação ritual, dirigida ao cristianismo por Nietzsche e seus sucessores, de ter sido apenas uma cultura de sofrimento, além de haver sido animada pelo desprezo e pela calúnia da vida. Mais exactamente, para não ser atingido por esta censura, devo incorporar a este trabalho de luto a certeza de que a alegria é ainda possível quando abandonamos tudo — e é nisso que o sofrimento é o preço a pagar; não que seja preciso procurá-lo por si mesmo, mas é preciso aceitar que há um preço a pagar. Por outras palavras, quando releio Nabert, que utiliza sempre lado a lado as expressões desejo de ser e esforço para existir, observo que a palavra "esforço" não é absorvida pela palavra "desejo", pois no esforço há sempre um preço a pagar. Mas é em benefício da vida e dos seus múltiplos começos e recomeços. Tal lembra-me aquilo que eu escrevia, há cinquenta anos, em *O Voluntário e o Involuntário*, onde pedia que reflectíssemos sobre o nascimento e não acerca da morte. A seguir, encontrei, com uma certa estupefacção, a exclamação de Hannah Arendt, judia, citando os Evangelhos, os quais, por seu turno, citam Isaías: "Nasceu-nos uma criança, foi-nos dado um filho" (8, 23-9, 5)([8]). Também para ela o nascimento significa mais do que a morte. É isso, desejar permanecer vivo até à morte.

■ *Rejeita, portanto, outros significados eventuais do além que não se reduziriam ao imaginário da sobrevivência?*

Estou a este respeito muito hesitante, e por uma razão que ultrapassa o destino dos nossos desejos, dos nossos votos, dos nossos anseios. O desprendimento e o trabalho de luto situam-se ainda no mesmo tempo que o objecto da renúncia, a saber, uma sobrevivência que se desenrolaria numa espécie de temporalidade *bis*, paralela à dos sobreviventes. A razão é que não temos discurso disponível para pensar a relação do tempo com a eternidade. Só podemos imaginá-la, e de maneira múltipla, como sugiro muito rapidamente em *Tempo e Narrativa*([9]), onde refiro uma variedade de experiências de eternidade que não se deixam encerrar no esquema agostiniano do eterno presente. Essas experiências extremas, que podem ser também experiências muito simples (nascimento de uma criança, aceitação de um dom, felicidade de uma amizade partilhada), suscitam o que me resigno a chamar um esquematismo analógico do fora-do-tempo, do mais do que tempo — esquematismo muito difícil de distinguir do simples imaginário, como vemos em Kant, quando recorre a esse nível de discurso([10]). Ora, entre os esquematismos possíveis, viro-me facilmente para um deles, que me é sugerido por uma expressão bíblica relativa à memória de Deus (cito a tradução da Bíblia de Jerusalém pela qual tenho um fraquinho): "Que é o homem para Vos lembrardes dele, o Filho do homem, para dele cuidardes?" (Salmo 8, 5) Notarão o giro interrogativo que conservo para a minha especulação. Não ignoro que, na linguagem bíblica, memória não se reduz a recordação, sob pena de recair no tempo da história, mas significa qualquer coisa como a preocupação, a soli-

---

([8]) Cf. *La condition de l'homme moderne*, Calmann-Lévy, Paris, 1961, p. 278.

([9]) *Tempo e Narrativa*, I, p. 41 sq. (da ed. fr.).

([10]) Cf. François Marty, *La naissance de la métaphysique chez Kant: une étude sur la notion kantienne danalogie*, Beauchesne, Paris, 1980.

citude, a compaixão. Esta memória-preocupação dependeria, segundo creio, da dimensão do fundamental de que falava mais acima, do fundamental virado para nós. Então, na linha deste versículo, ponho-me a meditar — *andenken!* — sobre um Deus que se lembra de mim, para além das categorias do tempo (passado, presente, futuro). Para justificar semelhante divagação, arrisco-me a dar-lhe um prolongamento especulativo na esteira da *process theology* saída de Whitehead([11]), onde se trata de um Deus que devém — e não que é, no sentido estático e imutável da filosofia grega de que Agostinho ficou tributário. Baseando esta especulação no esquematismo da memória de Deus, "imagino" que a existência humana que já não é, mas que *foi*, é de certa maneira recolhida na memória de um Deus que por ela é afectado. Como diz Hartshorne([12]), o discípulo principal de Whitehead, a existência assim recolhida "faz uma diferença" em Deus. Encontrei uma ideia vizinha proferida por Hans Jonas no seu admirável ensaio sobre *O Conceito de Deus após Auschwitz*([13]). Imagina ele um Deus sofredor, que as boas acções dos homens (numa perspectiva judaica) vêm de certa maneira socorrer. Em última análise, a minha posição a respeito da sobrevivência pessoal está completamente de acordo com a minha interpretação da ressurreição de Cristo. É sob o signo dessa ressurreição, que une o dom da sua própria vida e o serviço dos outros, que coloco a presente especulação. E é neste sentido que a considero cristã, por mais periférica que possa ser em relação às teologias dominantes. Seja o que for esta especulação, reconhecida como tal, na qual se fornece um certo conteúdo não temporal à ideia temporal do além, não queria que servisse de pretexto para atenuar o rigor que exige a renúncia à ideia de sobrevivência, sob o signo duplo do "desprendimento" eckhartiano e do "trabalho de luto" freudiano. Para utilizar uma linguagem que permanece muito mítica, diria o

---

([11]) Cf. A. N. Whitehead, *Procès et réalité*, Gallimard, Paris, 1995. Whitehead (1861-1947) esforçou-se por elaborar uma teologia natural capaz de conciliar a noção de Deus e a de futuro.

([12]) De Charles Hartshorne, que foi colaborador de Whitehead em Harvard, cf. *Man's Vision of God and the Logic of Theism*, Chicago, 1941.

([13]) *Le concept de Dieu après Auschwitz*, Payot & Rivages, Paris, 1994.

seguinte: Que Deus, na minha morte, faça de mim o que quiser. Não reclamo nada, não reclamo nenhum "depois". Transfiro para os outros, para os meus sobreviventes, a tarefa de substituir o meu desejo de ser, o meu esforço para existir, no tempo dos vivos.

■ *Será uma consequência da suspensão da preocupação de ressurreição pessoal consagrar-se inteiramente ao dever da recordação relativamente aos que perdemos e àqueles com quem vivemos e que nos arriscamos a perder?*

É uma delas. Porque a única sobrevivência, no plano empírico e histórico, é a vida dos sobreviventes. Com o tema da sobrevivência do outro e no outro, estamos ainda sob o horizonte da vida. Que faço eu dos meus mortos na minha memória? É um problema de vivo a respeito dos que já o não são. E ele toca-me muito directamente, após aquilo que vos confiei a respeito da morte do meu filho Olivier. Mas não tenho o direito de interiorizar, de certa maneira, esta antecipação que terei dos sobreviventes para a transformar em representação da minha própria sobrevivência, em continuidade com a minha vida efectiva. Ao projectar-me no outro que me sobreviverá — descendentes e amigos —, participo antecipadamente no dever da memória, como se fosse, no futuro anterior, sobrevivente da minha morte. Mas tal não deve conduzir-nos ao imaginário da própria sobrevivência.

■ *Não encontramos assim um problema levantado por Hermann Cohen, que vê a necessidade da dimensão religiosa afectada, no limite, pela moral, que somente daria conta do si, do "ele", do que é comum a todos, sem poder interessar-se pelo sofrimento irredutível do outro singular? O que implica duas ordens: uma, filosófica, ética, e outra, religiosa.*

Em todo o caso, estamos nessa intersecção sem a ter escolhido. É para nós uma tarefa dada fazer comunicar registos distintos: o do moral filosófico e o do religioso, que também tem a sua dimensão moral própria, na linha do que chamei a economia do dom. É o que hoje eu diria depois de, durante dezenas de anos, por vezes irritantemente, ter protegido a distinção dos dois registos. Creio ter avançado suficientemente na vida e na interpretação de cada uma dessas duas tradições para me arriscar sobre os lugares de intersecção. Um deles é provavelmente o facto da compaixão. Posso ir muito longe, de um ponto de vista filosófico, na ideia da prioridade do outro, e disse muitas vezes que a ética se define para mim pelo desejo da vida boa, com e para os outros, e no desejo de instituições justas. A solicitude supõe que, contra todo o pessimismo cultural, eu dê crédito a recursos de bem querença — o que os filósofos anglo-saxónicos do século XVIII tentaram sempre dizer contra Hobbes, a saber, que o homem não é simplesmente um lobo para o homem e que a piedade existe. São, decerto, sentimentos muito frágeis, e uma das funções do religioso consiste em retomá-los a seu cargo, de certa maneira recodificando, seja na linha do segundo Isaías, seja na linha dos Evangelhos da morte de Cristo; mas com a condição de que esta morte seja subtraída à ideologia segundo a qual seria preciso satisfazer um Deus de cólera com o pretexto de que, não bastando um homem, é preciso um ser que seja Deus para o fazer. Talvez importe repensar toda a tradição do sacrifício a partir do dom. Em todo o caso, é o dom que deve prevalecer sobre a ideia vindicativa de que o preço do sangue era necessário. Foi Girard que viu perfeitamente a singularidade evangélica, presente já na Bíblia hebraica a partir do segundo Isaías.

■ *O dom voluntário da própria vida não é necessariamente implicado pela moral. Será preciso mais do que a moral?*

Eis ainda uma das fronteiras da vertente filosófica que foi explorada por Jean Nabert, simultaneamente nos seus *Éléments pour une éthique* e no seu livro sobre o mal[14]. Num deles, chama-se a isso "as fontes da veneração"; no outro, "as abordagens da justificação". Nabert introduz a categoria do testemunho, que me parece ser um lugar de intersecção; com efeito, Nabert,

---

[14] *Éléments pour une éthique*, PUF, Paris, 1923; *Essai sur le mal*, PUF, Paris, 1955 (2.ª ed., Aubier, Paris, 1970).

com quem estou absolutamente de acordo, levantava o problema nos termos seguintes: de que modo é que a consciência empírica, com as suas enfermidades, as suas limitações, poderia alguma vez unir-se à consciência fundadora? Requer-se, sem dúvida, um trabalho crítico sobre si, mas este pode ser mediatizado pelo testemunho de pessoas simples que não são de modo algum filósofos, mas escolheram tranquilamente a humildade, decidiram imitar o caminho de generosidade, de compaixão, onde a especulação está de certa maneira atrasada em relação ao testemunho e onde esses seres simples estão mais avançados do que eu. O avanço do testemunho sobre a reflexão é, se quisermos, a oferta que o religioso faz ao filosófico, emprestando-lhe de certa maneira sem penhor. Haveria neste caso uma dívida do filosófico a respeito do religioso, que lhe empresta para um bom uso a categoria do testemunho.

■ *É ainda outra maneira de voltar ao tema da vida, no qual hoje tanto insiste.*

Haveria certamente muito a dizer sobre a vida num sentido não biológico, em todo o caso mais do que biológico. Na minha especulação actual, considero-a, quase escatologicamente, como desvelando-se ao morrer. Naquele que, para o espectador, já só é um moribundo, subsiste ainda um vivente no qual brilha o último clarão de vida. Clarão esse que rasga os véus dos códigos em que se envolve, durante todo o tempo da existência empírica, o *fundamental*. Talvez seja uma espécie de fantasia, mas é ela que me habita actualmente em vez da sobrevivência. Sobreviver implica a questão: "Onde estão os meus mortos?", numa espécie de duplo cronológico da existência temporal dos vivos. Como é que os mortos continuam a existir, numa via paralela, num algures que duplicaria a cronologia do sobrevivente? Eis o que não devo antecipar, interiorizar, para pensar a minha própria relação com a morte, que é uma vez mais um olhar de vivo, de sobrevivente também, mas através da recordação antecipada que guardarão de mim os outros vivos, os meus sobreviventes. Mas a antecipação do olhar retrospectivo que terão sobre mim os meus próximos, os meus amigos, não deve proteger nem velar o meu olhar de vivo sobre a minha morte futura. É sob esta condição estrita que me é ainda permitido falar de ressurreição. A ressurreição é o facto de que a vida é mais forte do que a morte no duplo sentido de que ela se prolonga horizontalmente no *outro* meu sobrevivente e se transcende verticalmente na "memória de *Deus*".

■ *É impressionante que a espécie humana tenha muito cedo enterrado os seus mortos, que existam desde muito cedo, na história da nossa espécie, sepulturas.*

Sim, mas não é uma questão para mim que vou morrer. É o meu problema a respeito dos meus mortos, um problema de sobrevivente e não de sobrevivência antecipada. Portanto, um problema para a memória dos sobreviventes e não uma questão que interesse à antecipação de sobrevivência. A sepultura é, com a linguagem, a instituição e o utensílio, uma das quatro diferenças específicas que caracterizam a humanidade enquanto tal. Mas não devo tratar-me como o "morto de amanhã" que será apenas o morto dos meus sobreviventes. Haverá por trás da ideia de sepultura a ideia de que nem tudo acaba aí? Por falta de um sentido dado ao além do tempo, é o culto dos mortos, concretizado pelo acto do amortalhamento e por toda a liturgia da sepultura, que recolhe a compreensão, ou antes a pré-compreensão que há pouco exprimi em termos de "esquematismo religioso" da eternidade. A cujo respeito importa redizer que é difícil dissociar a ideia do além da representação imaginária da sobrevivência. É a separação que o ritual da sepultura não consegue fazer, ao misturar além (do tempo) e sobrevivência (no tempo).

■ *Será que isso não pode ser uma maneira de criptar numa imagem o horizonte de uma humanidade reconciliada, que é, afinal de contas, o horizonte cosmopolítico?*

Fazer uma ideia cosmopolita separada da de um futuro pessoal? Poderá chegar-se ao ponto de separar a ideia de futuro da humanidade da de futuro *post mortem* da pessoa? É uma grande questão. Faço antes uma ascese pessoal e não quero deixar-me fascinar por essa questão, que me impediria de levantar correctamente o problema de estar vivo até à morte. O que em filosofia chamamos a "finitude" consiste em distinguir o fim e o limite. Com o limite, olhamos dos dois lados: para o antes e para o depois. Com o fim, estamos apenas no aquém e sem ter com que mobilar o além.

A acreditar nos exegetas, as consciências judaicas e, depois, as cristãs fizeram um certo trajecto que, partindo de um projecto nacional de sobrevivência, chegou a um projecto pessoal de ressurreição. O cristianismo repôs a ressurreição de Cristo num esquema culturalmente disponível, que era o de uma sobrevivência. Reinterpretou-se a profecia de Ezequiel das ossadas secas, que fora provavelmente uma profecia nacional e fez-se dela uma profecia de ressurreição pessoal. Existia, sem dúvida, no texto uma ambiguidade calculada. Não se pode dizer que seja simplesmente nacional ou cosmopolítico — para utilizar de maneira extra-histórica o vocabulário kantiano —, nem também personalista. Mas é certo que o judaísmo tardio, lido pelos cristãos, personalizara a ideia de ressurreição — um tema próprio ao além da catástrofe que foi o exílio. Ruptura do exílio e da destruição, em seguida reconstrução. Isso repete o esquema ternário: vivo, morro, renasço. Ele era já constitutivo de uma tradição do judaísmo tardio e, de certa maneira, o cristianismo instalou aí a pessoa de Cristo com a sua ressurreição corporal, antecipando a nossa própria ressurreição. Assim se construiu o pensamento neotestamentário dominante.

Onde é que agora em relação a tal me situo, se tenho a vontade de aceitar em bloco a minha herança? Terei o direito de a filtrar, de a peneirar? Em que é que acredito profundamente? Basta-me por enquanto saber que pertenço a uma imensa tradição, da qual fazem também parte homens e mulheres que professaram com segurança e boa fé doutrinas das quais me sinto afastado. Com todos eles, posso assumir para mim mesmo a citação de Bernanos: "É mais fácil do que se pensa odiar-se a si mesmo. A graça é esquecer-se. Mas se todo o orgulho em nós estivesse morto, a graça das graças seria amar-se humildemente a si mesmo, como qualquer dos membros sofredores de Jesus Cristo."

Seja qual for a especulação, esforço-me por ligar uma certa jovialidade ao trabalho de luto. Sim, gostaria que um dia de mim se dissesse: era um tipo muito alegre, e não apenas um professor austero.

■ *Quer com isso dizer que existe um dado momento em que o luto, por mais terrível que seja, tomou o seu lugar na existência?*

Sim, e então tudo se aceita. Aplicar a mim mesmo a palavra do final da narrativa sacerdotal da criação: "E Deus viu que isso era bom. Sim, muito bom."

■ *É uma palavra de bênção; quando a contingência é benigna, entra-se noutra dimensão.*

Só podemos esperar e aspirar. Roça-se, por breves vislumbres.

■ *Como escapar à alternativa: pensar Deus sob a forma de uma pessoa ou sob a forma de uma ideia reguladora à maneira de Kant?*

A ideia reguladora depende de uma elaboração filosófica muito avançada. Tento agarrar a questão no próprio seio do campo religioso e não filosofante, se é possível, pois há fenómenos de osmose entre o domínio religioso e o domínio filosófico. No mais personalizado campo religioso, em Buber, por exemplo, encontramos um Tu, mas também um neutro, sob a forma de um anonimato daquilo que é do domínio do destino, do "era preciso que". Ao invés, é absolutamente espantoso ver que o budismo, tal como culturalmente o conhecemos, nas suas formas mais especulativas, esteve sempre integrado em campos culturais onde existem divindades personalizadas e até à superstição. Ignoro de que modo essas diversas componentes se integram e funcionam, mas creio que aquilo que é absolutamente despersonalizado no divino recebe a sua compensação numa extrema personalização dos ídolos. Para nós, a configuração é talvez inversa: nos campos linguísticos do judaísmo, o profético e o narrativo são muito personalizados, ao passo que o legislativo estaria mais próximo do impessoal. No entanto, o legislativo é personalizado pela sua proximidade do narrativo em textos muito conhecidos: "Eu sou o Eterno teu Deus." (Deuteronómio, 6). É uma declaração de libertação, é uma palavra profética que envolve o mandamento onde o "tu" de "Tu não matarás" se pode dizer sem que exista um "eu". O "eu" funciona como um "dirigido a", mas sem que se desvele um "eu" que diz "tu".

Interessei-me muito, do ponto de vista exegético, pela disputa que teve lugar nos anos cinquenta e que levava a interrogar-se se a narrativa do Sinai não coordenaria dois domínios muito diferentes, um, de libertação, fortemente narrativizado, o outro, legislativo, destacando-se sobre o fundo das legislações mesopotâmicas. O que é interessante é que lemos textos canónicos, saídos por isso do cruzamento das duas tradições, onde o legislativo é narrativizado pela palavra de libertação — eu que te tirei do Egipto, dou-te esta lei —, e, inversamente, onde o narrativo é convertido em ética pela lei dada a um povo livre, uma lei que é a carta da libertação e que integra perfeitamente o narrativo no legislativo. O que existe de muito personalizado no profético e no narrativo encontra-se, assim, combinado com aquilo que aí poderia haver de virtualmente neutro na Lei, uma vez que podemos dizer a Lei sem conhecer o legislador.

■ *Dizia há pouco que a designação de Deus é, quanto às próprias religiões, constitutiva. Como é que aplica isso à questão das relações entre o judaísmo e o cristianismo?*

Deus é um termo que oscila curiosamente entre o nome comum e o nome próprio: Javé, teu Deus. A palavra Deus é o nome *dos* deuses, e Javé é o nome *de* Deus, mas que deixa de ser apenas um caso particular para se tornar, na sua singularidade, único. Mas será o tetragrama um nome próprio? A crítica do antropomorfismo leva-nos a dizer que há denominações que são indignas de Deus. Isso começa com Xenófanes e prossegue através da especulação semifilosófica, semiteológica acerca dos nomes divinos — a crítica dos nomes que não convêm a Deus é simultaneamente filosofia introjectada no religioso, mas também uma espécie de ascese interna ao religioso, que procura desembaraçar-se do que é indigno de Deus.

Existe certamente uma relação muito específica entre o judaísmo e o cristianismo. Resisto muito à tendência interna ao cristianismo, que consiste em dizer que o judaísmo já passou, em virtude de ter sido substituído pelo cristianismo. Creio na perenidade do judaísmo pós-cristão, porque a relação hermenêutica entre o cristianismo e o judaísmo supõe a solidez do judaísmo. Parece-me que os padres gregos e latinos defendiam um certo fundamentalismo do Antigo Testamento porque, para se tornarem figurações, tipos, é preciso que os acontecimentos, as instituições, as personagens do Antigo Testamento tenham o seu peso próprio e historicamente o conservem. O segundo elemento que obriga a dar ao judaísmo uma consistência própria é o facto de no interior do Antigo Testamento funcionar já essa relação hermenêutica, pois temos um amontoamento de alianças em que cada qual é uma reinterpretação da aliança precedente, e até a ideia da Nova Aliança, com Ezequiel e Jeremias: a lei não mais será inscrita nas pedras, mas nos corações. Sou sobretudo atento à cadeia das alianças, de Noé, de Abraão, de David, onde está presente esse fenómeno de reinterpretação cumulativa. Eu poria a relação hermenêutica do cristianismo com o judaísmo no prolongamento da relação de reinterpretação das alianças, relação interna à Bíblia hebraica. Um terceiro elemento de continuidade consiste no facto de o cristianismo estar enxertado num ramo menor do judaísmo, o ramo escatológico; remete, portanto, para uma relação já dialéctica no interior do judaísmo, entre o rabinismo do segundo Templo, ligado à restauração (e que apresentava certos aspectos intolerantes, forçar as mulheres judias a romper os seus casamentos com os pagãos, por exemplo), e uma outra variante do judaísmo. O cristianismo inscreve-se assim no prolongamento de um certo pluralismo interno ao judaísmo.

Infelizmente, tudo isso foi submergido pelo conflito do fim do século I e sobretudo do século II, no momento em que o cristianismo saiu da sinagoga, e em que teve lugar uma mútua exclusão. É nessa altura que a escrita de um Mateus, por exemplo, se torna muito antijudaica, embora o processo de Jesus tenha sido um processo romano. Creio que é importante teologicamente manter a preponderância romana na responsabilidade do processo de Jesus para significar que Ele foi condenado numa relação com o poder — o que afasta a acusação de deicídio feita aos judeus. A suspeição de deicídio foi o crime milenário da cristandade a respeito dos judeus. É preciso, como já afirmei, assumir a obrigação. Este drama deve ser debatido às relações entre o eclesial e o poder. Encontrámos o enigma da propensão das religiões para a tirania. A este respeito, a responsabilidade da cristandade histórica é pesada. No entanto, estou grato à grande Igreja por ter resistido a Marcião, que queria eliminar o Antigo Testamento e cortar o cristianismo do seu fundamento, com o pretexto de que a novidade do cristianismo era tal que ele podia dispensar de um suporte prévio.

Permanece a magnífica filiação dos Salmos, que são cantados na Igreja, tal como na Sinagoga: em várias ordens religiosas, das mais frequentadas, procede-se mesmo a uma leitura semanal dos cento e cinquenta Salmos... O lugar dos Salmos na Bíblia hebraica levanta, é verdade, um problema, pois os rabinos que tinham presidido à delimitação do cânone os tinham colocado no terceiro grupo, a seguir à Torá e aos Profetas, e ao lado dos livros de Sabedoria, do Eclesiastes e de Job. Os Salmos, que são a fonte da grande filiação entre judaísmo e cristianismo, constituem a contrapartida de todas as relações de poder ligados à constituição eclesial, ligados também a um problema do judaísmo: como sobreviver à destruição do Templo? Sucedeu que a reestruturação do judaísmo em torno da Sinagoga foi paralela à constituição da Igreja cristã enquanto confissão institucionalizada. Houve dois processos de institucionalização paralelos e rivais, o que levou à grande separação. Ainda assim, é preciso lembrar que houve um momento em que os cristãos, pelo menos os judeo-cristãos, no início da nossa era, se reuniam na sinagoga. Mas é verdade que o grande debate de Jerusalém entre os judeo-cristãos e os pagano--cristãos não pôde impedir a dominação dos pagano-cristãos. Fui muito atento à interpretação de Rosenzweig([15]), que, prestes a converter-se ao cristianismo, teve a visão de uma nova complementaridade, onde o judaísmo, rejeitando pelo mesmo movimento o gueto e a assimilação, seria levado a repensar-se, não só na sua coabitação mas mais ainda numa complementaridade com o cristianismo. Rosenzweig disse que nascemos judeus e nos tornamos cristãos, quer dizer, que o judaísmo goza de um enraizamento nativo, ao passo que o cristianismo se inscreve na história. A capacidade do judaísmo para transformar a sua singularidade em universalidade passaria, portanto, por uma mediação cristã, que não seria talvez a única, mas que seria em todo o caso necessária. Volto a pensar na bênção de Abraão: "Em ti, todas as nações serão abençoadas." Como poderiam ser abençoadas em Abraão senão através da transmissão histórica do cristianismo? Rosenzweig levava demasiado longe a coabitação e as mais belas páginas de *A Estrela da Redenção* são consagradas à correspondência entre todas as festas judaicas e cristãs, exceptuando o Novo Ano Judeu. Após Auschwitz é um dever substituir o pensamento judaico de antes de Auschwitz, contra aqueles que dizem que após Auschwitz já não podemos pensar. O que seria não um erro mas uma falta; seria dar razão a Hitler, que quis retirar todo o futuro ao judaísmo. Existe neste caso uma espécie de fraternidade entre judaísmo e cristianismo.

■ *Uma vez que fala de cristianismo de maneira global, não podemos deixar de levantar a questão de saber como é que interpreta as relações do protestantismo com o catolicismo.*

Também aqui a história contemporânea me parece absolutamente diferente da do século XVI, porque os motivos da ruptura já quase não existem. Se retomarmos a história de Lutero, que foi

---

([15]) Franz Rosenzweig (1886-1929), nascido numa família judaica burguesa quase completamente assimilada, está quase a converter-se ao cristianismo quando tem uma experiência mística numa sinagoga de Berlim, em 1913. Decide então permanecer judeu. A sua grande obra é *L'étoile de la rédemption* (1921), trad. fr. de J.-L. Schlegel, Le Seuil, Paris, 1982.

tão bem vista por Lucien Febvre na obra que lhe consagrou[16], vemos que se trata de um fenómeno do fim da Idade Média, e que a questão essencial era saber se estávamos "condenados", e em que medida podíamos dizer-nos "salvos". Hoje, o nosso problema é mais o do "sentido" e do "não-sentido". Reside aqui uma questão pós-nietzscheana, que já não se deixa exprimir unicamente em termos de culpabilidade, de pecado ou de Redenção.

Além disso, o problema do monaquismo parece-me ter mudado completamente de sentido. Lutero opunha-se ao monaquismo, insistindo no facto de que era a vocação profana, o laicado, que era portador de uma vocação, ao passo que nos nossos dias eu diria que o monaquismo tem um significado de contra-exemplo: significa que há seres humanos capazes de viver fora do dinheiro, da sexualidade e das relações de poder. Mas podemos decerto encontrar também nos mosteiros budistas espaços de respiração, de silêncio — coisas que a sociedade moderna nos recusa, sociedade do barulho, da cobiça e da posse. O clero cristão já não se situa somente no prolongamento do clero grego, pondo a vida contemplativa acima da vida prática; constitui uma espécie de contra-exemplo para a sociedade de produção, de consumo e de lazer.

Parece-me que o problema da ruptura entre catolicismo e protestantismo permanece finalmente ligado ao da autoridade, e é verdade que existe aqui, de momento, um abismo intransponível. Mas não me interesso de todo pelo ecumenismo institucional, porque acredito no destino originariamente pluralista do cristianismo — é por isso, sem dúvida, que não sou católico. Tenho do catolicismo uma inteligência de vizinhança. Vivo-a de duas maneiras: por um lado, no plano da vida local, paroquial — a das comunidades de proximidade —, por outro, no plano do trabalho intelectual, exegético, teológico e filosófico. Assim, sinto-me absolutamente em casa perto dos jesuítas da rua de Sèvres e dos meus amigos do Instituto Católico de Paris: eles têm os mesmos problemas que eu, problemas de sentido e de não-sentido, têm

---

[16] Lucien Febvre, *Un destin: Martin Luther*, 4.ª ed. revista, PUF, Paris, 1968.

também problemas com a sua própria autoridade, a sua própria hierarquia eclesiástica, vivem simplesmente do interior, o que eu, pela minha parte, percepciono graças à vizinhança próxima em que me encontro.

■ *Uma das dificuldades que o islão suscita em relação a nós, como dizia ao falar da laicidade, é o facto de as sociedade em que o judaísmo e o cristianismo existem serem sociedades secularizadas. Como é que interpreta o fenómeno da secularização?*

Toda a Igreja é uma Igreja visível. Entra, portanto, no campo das instituições, por ter de resolver os problemas inerentes ao poder. Acontece que a sociedade eclesial está no campo institucional geral. Poderíamos descrever a primeira característica da secularização como uma restrição do campo de influência da instituição eclesial em relação às outras instituições, e como o facto de que todas as outras instituições se podem conceber na sua função e no exercício da sua autoridade independentemente da referência às comunidades eclesiais. O traço marcante é, pois, antes de mais, a libertação de toda a cadeia das instituições da sociedade civil em relação à sociedade muito específica que é a sociedade eclesial. Em segundo lugar, é a interiorização desse processo em cada um dos membros dessas instituições enquanto as vemos funcionar como "ordens de reconhecimento", para retomar o vocabulário de Jean-Marc Ferry — sendo cada qual um agente em relação a um sistema. Esta relação desenrola-se também fora do religioso. Vemo-nos reconhecidos na nossa efectividade de agentes sociais, capazes de intervir em sistemas que são *autó*nomos, sendo o religioso então *heteró*nomo. Um terceiro traço seria a transformação do horizonte histórico de todo o conjunto institucional, da rede que ele forma, o seu deslize para um futuro desprovido do horizonte escatológico que lhe fornecia o religioso. Houve, primeiro, uma transposição para a linguagem racional dessa dimensão escatológica — digamos do "grande banquete", da reconciliação última —, que se tornou o problema dos fins à maneira kantiana, onde o que permanece de perpétuo é o horizonte das relações de Estado a Estado. O segundo estádio desta mutação do horizonte histórico, ligada à perda da transmissão constituída pelas formas laicizadas da escatologia, consiste no aparecimento de um modo de viver numa história sem fim último, portanto numa história que se move de prazos breves em prazos breves, à medida dos projectos domináveis a curto prazo pelas diferentes comunidades. O último sinal da secularização seria a ausência de uma função recapitulativa englobante e, portanto, a dispersão dos círculos de pertença das cidades. Não é por acaso se há hoje tantas obras sobre o pluralismo da ideia de justiça — o que testemunha a ausência, não só de projecto histórico englobante mas, na actualidade, da impossibilidade de uma recapitulação.

■ *Parecem-lhe concebíveis sociedades sem nenhuma perspectiva escatológica?*

A questão é saber se o que os intelectuais descrevem como secularização será a verdade profunda das nossas sociedades. É um problema que se me apresenta quando leio obras como *A Era do Vazio*, de Gilles Lipovetsky([17]): nunca se sabe se as descrições feitas contribuem para o fenómeno, acelerando-o e até criando-o no seu todo, como se estivéssemos confrontados com uma espécie de *self-fulfilling prophecy* às avessas; na realidade, não se realizaria a antiprofecia da ausência de escatologia em virtude de se enunciar? Quanto a saber se uma sociedade poderá viver sem escatologia... Talvez não, mas estamos também na crise das escatologias de substituição, do comunismo, por exemplo, que terá desempenhado esse papel no período pós-Aufklärung. Talvez nos enganemos acreditando que o fim *das* grandes narrativas foi o fim de *todas* as grandes narrativas. É talvez apenas o fim das narrativas de substituição que, sem dúvida, deixam atrás de si um grande vazio.

Creio muito profundamente que a crítica é benéfica para a projecção escatológica do que resta de núcleos eclesiais nas nossas sociedades, desembaraçadas da tentação de poder. Resta uma palavra pobre, desarmada, que não tem outra força além da sua

---

([17]) Gallimard, Paris, 1989.

capacidade de ser dita e escutada. Assenta numa espécie de aposta: haverá ainda pessoas para ouvir essa palavra?

Pois existe outro fenómeno — não sei se ele entra no processo de secularização ou se a secularização é um efeito seu —, que é a multiplicação indefinida dos signos em circulação nas nossas sociedades, em comparação com o muito pequeno número de textos disponíveis na Idade Média. A pequena voz das escrituras bíblicas está perdida no tumulto incrível de todos os signos trocados. Mas o destino da palavra bíblica é o de todas as vozes poéticas. Seriam elas ouvidas ao nível do discurso público? A minha esperança é que haverá sempre poetas e ouvidos para as escutar. O destino minoritário de uma palavra forte não é apenas o da palavra bíblica.

■ *Ao recordar o seu apego à dualidade da convicção e da crítica, o senhor responde finalmente à questão da secularização dizendo que é impossível.*

Não sei se ela foi impossível para a sociedade em grande escala. Considero-a impossível para mim e para as comunidades em que me sinto enraizado, ou a que estou ligado por laços de afinidade, de vizinhança. O que levanta de novo o problema da relação que mantenho com as outras religiões. Sou muito estranho à noção de um comparatismo, que pretenderia fundar-se numa qualquer neutralidade confessional. Só se encontra a linguagem no interior de uma língua. Na maior parte dos casos, estamos enraizados numa "língua materna"; no melhor dos casos, aprendemos uma outra "língua"; mas como se aprende uma língua, quer dizer, a partir de uma língua materna e por traduções. Há todos os graus desde o monolinguísmo ao poliglotismo. O mesmo acontece com a compreensão de uma religião que se efectua sempre a partir de uma "religião do interior" — que não é necessariamente a relação de um crente com a sua confissão. Empreguei muitas vezes a expressão "em imaginação e simpatia" para designar a capacidade de considerar plausível, quer dizer, digna de ser defendida, uma confissão, uma estrutura confessional do religioso. E é apenas gradualmente, por aproximações, que podemos compreender uma confissão vizinha e, através desta, uma outra que lhe seja próxima. No interior do espaço cristão, a partir de uma confissão que é o protestantismo reformado, posso compreender o que é o pensamento ortodoxo ou o catolicismo, e até, em margens um pouco mais delicadas, certas seitas; é a partir desta mesma situação que posso igualmente compreender o triângulo das religiões ditas monoteístas — judaísmo, cristianismo, islão, bem como as religiões sem Deus, como o budismo, que tenho por religioso porque há nele a referência a uma antecedência, uma exterioridade e uma superioridade — três noções constitutivas, da maneira como procedi no mundo do sentido.

▪ *E o islão?*

Olho-o de um modo puramente cultural, histórico, mas não o conheço suficientemente e não vejo o que ele acrescenta verdadeiramente ao que se encontra na extrema variedade do judaísmo e do cristianismo. Mas é talvez em virtude da minha ignorância, e é preciso crer que há aí uma força espiritual, porque não é simplesmente pela violência, nem pela conquista, que milhões de homens a ele se converteram. É uma ignorância que importa remediar, porque o islão está por muito tempo ao nosso lado e entre nós.

Seria preciso voltar ao momento da conversa em que deixei entrever, no trabalho de tradução de uma língua para outra (que eu tomava como modelo da compreensão gradual de uma religião traduzida na linguagem de outra religião), a abertura possível de uma dimensão fundamental, básica, essencial, que me faz dizer que há neles o mesmo essencial que em nós. Mas só reconheço essa mesma dimensão essencial em situações limites, como a da morte, ou nas situações de infortúnio: a fraternidade do campo de batalha, "a fraternidade dos enfraquecidos", de que falava Patochka.

▪ *Porque não nos actos mais simples da existência realizados por todos: o amor, as relações com outrem, a perda de um próximo, o nascimento de uma criança, que são também experiências limites?*

Tem razão. E não gostaria de tornar a encerrar a reflexão apenas sobre experiências trágicas. Inflecti o discurso por causa da minha reflexão sobre a experiência de fim de vida. Trata-se também de ir ter com as outras religiões e com as grandes culturas a partir do modo como tratam, numa língua diferente da minha, as suas experiências fundamentais. O que há pouco procurava dizer, ao falar de exterioridade, de superioridade e de anterioridade, podemos decerto encontrá-lo a partir das experiências de vida e de criação, que são também experiências de partilha.

A EXPERIÊNCIA ESTÉTICA

■ *Na sua vida, a arte teve sempre um lugar eminente; frequenta regularmente os museus, ouve muito música.* Em compensação, na sua obra, esta dimensão da experiência humana está singularmente ausente, se exceptuarmos as suas análises da literatura, em Tempo e Narrativa. *Quais são, em primeiro lugar, os seus gostos?*

Tenho uma grande admiração pela arte do século XX: na música, a minha predilecção vai para Schönberg, Berg, Webern e toda a escola de Viena; na pintura, referiria de bom grado Soulages, Manessier, Bazaine. Mas são os exemplos que me vêm imediatamente ao espírito e poderia logo invocar uma quantidade de outros: Mondrian, Kandinsky, Klee, Miró... Voltei há pouco tempo ao museu Peggy Guggenheim, em Veneza. Vi aí vários admiráveis Pollock, um Bacon e também um Chagall. Tenho uma verdadeira paixão por Chagall; perante as suas telas, tenho sempre a sensação de uma reverência; reverência perante a mistura de sagrado e de ironia que só é própria dele: casais que flutuam, um rabino voador, algures a um canto um burro, um tocador de viola... Mas nada se deve excluir da nossa admiração; é preciso até aprender de certa maneira a gostar de tudo. Resisti durante muito tempo à pintura clássica, e depois fui ver a grande exposição Poussin, que teve lugar em Paris em 1994. É, decerto, algo completamente diferente de Pollock ou Bazaine. O que me deixa reservado é o pressuposto narrativo da maioria das telas. É preciso poder identificar as histórias representadas. Mas o olhar educado pela pintura não figurativa apenas consegue ver o jogo extraordinário da cor e do desenho e o perfeito equilíbrio entre ambos. Aliás, li no catálogo da exposição que Picasso voltava sempre a Poussin, como ao preceptor maior da arte de pintar. Gosto também muito da estatuária: Lipschitz, Arp, Pevsner e o admirável Brancusi. É verdade que muitas vezes é difícil a esta arte descolar-se do figurativo; mas, quando tal consegue, o resultado é absolutamente extraordinário. Penso, por exemplo, nas grandes esculturas de Henry Moore, onde o corpo humano — o corpo feminino em particular — é tratado de maneira constantemente alusiva. E pela mesma acção dizem-se do corpo coisas que não correspondem a nenhuma descrição anatómica, mas que, em compensação, induzem possibilidades relacionais inexploradas, tornam possível o desenvolvimento de sentimentos inéditos: de plenitude e de fecundidade, evidentemente, mas é ainda dizer muito pouco; de vacuidade, mais estranhamente, no caso das figuras ocas que podemos percorrer e cujo efeito é absolutamente espantoso. Estamos aqui num universo onde reina a polissemia: penso em particular numa das suas esculturas, *Atom Piece*, que se encontra em Chicago, perto da biblioteca universitária, no sítio onde teve lugar a primeira reacção em cadeia controlada. A escultura consiste numa esfera explodida que tanto pode representar o crânio de um sábio como um átomo que explode ou a própria Terra. Neste caso, a polissemia é evidentemente procurada por si mesma. Estamos em presença de uma intenção de significar que vai muito além do acontecimento, que procura reunir todos os aspectos que estariam dispersos em descrições: descrição dos protagonistas — o átomo ou o sábio —, descrição dos acontecimentos — a explosão nuclear ou o átomo ainda inerte. Existe na obra a capacidade de tornar mais densos todos estes aspectos, de os intensificar ao condensá-los. Quando falamos, só podemos distribuir a polissemia segundo eixos de linguagem diferentes e dispersos. Só a obra os reúne.

■ *Mas não estaremos, nesse caso preciso, à beira do figurativo do qual desejava que a escultura se libertasse?*

Se quisermos, mas seria antes polifigurativo, na medida em que esta arte excede os recursos clássicos do figurativo. Aproximar-nos-íamos assim de certos aspectos densificados da linguagem, como a metáfora, onde vários níveis de significação são mantidos em conjunto numa mesma expressão. A obra de arte pode ter um efeito comparável ao da metáfora: integrar níveis de sentido empilhados, retidos e contidos juntamente. A obra de arte é, assim, para mim, a ocasião de descobrir aspectos da linguagem, que a sua prática usual e a sua função instrumentalizada de comunicação vulgarmente dissimulam. A obra de arte desnuda propriedades da linguagem que, de outro modo, permaneceriam invisíveis e inexploradas.

■ *Pensa sem dúvida nas análises de* Tempo e Narrativa, *de que nos falou numa sessão precedente.*

Foi efectivamente pelo tema do narrativo que, até hoje, abordei a estética. Como disse, o narrativo dera-me ocasião de tomar posição sobre um problema que não podemos resolver nem com as línguas artificiais nem sequer com a linguagem vulgar: a dupla vertente do signo. Por um lado, o signo não é a coisa, está em retirada em relação a ela e engendra, por isso, uma ordem nova que se ordena numa intertextualidade. Por outro lado, o signo designa alguma coisa, e é preciso estar extremamente atento a esta segunda função, que intervém como uma compensação a respeito da primeira, porque compensa o exílio do signo na sua ordem própria. Recordei a expressão admirável de Benveniste: a frase faz regressar a linguagem ao universo. *Fazer regressar ao universo:* o signo opera uma retirada em relação às coisas e a frase faz regressar a linguagem ao mundo.

Disse já que fixei esta dupla função do signo num vocabulário particularmente apropriado ao narrativo, distinguindo a *configuração* — a capacidade que a linguagem tem de se configurar a si mesma no seu espaço próprio — e a *refiguração* — a capacidade que a obra tem de reestruturar o mundo do leitor ao desarrumar, contestar e remodelar as suas expectativas.

Qualifico a função de refiguração como *mimética*. É extremamente importante, porém, não se enganar sobre a sua natureza: ela não consiste em reproduzir o real, mas em reestruturar o mundo do leitor, confrontando-o com o mundo da obra; e é nisso que consiste a criatividade da arte, ao penetrar no mundo da experiência quotidiana para a refazer a partir do interior.

Porque a pintura dos últimos séculos, pelo menos desde a invenção da perspectiva no *Quattrocento*, foi quase sempre figurativa, não devemos enganar-nos acerca da *mimese*, e defenderei esse paradoxo: foi quando a pintura, no século XX, deixou de ser figurativa que pudemos, por fim, avaliar plenamente a *mimese*, que não tem por função ajudar-nos a reconhecer objectos, mas a descobrir dimensões da experiência que não existiam antes da obra. Porque Soulages ou Mondrian não imitam a realidade, no sentido limitativo do termo, pois não fazem uma réplica sua, é que a sua obra tem o poder de nos fazer descobrir, na nossa própria experiência, aspectos ainda desconhecidos. Num plano filosófico, isso conduz a impugnar de novo a concepção clássica da verdade como adequação ao real, pois, se podemos falar de verdade a propósito da obra de arte, é na medida em que designamos por tal a sua capacidade para abrir um caminho no real renovando-o *segundo ela*, se assim se pode dizer.

Mas a música permite ir mais longe nesta direcção do que a pintura, mesmo a não figurativa, pois nesta há frequentemente restos figurativos. Penso, por exemplo, nos quatro magníficos quadros de Manessier: *A Paixão segundo São Mateus, A Paixão segundo São Lucas, A Paixão segundo São João* e *A Paixão segundo São Marcos*. Há nestas obras como que uma alusão à realidade: formas de cruzes sob fundos vermelhos, cor-de-laranja ou rosados; o figurativo é aí alusivo, recessivo mesmo, mas não de todo ausente. Na música, pelo contrário, nada de semelhante. Cada peça possui um certo humor e é como tal, como nada representando do real, que ela instaura em nós o humor ou a tonalidade correspondente.

■ *Há também na música exemplos de Paixão segundo São Mateus ou de Paixão segundo São João...*

Poderia dizer-se da música sacra, na medida em que faz alusão a um conteúdo religioso, o que eu afirmava da pintura figurativa: quando a música não está ao serviço de um texto provido das suas próprias significações verbais, quando é apenas *essa* tonalidade, esse humor, essa cor de alma, quando toda a intencionalidade exterior desapareceu e já não tem significado, é que dispõe do seu inteiro poder de regeneração ou de recomposição da nossa experiência pessoal. A música cria-nos sentimentos que não têm nome; estende o nosso espaço emocional, abre em nós uma região onde vão poder figurar sentimentos absolutamente inéditos. Quando escutamos *tal* música, entramos numa região da alma que só pode ser explorada pela audição *dessa* peça. Cada obra é autenticamente uma modalidade de alma, uma modulação de alma.

É preciso, aliás, reconhecer que a filosofia contemporânea é muito lacunar no capítulo dos sentimentos: muitas coisas se referiram sobre as paixões, mas muito pouco sobre os sentimentos e sobre muito poucos deles. Ora, cada peça de música faz surgir um sentimento que só existe nessa obra. Não se poderia dizer que uma das funções principais da música é construir um mundo de essências singulares da ordem do sentir? Não estou longe de pensar que foi na música que se realizou, em estado puro, a exploração do nosso ser afectado, a cujo respeito Michel Henry escreveu coisas absolutamente importantes[1].

■ *Utilizou o termo "mundo" a propósito da obra de arte; e disse há pouco que o mundo da obra de arte se encontra confrontado com o mundo do espectador ou do auditor. Também em Malraux a noção de* mundo *era central e levou-o a esta frase célebre: "Os grandes artistas não são os transcritores do mundo, são os seus* rivais[2]*."*

Sempre utilizei esse termo, não por concessão nem facilidade, mas como um termo forte cujo desenvolvimento podemos seguir, aliás, através de Husserl, Heidegger e Gadamer. Que é um

---

[1] De Michel Henry, ver *L'essence de la manifestation*, 2 vols., PUF, Paris, 1963.

[2] André Malraux, *Les voix du silence*, Gallimard, Paris, 1951, p. 459.

mundo? É algo que se pode habitar; que pode ser hospitaleiro, estranho, hostil... Existem assim sentimentos fundamentais, que não têm qualquer relação com uma coisa ou um objecto determinados, mas que dependem do mundo em que a obra comparece; são, em suma, puras modalidades de o habitar. Penso que não é por complacência nem por retórica que se fala, por exemplo, do "mundo grego", ainda que seja sempre a propósito de uma obra singular: a obra, que é em si mesma um mundo singular, faz valer um aspecto ou uma faceta desse "mundo grego"; quer dizer que vale mais do que ela mesma: remete para uma espécie de arredores, testemunha uma capacidade de se disseminar e de ocupar um espaço inteiro de consideração ou de meditação face ao qual o espectador se pode situar. Este posta-se diante da obra, frente a ela. Mas, ao mesmo tempo, está no meio do mundo criado por esse frente a frente. Há aqui dois aspectos perfeitamente complementares, e o facto de estar imergido num mundo compensa o que aí poderia haver de pretensão de domínio no simples frente a frente com a obra: um mundo é alguma coisa que me rodeia, que pode submergir-me, em todo o caso, que eu não produzo, mas onde me encontro.

Portanto, só pode utilizar-se o termo "mundo", em todo o rigor, quando a obra opera a respeito do espectador, ou do leitor, o trabalho de refiguração que perturba a sua expectativa e o seu horizonte; é apenas na medida em que pode refigurar esse mundo que a própria obra se revela como capaz de um mundo.

É um ponto de que muito gosto. Porque, se se fizer da obra de arte — quer seja literária, plástica ou musical — apenas o centro de constituição de uma ordem irreal, retira-se-lhe a sua mordacidade, o seu poder de influência sobre o real. Não esqueçamos a dupla natureza do signo: retirada para fora de, e regresso ao mundo. Se a arte não tivesse, apesar da sua retirada, a capacidade de irromper entre nós, no seio do nosso mundo, seria totalmente inocente; seria marcada pela insignificância e reduzida a um puro divertimento: limitar-se-ia a constituir um parêntesis nas nossas preocupações. Penso que é preciso ir o mais longe possível nesta direcção e defender que a capacidade de regressar ao mundo é posta ao rubro pela obra de arte, porque nela a retirada é infinitamente mais radical do que na linguagem vulgar, onde esta função está como que abafada, atenuada. À medida que na obra se esbate a sua função de representação — é o caso da pintura não figurativa e da música quando não é descritiva —, à medida que se cava o afastamento com o real, reforça-se o poder de mordedura da obra sobre o mundo da nossa experiência. Quanto mais ampla é a retirada tanto mais vivo é o retorno ao real, como vindo de mais longe, como se a nossa experiência fosse visitada de infinitamente mais longe do que ela. Temos uma espécie de contraprova desta hipótese com o exemplo da fotografia tal como é praticada pelos amadores, onde não passa de um duplo do real que a nós regressa, que regressa à origem após um circuito muito curto e, por isso, com uma influência infinitamente menor sobre o nosso mundo. Quanto à fotografia de arte, também ela se propõe, mas com um custo mais elevado, libertar-se da imitação, da simples representação; também ela constrói o seu objecto, de algum modo, na fronteira da reduplicação do real. Acabo de admirar uma soberba colecção de fotografias, *"Fathers and Daughters"*, por Marianne Cook, de Nova Iorque. A fotografia consegue surpreender as falhas desse laço tão subtil e os não-ditos dos ocos verbais.

Durante muito tempo, na arte pictórica, a função representativa terá impedido o pleno desenvolvimento da função expressiva, e a obra de se constituir em mundo que faz concorrência ao real num algures de todo o real. E foi apenas no século XX, quando se consumou a ruptura com a representação, que se pôde constituir, segundo o desejo de Malraux, um "museu imaginário", onde coexistem obras de estilos muito diferentes, pois cada uma sobressai no seu. Tudo se pode associar, tal como nas nossas cidades se encontram agregados uma igreja românica e um arranha-céus, uma catedral gótica e o Centro Georges-Pompidou. Para tal ser possível era preciso que as linhas se tivessem tornado disponíveis em relação ao que designam; só então elas podiam contrair todas as espécies de relações imagináveis com outros signos; existe hoje entre elas uma espécie de disponibilidade infinita para associações incongruentes. Tudo pode estar junto, a partir do momento em que admitimos, com Malraux, que não há progresso de um estilo para o outro, mas apenas, no interior de cada estilo, momentos de perfeição.

■ *A ruptura com a representação, que caracteriza a pintura e a escultura do século XX, levanta, entre outros problemas, o dos limites da arte: até que ponto se pode ainda falar de obra?*

É um terreno em que estou pouco à vontade. Bastará colocar uma cadeira sobre um estrado, por outras palavras, que ela seja desviada da sua utilização vulgar, para estarmos autorizados a pensar que se trata de uma obra de arte? O desaparecimento da moldura, no caso da pintura, desempenha a este respeito um papel muito importante: a moldura separava a obra do fundo, constituía uma espécie de janela onde se cavava, nos seus próprios limites, o infinito de um mundo. Quando tal função já não se exerce, encontramo-nos perante casos muito perturbadores. Penso, por exemplo, em certos grandes painéis de Reinhard, inteiramente pretos, onde apenas existem modulações de preto... Confesso que me sinto muito desarmado perante exemplos desta espécie.

■ *Afirma que não há progresso na história da arte. Mas que existe, no entanto, uma história dos materiais, da qual o progresso não está ausente. A transformação dos frescos italianos no Renascimento dependeu muito da transformação dos suportes e das capacidades dos pintores para prepararem novas misturas para as cores.*

Sem dúvida, mas um pintor pode também, hoje, abandonar os pincéis pela espátula, ou até pelos dedos; pode desejar meter assim espessura na sua matéria, rugosidade, apagar, por assim dizer, a fronteira entre a pintura e a escultura. Penso nas obras de Tanguy ou de Tapiès, que são quase baixos-relevos.

■ *Mas, ainda assim, já não podemos hoje escrever romances como Balzac ou Zola.*

Não, mas porquê? O exemplo é muito interessante. É que uma das funções outrora asseguradas pelo romance — fazer as vezes de sociologia — já não tem razão de ser. Em compensação, o romance pode servir-se dos recursos do ultradescritivo próprios da linguagem; pode, no limite, ter um alcance cognitivo, confiando na capacidade expressiva da língua, capacidade essa que é independente da sua função descritiva, submetida à prova de verificação.

Por exemplo, o caso dos livros sobre a experiência concentracionária e muito recentemente o de Jorge Semprun, *A Escrita ou A Vida*. Todo o livro gira em volta da possibilidade/impossibilidade de representar o mal absoluto. A dificuldade é decerto extrema, pois trata-se de impor os cânones do narrativo a uma experiência limite; ou o horror não passa para a narrativa, ou passa, mas a narrativa falha e recai no silêncio. Mas há neste livro um elemento várias vezes nomeado, elemento de obsessão que é ao mesmo tempo o extremo do narrativo e a sua impossibilidade: é um odor, o da carne queimada.

Por sua vez, Primo Levi escolhera em *Se é um Homem* outra via: a do descritivo puro, à maneira de Soljenitsyne em *Um Dia de Ivan Denissovitch*, o seu livro assemelha-se a um frio prestar de contas, no limite do documentário, como se o horrível só se pudesse dizer numa espécie de *understatement*, de litote; a litote do horrível. A nudez da língua, ao tornar-se sensível como tal, permite significar a nudez da situação e não é por *aquilo que* é dito, mas por um certo tom desnudado, que Levi obtém o efeito desejado.

■ *O efeito produzido no leitor é, sem dúvida, o humor de que acima falava, a emoção que supõe em analogia com a do criador.*

Analogia no sentido de ressonância e não de proporcionalidade. Eu diria que a obra, no que ela tem de singular, liberta em quem a aprecia uma emoção análoga à daquele que a engendrou, emoção de que era capaz, mas sem o saber, e que alarga o seu campo afectivo, quando a sente. Por outras palavras, enquanto a obra não abriu caminho até à emoção análoga, permanece incompreendida, e sabemos que isso acontece muitas vezes.

O sujeito da experiência estética ingressa numa relação comparável à relação de adequação que existe entre a emoção do criador e a obra que a traduz. O que ele sente é o sentimento singular dessa conveniência singular. Nesta questão da singularidade da obra de arte, devo muito ao *Essai d'une philosophie du style*, de Gilles-Gaston Granger([3]). Segundo este, o êxito de uma obra de arte deriva do facto de que um artista alcançou a singularidade de uma conjuntura, de uma problemática, enlaçada para ele num ponto único, e a que responde por um gesto único. Como resolver *este* problema? Penso, por exemplo, na obstinação de Cézanne face à montanha Sainte-Victoire: porquê recomeçar sempre a mesma vista? É que nunca é a mesma. É como se fosse necessário a Cézanne fazer justiça a qualquer coisa que não é a ideia de montanha, que não é o que se diz num discurso geral, mas sim a singularidade *dessa* montanha, aqui e agora; é ela que exige ser representada, que pede para receber o aumento icónico que só o pintor lhe pode conferir. É enquanto singular que a questão aperta Cézanne frente à montanha Sainte-Victoire, ou perante o Castelo Negro, em tal manhã, a tal hora e sob tal luz; e é preciso dar uma resposta singular a essa questão singular. O génio reside precisamente aí: na capacidade de responder singularmente à singularidade da questão.

É por aí que tento retomar, com melhores armas do que em *A Metáfora Viva*, o problema da referência na metáfora, aquilo a que chamei o poder de refiguração do poema ou da narrativa. Pois a função referencial exerce-se na singularidade da relação de uma obra com aquilo a que ela presta justiça na experiência viva do artista. A obra refere-*se* a uma emoção que desapareceu enquanto emoção, mas que foi preservada na obra. Como designar o algo de emotivo a que a obra faz justiça? Existe uma palavra inglesa que considero muito boa, é a de *mood*, que o francês traduz imperfeitamente por "humor". O que o artista restitui é o *mood* que corresponde à sua relação singular, pré-reflexiva, antepredicativa, com a situação de determinado objecto no mundo. O *mood* é como uma relação fora de si, uma maneira de habitar aqui e agora um mundo; é esse *mood* que pode ser pintado, musicado ou narrado numa obra que, quando é conseguida, estará com ele numa relação de conveniência.

([3]) Armand Collin, Paris, 1968 (reeditado por Odile Jacob).

A EXPERIÊNCIA ESTÉTICA

Mas que o *mood* possa de algum modo ser problematizado para se tornar uma questão singular que apela para uma resposta singular, que a experiência viva do artista, com o que ela comporta de exigência de ser dita, possa ser transposta sob a forma de um problema singular, a resolver por meios pictóricos ou outros — eis talvez o enigma da criação artística. A modéstia do artista, ou o seu orgulho — neste caso, isso vem a dar no mesmo —, é provavelmente saber fazer nesse momento o gesto que todo o homem deveria fazer. Existe, na apreensão da singularidade da questão, o sentimento de uma incrível obrigação; no caso de Cézanne e de Van Gogh, sabemos que ele era esmagador. É como se o artista sentisse a urgência de uma dívida por pagar a respeito de qualquer coisa de singular, que exige ser dita singularmente.

■ *No entanto, esta experiência singular torna-se comunicável na obra e através dela.*

O mais espantoso é que, de facto, exista universalidade nessa singularidade. Porque, em última instância, um pintor pinta para ser visto, um músico escreve para ser ouvido. Qualquer coisa da sua experiência, precisamente porque foi trazida por uma obra, vai poder ser comunicada. A sua experiência nua, essa era incomunicável; mas, a partir do momento em que pode ser problematizada sob a forma de uma questão singular à qual se responde adequadamente sob a forma de uma resposta também singular, então ela adquire uma comunicabilidade, torna-se universalizável. A obra aumenta iconicamente o vivido indizível, incomunicável, fechado sobre si mesmo. Este aumento icónico, enquanto aumento, é que é comunicável. Assim, para tomar um exemplo, o que existe de comunicável em *A Igreja de Auvers-sur-Oise*, de Van Gogh, é a perfeita adequação dos meios utilizados para a produção dessa coisa única que não representa a igreja de aldeia que podemos ver indo hoje a Auvers-sur-Oise, mas que materializa, numa obra visível, o que permanece invisível, a saber, a experiência única e provavelmente transtornada que Van Gogh tinha, quando a pintou. A perfeita resolução do problema singular posto ao artista alcança-se na experiência estética de maneira pré-reflexiva, imediata; em termos kantianos, dir-se-á que o "jogo" entre a imaginação e o entendimento, enquanto encarnado nessa obra, é que é comunicável; na ausência da universalidade objectiva própria do juízo determinante, o juízo reflexionante — de que depende a experiência estética — de universalidade só tem, de facto, esse "jogo"; é ele que é partilhável.

Mas é aí que reside, decerto, a dificuldade da reflexão sobre a arte. A experiência estética compromete sempre *um* espectador, *um* ouvinte, *um* leitor, também ele numa relação de singularidade com a singularidade da obra; mas, ao mesmo tempo, é o primeiro acto de uma comunicação da obra a outros, e virtualmente a todos. A obra é como um rastilho de fogo saindo de si mesmo, atingindo-me e atingindo, além de mim, a universalidade dos homens.

Ir até ao fim da exigência de singularidade é dar a maior oportunidade à maior universalidade: eis o paradoxo que é preciso provavelmente defender.

■ *Mas não seria possível procurar a universalidade da obra do lado das suas regras formais de composição: as três unidades para a tragédia clássica, a escala temperada para a música dos séculos XVIII e XIX, os cânones da figuração e da perspectiva para a pintura?*

As regras estéticas constituem apenas um universal fraco, próximo do senso comum e das generalidades; convenções, portanto, qualquer coisa de convencionado. Mas a universalidade a que a obra aspira é uma coisa completamente diferente, pois só é possível, de facto, por intermédio da sua extrema singularidade. Por exemplo, a pintura não-figurativa: é a nudez da experiência singular que é comunicada sem a mediação de regras susceptíveis de serem reconhecidas numa tradição, sem esse elemento de normatividade; a universalidade fraca das generalidades está quebrada, mas a comunicabilidade é perfeitamente operada.

Penso que, já na arte figurativa, a beleza de determinada obra e o êxito de determinado retrato não se deviam nem à qualidade da sua representação nem ao facto de ele se parecer com um modelo, nem à sua conformidade a regras pretensamente universais, mas a um *acréscimo* em relação a toda a representação e a toda a regra; a obra podia representar de maneira semelhante um objecto ou um rosto, podia obedecer a regras previamente convencionadas, mas, se ela merece hoje figurar no nosso museu imaginário, é porque era *além disso* perfeitamente adequada ao seu verdadeiro objecto, o qual não era a compoteira ou o rosto da rapariga de turbante, mas o discernimento singular por Cézanne ou Vermeer da questão singular que lhes foi colocada. Deste ponto de vista, poderia então dizer-se que a ruptura entre a arte figurativa e a arte não figurativa é menor do que se julga: porque, na pintura clássica, era já esse acréscimo em relação à representação que fazia dizer que determinado retrato, entre tantos outros igualmente parecidos com o seu modelo, se impunha à admiração. Poderia dizer-se que a pintura não figurativa libertou o que na realidade já era a dimensão propriamente estética do figurativo, dimensão que permanecia disfarçada pela função de representação devolvida à arte pictórica. E foi quando a preocupação exclusiva pela composição interna da obra se desprendeu da função representativa que se tornou explícita a função de *manifestação* do mundo; uma vez abolida a representação, torna-se patente que a obra diz o mundo de um modo diferente da representação; di-lo iconizando a relação emocional singular do artista com o mundo, aquilo a que chamei o seu *mood*. Ou, em termos uma vez mais kantianos, com o projecto da representação desaparece o que restava de juízo determinante na obra, e aparece o juízo reflexionante no qual se exprime uma singularidade que procura a sua normatividade e que só a encontra na sua capacidade de se comunicar indefinidamente a outros.

Poderia dizer-se exactamente a mesma coisa da música: a abolição da tonalidade no *Pierrot Lunaire* de Schönberg e, em seguida, a invenção do dodecafonismo nas suas obras posteriores, operam em relação à escala temperada, utilizada durante os séculos XVIII e XIX, a mesma ruptura de familiaridade que o não--figurativo de Picasso, onde a figura humana é dilacerada, torcida, em relação ao figurativo de Delacroix. As regras musicais do século XIX não eram nada universais, apenas constituíam generalidades nómicas que escondiam a verdadeira relação com o *mood* que cada peça musical diz. A convenção das regras facilitava, como na pintura, o acesso às obras; a comunicabilidade não se fazia somente através da singularidade. E é por isso que a arte efectivamente contemporânea é tão difícil: porque nela nos proibimos todo o recurso a regras anexas que definem *a priori* o que seria o belo.

■ *Se seguirmos consigo o fio kantiano, não seremos levados a estender o que diz da experiência estética a outros domínios? Porque, em Kant, a estética não esgota o campo do juízo reflexionante, que é válido também na experiência moral.*

Creio que pode haver, entre a ética e a estética, uma espécie de ensinamento mútuo em torno do tema da singularidade. Porque, ao contrário das coisas, mas tal como as obras de arte, também as pessoas são conjunções singulares — um rosto onde os traços estão reunidos de maneira única, uma só vez; como as obras, elas são insubstituíveis umas às outras. Talvez aprendamos a singularidade em contacto com as obras, o que a ser verdade seria uma maneira de prosseguir um argumento kantiano mostrando de que modo a experiência do belo, e mais ainda do sublime, nos conduz à moralidade.

Mas penso que é preciso, se queremos reflectir sobre o carácter transponível da experiência estética para domínios laterais, ter em conta os dois aspectos principais da obra: a sua singularidade e a sua comunicabilidade, com a universalidade muito particular que esta última implica. Para continuar no domínio ético, pergunto-me se a obra de arte, com a sua conjunção de singularidade e de comunicabilidade, não será um modelo para pensar a noção de testemunho. De que maneira podemos dizer que existe, na ordem das escolhas morais extremas, exemplaridade e comunicabilidade? Será preciso, por exemplo, explorar aqui a beleza da grandeza de alma; existe, parece-me, uma beleza específica dos actos que eticamente admiramos. Penso em particular no testemunho dado por vidas exemplares, vidas simples, mas que testificam por uma espécie de curto-circuito o absoluto, o fundamental, sem que tenham de passar pelos intermináveis graus das nossas laboriosas ascensões; veja-se a beleza de certos rostos devotados, ou, como se diz, consagrados.

Prolongando esta linha de comparação com a experiência estética, poderia dizer-se que os exemplos de bondade, de compaixão ou de coragem, com o que eles comportam de raridade, estão na mesma relação com a situação em que se inscrevem que o pintor ao resolver o problema particular com o qual ele e só ele está confrontado. E, da solidão do acto sublime, somos imediatamente conduzidos à sua comunicabilidade através de uma captação pré-reflexiva e imediata da sua relação de conveniência com a situação: neste caso dado, aqui e agora, temos a certeza de que é exactamente *isso* que era preciso fazer, da mesma maneira que consideramos uma obra-prima determinado quadro, porque temos imediatamente a sensação de que realiza uma perfeita adequação da singularidade da solução com a singularidade da questão. Lembrem-se desses homens e dessas mulheres cujos testemunhos Marek Halter recolheu no seu filme *Tseddek*. Que dizem todos eles, quando lhes perguntam: "Porque é que fez isso? Porque é que correu o risco de salvar judeus?" Eles respondem simplesmente: "Que é que faria? Era a única coisa a fazer nessa situação."

Existe, graças à apreensão da relação de conveniência entre o acto moral e a situação, um efeito de arrebatamento que é, de facto, o equivalente da comunicabilidade da obra de arte. Para exprimir esta capacidade de arrebatamento, esta exemplaridade, o alemão tem um termo que falta em francês: *Nachfolge*. Se o traduzimos por "imitação", então é no sentido em que falamos da *Imitação de Jesus Cristo*. Na moral evangélica, mas também nos profetas de Israel, donde provém o efeito de arrebatamento? Há, decerto, normas no fundo dos seus actos. Mas é a exemplaridade da singularidade que constitui um problema para mim. A cada um dos jovens burgueses ricos de Assis, Francisco diz: "Vende tudo o que tens e vem." E eles seguem-no! Não é uma ordem universal que lhes dirige, mas uma injunção de indivíduo singular a indivíduo singular; é por aí que passa o efeito de arrebatamento e que actos semelhantes, igualmente singulares, são por sua vez suscitados. Estamos, para regressar a Kant, na esfera do juízo reflexionante, cuja comunicabilidade não repousa na aplicação de uma regra a um caso, mas no facto de ser o caso que exige a sua regra; e exige-a precisamente ao tornar-se comunicável. O caso engendra aqui a sua normatividade, e não o inverso. E a própria comunicabilidade é tornada possível através da apreensão pré-reflexiva da conveniência da resposta à pergunta da situação.

■ *Estenderia a outros domínios a ideia de que existe em certos actos de ordem moral, como nas obras de arte, um efeito de arrebatamento, uma comunicabilidade muito diferentes da universalidade de uma ordem?*

É em todo o caso o que sugere Hannah Arendt em *Julgar*[4]. Ela transpõe o juízo estético para acontecimentos históricos singulares — a Revolução Francesa, por exemplo —, que a sua singularidade não impede, muito pelo contrário, de ligar ao problema geral do destino da humanidade. Mas o que há de mais interessante nessas análises, do meu ponto de vista, é o facto de ser unicamente para o "espectador do mundo", e não para o próprio actor, que a singularidade do acontecimento histórico é comunicável, que ela pode dar lugar a um juízo de simpatia. Pela sua singularidade, o acontecimento vale como testemunho relativo ao destino da espécie humana. Não se trata aqui de elaborar uma filosofia da história que permitisse encontrar, de certa maneira, um *phylum* do género humano, obedecendo a uma finalidade análoga à das espécies animais; porque a dimensão cosmopolita a que as opiniões de Kant, retomadas por Hannah Arendt, destinam a humanidade é de uma ordem completamente diferente da dimensão biológica: é regulada pelo modo específico de comunicabilidade, que é o dos grandes acontecimentos históricos, ou dos homens que excedem a dimensão vulgar, e que resulta da sua singularidade.

---

[4] Hannah Arendt, *Juger: sur la philosophie politique de Kant,* trad. fr. de Myriam Revault D'Allonnes, Le Seuil, Paris, 1991.

■ *Isso é válido igualmente na ordem do mal? Existe, segundo pensa, uma exemplaridade do mal?*

Sempre resisti à ideia de que seja possível fazer um sistema do mal, de que as suas manifestações possam dar lugar a uma soma. Sou sempre impressionado, pelo contrário, pelo seu carácter de irrupção e pela impossibilidade de comparar as suas formas ou grandezas. Será um preconceito pensar que o bem une, que as expressões do bem *se* unem, ao passo que as do mal *se* dispersam? Não creio que, mesmo à sua maneira, o mal seja cumulativo e que exista nessa ordem um equilíbrio daquilo a que eu chamava, a propósito do bem e do belo, uma *Nachfolge*. Para a transmissão do mal, o único modelo de que dispomos é tomado de empréstimo à biologia; os termos em que pensamos são *contaminação, infecção, epidemia*. Nada disso é da ordem da *Nachfolge*, da comunicabilidade através da extrema singularidade; não existe, no mal, o equivalente do aumento icónico operado pelo belo.

Talvez resida aí, diga-se de passagem, o problema maior de uma tentativa como a de Sade ou de Bataille: reconstituir na ordem do mal um equivalente ao aumento icónico próprio à obra de arte; talvez resida aí, finalmente, o impasse último da perversão, querer fazer beneficiar o mal com aquilo que, muito custosamente, o bem e o belo conseguem produzir.

■ *Em compensação, a transposição que faz da experiência do belo para a esfera da moral, o valor imenso que confere à noção de testemunho não orientam as suas análises em direcção ao religioso?*

Não gostaria de caucionar uma espécie de confiscação da estética pelo religioso. Tudo o que se pode avançar é que, ao tornar possível uma separação a respeito do utilitário estrito e do manipulável, a arte torna disponível para uma ordem completa de sentimentos, no seio dos quais podem aparecer sentimentos a que chamaremos religiosos, como a veneração. Diria que, entre a estética e o religioso, existe muito mais uma zona de invasão do que uma coextensividade de domínios.

■ *Ao falar de uma região de invasão, está a pensar na arte sacra, que foi durante muito tempo preponderante no Ocidente, tanto na pintura como na escultura?*

É certo que a arte começou por estar totalmente investida pelo sagrado. Mas pode dizer-se de modo inverso, e igualmente bem, que o sagrado foi em primeiro lugar esteticamente qualificado, graças à música, à poesia, à pintura ou à escultura.

É, aliás, impressionante verificar que o iconoclasmo judeu, tão radical na ordem das representações visuais, não se estendia à música. Os Salmos estão repletos de notações musicais — "Ao director do coro. Com instrumentos de corda. Uma oitava abaixo. Salmo de David"; "Ao director do coro. Com as flautas", etc. —, e pudemos mesmo reconstituir e tocar esta música.

Mas um dos exemplos mais ricos desta invasão do religioso e do estético é, sem dúvida, o Cântico dos Cânticos. O que dá que pensar é que a mesma poesia possa ter sido interpretada como erótica e como espiritual, como alegoria da relação homem//mulher e como alegoria do casamento entre Javé e o seu povo, ou ainda entre a alma e Cristo. Toda a escala dos valores, todo o trajecto *eros, philia, agapê*, se podem percorrer com um só jogo de metáforas. E o facto de o corpo ser constantemente metaforizado — "Os teus lábios são como um fio de púrpura", "O teu pescoço é como a torre de David", "Os teus seios são duas pequenas corças, gémeos de uma gazela" — torna o texto disponível para várias leituras com, no limite, uma espécie de audácia teológica: porque, na tradição profética, permanece entre o humano e o divino uma relação de verticalidade: o homem e Deus não estão ao mesmo nível. Ora, o amor introduz um elemento de reciprocidade que pode implicar a transposição do limiar entre a ética e a mística. Onde a ética preserva a verticalidade, a mística tenta introduzir a reciprocidade: o amante e a amada estão em papéis iguais, recíprocos. Esta introdução da reciprocidade na verticalidade é obtida através da linguagem amorosa e graças aos recursos de metaforização do erótico.

Poderia julgar-se que é por uma ironia extrema que o único poema erótico da Bíblia tenha sido utilizado para celebrar a castidade. Mas a castidade é uma outra espécie de laço nupcial, pois acompanha o noivado da alma e de Deus; há nupcial que passa pela castidade ou pelo erótico. A grande metafórica do Cântico dos Cânticos é aquilo que o torna capaz desta transferência.

Decerto, porque se lhe deu, na assembleia de Yabné, uma interpretação exclusivamente espiritual, é que o Cântico dos Cânticos foi integrado no cânone hebraico. E ainda bem! Mas é preciso manter a sua equivocidade e recusar toda a leitura unilateral, a de Yabné e a de certos exegetas, em particular católicos positivistas, que batalham para restabelecer um sentido exclusivamente erótico, como se para eles se tratasse de recuperar todo o tempo perdido em leituras tradicionais. É mais importante verificar que a presença do Cântico dos Cânticos no cânone faz com que ele beneficie de todo o espaço de significação do resto do livro, sobre o qual, por sua vez, ele se propaga, com os seus valores eróticos próprios e, em particular, com a sua capacidade de introduzir ternura na relação ética. Deixemos aqui os exegetas sábios na sua ingenuidade sábia!

BIBLIOGRAFIA

Existem várias bibliografias das obras de Paul Ricoeur. Em francês, a mais completa é: *Paul Ricoeur, Bibliographie systématique de ses écrits et des publications consacrées à sa pensée (1935-1984)*, Frans D. Vansina, Éditions de l'Institut Supérieur de Philosophie, Lovaina-a-Nova, 1985, XX, 292 páginas.
Actualmente, está substituída por *Philosophy of Paul Ricoeur*, Lewis Edwin Hahn (org.), The Library of Living Philosophers, vol. XXII, Chicago e La Salle, Open Court, 1995, pp. 605-815.
Lembramos aqui os seus livros publicados em francês.

Karl Jaspers et la philosophie de l'existence (com Mikel Dufrenne), prefácio de Karl Jaspers, Le Seuil, Paris, 1947.
Gabriel Marcel e Karl Jaspers. Philosophie du mystère et philosophie du paradoxe, Le Temps Présent, Paris, 1948.
Philosophie de la volonté I. Le volontaire et l'involontaire, Aubier, Paris, 1950.
Histoire et verité, Le Seuil, Paris, 1955 (reedições aumentadas em 1964 e 1967).
Philosophie de la volonté. Finitude et culpabilité. I. L'homme faillible, Aubier, Paris, 1960.
Philosophie de la volonté. Finitude et culpabilité. II. La symbolique du mal, Aubier, Paris, 1960.
De l'interprétation. Essai sur Freud, Le Seuil, Paris, 1965.
Entretiens Paul Ricoeur/Gabriel Marcel, Aubier, Paris, 1968.
Le conflit des interprétations. Essais d'herméneutique, Le Seuil, Paris, 1969.
La métaphore vive, Le Seuil, Paris, 1975.
Temps et récit I, Le Seuil, Paris, 1983.

Temps et récit II, La configuration dans le récit de fiction, Le Seuil, Paris, 1984.
Temps et récit III, Le temps raconté, Le Seuil, Paris, 1985.
Du texte à l'action. Essais d'herméneutique II, Le Seuil, Paris, 1986.
Le mal. Un défi à la philosophie et à la théologie, Labor et Fides, Genebra, 1986.
À l'école de la phénoménologie, Vrin, Paris, 1986.
Soi-même comme un autre, Le Seuil, Paris, 1990.
Lectures I. Autour du politique, Le Seuil, Paris, 1991.
Lectures II. La contrée des philosophes, Le Seuil, Paris, 1992.
Lectures III. Aux frontières de la philosophie, Le Seuil, Paris 1994.
Le juste, Esprit, Paris, 1995.
Réflexion faite. Autobiographie intellectuelle, Esprit, Paris, 1995.

Livros de Paul Ricoeur publicados nas Edições 70:

Teoria da Interpretação, 112 pp., Lisboa, 1987.
O Discurso de Acção, 160 pp., Lisboa, 1988.
Ideologia e Utopia, 528 pp., Lisboa, 1991.

ÍNDICE

De Valence a Nanterre 11
França/Estados Unidos da América: duas histórias
    incomparáveis 63
Da psicanálise à questão do si, ou trinta anos de trabalho
    filosófico 99
Política e totalitarismo 135
Dever de memória, dever de justiça 161
Educação e laicidade 175
Leituras e meditações bíblicas 191
A experiência estética 233
Bibliografia 253

Impressão e acabamento
da
AMAGRAF - Artes Gráficas, Lda.
para
EDIÇÕES 70, Lda.
em Novembro de 1997